Inteligencia artificial y computacional

Teoría y prácticas con Python

Inteligencia artificial y computacional
Teoría y prácticas con Python

Erik Cuevas, Alberto Luque Chang, Óscar Francisco Barba Toscano,
Nahum Aguirre, Mario Vásquez Franco

La ley prohíbe
fotocopiar este libro

Inteligencia artificial y computacional. Teoría y prácticas con Python
Código THEMA: UYQD Inteligencia artificial general (IAG)
Código BISAC: COM004060 - COMPUTERS / Artificial Intelligence (AI) & Semantics
© Erik Cuevas, Alberto Luque Chang, Oscar Francisco Barba Toscano, Nahum Aguirre, Mario Vásquez Franco
© De la edición: Ra-Ma 2026

Editado por:
RA-MA Editorial
Calle Jarama, 33, Polígono Industrial Igarsa
28860 PARACUELLOS DE JARAMA, Madrid
Teléfono: 91 658 42 80
Fax: 91 662 81 39
Correo electrónico: *info@grupoeditorialrama.com*
Internet: *www.ra-ma.es* y *www.ra-ma.com*
ISBN impreso: 979-13-88059-01-8
ISBN ePub: 979-13-88059-02-5
El e-book de esta obra es accesible y cumple con la norma WCAG 2.2 nivel AAA.
Depósito legal: M-27658-2025
Maquetación: Antonio García Tomé
Diseño de portada: Antonio García Tomé
Filmación e impresión: Safekat
Impreso en España en enero de 2026

ÍNDICE

ACERCA DE LOS AUTORES

Erik Cuevas obtuvo la licenciatura en Ingeniería Electrónica y de Comunicaciones por la Universidad de Guadalajara en 1996, la maestría en Electrónica Aplicada por el ITESO en 1998 y el doctorado en Inteligencia Artificial por la Freie Universität Berlin (Alemania) en 2007. Actualmente es profesor en la Universidad de Guadalajara (México). Sus intereses de investigación incluyen la metaheurística y los algoritmos evolutivos en una amplia gama de aplicaciones, así como el procesamiento de imágenes y el aprendizaje automático. Además, es miembro del consejo editorial o editor asociado de Expert System with Applications, Applied Soft Computing, Applied Mathematical Modeling, Artificial Intelligence Review, International Journal of Machine Learning and Cybernetics, ISA Transactions, Neural Processing Letters y Mathematics and Computers in Simulation. Es miembro del Sistema Nacional de Investigadores (SNI III) de México.

El Doctor **Alberto Luque Chang** se tituló de la Licenciatura en Ingeniería en Comunicaciones y Electrónica (2013), de la Maestría en Ciencias en Ingeniería Electrónica y Computación (2016), y del Doctorado en Ciencias de la Electrónica y la Computación (2021) en la Universidad de Guadalajara. Actualmente es profesor en la División de Tecnologías para la Integración Ciber-Humana en el Centro Universitario de Ciencias Exactas e Ingenierías de la Universidad de Guadalajara. Así mismo El Dr. Luque imparte las asignaturas de: Circuitos Analógicos y Seminario de Solución de Problemas de Programación de Sistemas Embebidos para el Departamento de Ingeniería Electro-fotónica en pregrado, además de Gestión del Conocimiento en la Maestría en Computo aplicado para el Departamento de Innovación y la materia de Inteligencia Computacional en el Doctorado en Ciencias en Inteligencia Computacional para el departamento de Ciencias Computacionales. Sus áreas de interés en la investigación son los Algoritmos Metaheurísticos, la Inteligencia Artificial, Optimización, Machine Learning y sus aplicaciones al Procesamiento de Imágenes

El Mtro. **Óscar Francisco Barba Toscano** obtuvo el título de licenciatura en Ingeniería Mecatrónica en el Centro de Enseñanza Técnica Industrial (CETI) de México en 2021 y el título de Maestría en Ciencias en Ingeniería en Electrónica y Computación en el Centro Universitario de Ciencias Exactas e Ingenierías (CUCEI) de la Universidad de Guadalajara, México, en 2024. Actualmente es estudiante del programa de doctorado en Ciencias de la Inteligencia Computacional de la Universidad de Guadalajara desde 2024. Sus intereses de investigación incluyen los algoritmos metaheurísticos, la inteligencia artificial, el aprendizaje automático y sus aplicaciones.

El Mtro. **Nahum Aguirre** obtuvo su licenciatura en Ingeniería en Comunicaciones y Electrónica en 2022 y su maestría en Ingeniería Electrónica y Computación en 2024 por la Universidad de Guadalajara, México. Actualmente cursa el doctorado en Ciencias de la Inteligencia Computacional en la Universidad de Guadalajara desde 2024. Sus intereses de investigación incluyen algoritmos metaheurísticos, inteligencia artificial, redes neuronales, optimización y sus aplicaciones.

El Mtro. **Mario Vásquez Franco** se graduó como ingeniero mecatrónico en el Centro de Educación Técnica Industrial (CETI) en 2020, donde fue profesor de la división de Propedéutica y Nivelación desde 2021 hasta 2023. Forma parte de la Universidad de Guadalajara (UdeG) desde 2022, donde obtuvo la Maestría en Ciencias en Ingeniería Electrónica y Computacional en 2024. Actualmente cursa el Doctorado en Inteligencia Computacional en el Centro Universitario de Ciencias Exactas e Ingenierías (CUCEI). Sus líneas de investigación son algoritmos metaheurísticos, inteligencia artificial, optimización y agentes basados en modelos.

PREFACIO

En los últimos años, la complejidad de los sistemas computacionales ha crecido de forma exponencial debido al aumento en la cantidad de datos, la interconexión entre dispositivos, y la necesidad de resolver problemas cada vez más dinámicos, inciertos y de alta dimensionalidad. Este crecimiento ha superado la capacidad de los métodos tradicionales basados en reglas estrictas o algoritmos deterministas, lo que ha impulsado el desarrollo de enfoques inteligentes capaces de adaptarse, aprender y tomar decisiones en entornos no estructurados. En este contexto, se vuelve crucial la integración de enfoques como la lógica difusa, que permite representar y razonar con información imprecisa; las redes neuronales, que aprenden patrones y comportamientos a partir de grandes conjuntos de datos; los algoritmos metaheurísticos, que proporcionan soluciones aproximadas a problemas de optimización difíciles de resolver por métodos exactos; y las técnicas de agrupamiento, que facilitan la organización y el análisis de datos sin supervisión previa. Estos métodos forman la base de los sistemas computacionales modernos, capaces de enfrentar los retos actuales con mayor eficacia y autonomía.

Este libro ofrece una integración coherente y complementaria de los paradigmas de lógica difusa, redes neuronales, algoritmos metaheurísticos y métodos de agrupamiento, presentándolos de manera unificada y orientada a la resolución de problemas complejos. Estos enfoques constituyen la base de numerosos sistemas computacionales modernos y representan conocimientos fundamentales que todo profesional en computación e inteligencia artificial debería dominar. Aunque existen múltiples libros especializados que abordan estos temas por separado –profundizando individualmente en cada técnica– esta fragmentación puede dificultar al lector la conexión entre los conceptos y su aplicación conjunta a problemas reales. Al reunir estos métodos en esta sola obra, se facilita una visión más integral y aplicada, permitiendo al lector comprender las sinergias entre ellos y utilizar este conocimiento de forma más efectiva en el desarrollo de soluciones inteligentes.

Incluir código de ejemplo en este libro representa una ventaja significativa, ya que permite al lector conectar la teoría con la práctica de manera inmediata. A través del código, los conceptos abstractos se traducen en implementaciones concretas, lo que facilita la comprensión, refuerza el aprendizaje y mejora la retención del conocimiento. Además, los ejemplos prácticos permiten al lector experimentar con los algoritmos, observar su comportamiento en diferentes escenarios y adaptar las soluciones a sus propias necesidades. El código de ejemplo transforma el libro en una herramienta activa de aprendizaje, promoviendo la experimentación, el pensamiento crítico y el desarrollo de habilidades aplicadas.

El código considerado en el libro está en Python. El lenguaje Python ofrece numerosas ventajas para la programación de sistemas basados en lógica difusa, redes neuronales, algoritmos metaheurísticos y métodos de agrupamiento, consolidándose como una herramienta preferida en el desarrollo de soluciones inteligentes. Su sintaxis clara y legible facilita el diseño y la implementación de algoritmos complejos, lo que permite a los desarrolladores centrarse en la lógica del problema en lugar de en detalles técnicos del lenguaje. El lenguaje tiene bibliotecas especializadas que proporcionan implementaciones optimizadas, documentación extensa y una comunidad activa que apoya el aprendizaje y la resolución de problemas. Gracias a estas características, Python permite una rápida experimentación, prototipado eficiente y una fácil integración entre distintos enfoques, haciendo posible el desarrollo de sistemas híbridos complejos de forma accesible y eficaz.

Este libro está dirigido a estudiantes, docentes, investigadores y profesionales del área de las ciencias computacionales, la inteligencia artificial y la ingeniería, que buscan una comprensión integrada y aplicada de técnicas modernas como la lógica difusa, las redes neuronales, los algoritmos metaheurísticos y los métodos de agrupamiento. Su enfoque teórico-práctico lo hace ideal tanto para quienes desean adquirir una base sólida en estos paradigmas como para aquellos que ya poseen conocimientos previos y buscan herramientas concretas para resolver problemas complejos en entornos reales. Además, es una fuente útil para el diseño de cursos especializados o proyectos de investigación que requieran enfoques inteligentes y adaptativos.

El libro está dividido en cuatro capítulos. El capítulo uno estará dedicado al estudio de la lógica difusa, un paradigma fundamental para el modelado y control de sistemas en entornos inciertos o con información imprecisa. En este capítulo se presentarán los conceptos básicos que sustentan esta teoría, comenzando con una comparación entre lógica clásica y lógica difusa, seguida de la definición de conjuntos difusos, funciones de pertenencia y operadores lógicos difusos. Asimismo, se explorará la construcción de reglas difusas, los mecanismos de inferencia mediante sistemas tipo Mamdani y Sugeno, así como los métodos de agregación y defuzificación. El capítulo incluirá ejemplos prácticos en Python, lo que permitirá al lector observar cómo se implementan sistemas difusos para tareas como la toma de decisiones, el control de procesos o la clasificación de datos. Este enfoque teórico-práctico busca sentar una base sólida para el entendimiento y la aplicación de la lógica difusa en problemas reales.

El capítulo dos estará enfocado en el estudio de las redes neuronales artificiales, una herramienta esencial en el campo de la inteligencia computacional debido a su capacidad para aprender patrones complejos a partir de datos. Este capítulo comenzará con una introducción a la motivación biológica y al modelo matemático de la neurona artificial, seguido por la descripción de arquitecturas básicas como las redes neuronales feedforward, y perceptrón multicapa (MLP). Se explicarán los procesos de entrenamiento mediante algoritmos como retropropagación (backpropagation), así como las funciones de activación más comunes.

El capítulo tres estará dedicado al estudio de los algoritmos metaheurísticos, los cuales constituyen una clase poderosa de métodos de optimización inspirados en procesos naturales y sociales, ampliamente utilizados para resolver problemas complejos donde los enfoques exactos son ineficientes o inadecuados. En este capítulo se presentarán los fundamentos generales de las metaheurísticas, incluyendo los conceptos de exploración, explotación, población, operadores de búsqueda y criterios de convergencia. Se analizarán algoritmos representativos. A lo largo del capítulo, se incluirán ejemplos prácticos en Python, permitiendo al lector observar cómo estos algoritmos pueden aplicarse para encontrar soluciones eficientes a problemas de ingeniería, aprendizaje automático, y planificación.

El capítulo cuatro estará enfocado en los algoritmos de agrupamiento, una clase de técnicas de aprendizaje no supervisado que permiten descubrir estructuras ocultas en los datos al organizar elementos similares en grupos o clústeres. Este capítulo iniciará con una introducción al concepto de agrupamiento y su importancia en la minería de datos, la inteligencia artificial y el análisis exploratorio. Se presentarán los algoritmos más representativos, como K-means y métodos jerárquicos, explicando sus fundamentos matemáticos, ventajas, limitaciones y criterios de evaluación como la silueta o la inercia. A lo largo del capítulo se incluirán implementaciones prácticas en Python. Este capítulo proporcionará las herramientas necesarias para comprender cómo los algoritmos de agrupamiento pueden utilizarse en tareas como segmentación de clientes, análisis de imágenes, y reducción de dimensionalidad.

Expresamos nuestro más sincero agradecimiento a nuestros colegas del Centro Universitario de Ciencias Exactas e Ingenierías (CUCEI) de la Universidad de Guadalajara por su valioso apoyo a lo largo de este proyecto. Sus consejos, observaciones y discusiones técnicas fueron fundamentales para enriquecer el enfoque y la calidad del contenido presentado. Asimismo, extendemos un agradecimiento especial a Jesús Ramírez Galán, representante de RA-MA, por su constante respaldo a nuestros proyectos editoriales. Su confianza, orientación y compromiso han sido clave para hacer posible la realización de esta obra y fortalecer la difusión del conocimiento científico y tecnológico en nuestra comunidad.

Los autores
Agosto 2025,
Guadalajara, México

1

LÓGICA DIFUSA

1.1 INTRODUCCIÓN

Una característica distintiva que tiene el ser humano a diferencia de los otros
seres vivos es su capacidad para deducir y razonar sobre su entorno o algún objeto a
partir de diferentes premisas. Cuando se cuenta con la suficiente información sobre
un entorno u objeto es posible determinar la veracidad o falsedad de diferentes
aseveraciones. Por ejemplo, si consideramos la afirmación "*2 + 2 es igual a 4*" como
verdadera y "*la capital de Francia es Burdeos*" como falsa, podemos deducir que
sentencias como "*2 + 2 es 4 y la capital de Francia es Burdeos*" o "*2 + 2 es igual a
6*" son falsas, o relaciones como "Si 2 + 2 es igual a 4, entonces la capital de Francia
es Burdeos" como falsa. El proceso de determinar la veracidad de una afirmación con
base en la información conocida y ciertas premisas constituye lo que se denomina
lógica clásica, en la que se emplean operadores lógicos binarios (cierto-falso) para
evaluar la validez de nuevas afirmaciones.

No obstante, la realidad presenta situaciones más complejas que no siempre
permiten interpretaciones lógicas tradicionales, ya que en ocasiones no se dispone
de suficiente información para determinar si algo es verdadero o falso. Esto se ha
analizado desde la época de los filósofos de la Antigua Grecia, cuando se comenzó a
escudriñar acerca del concepto de la *incertidumbre*. La incertidumbre hace referencia
a la falta de conocimiento o imprecisiones que impiden la toma de decisiones con
certeza ante una situación. La existencia de una certeza ha sido objeto de estudio
incluso desde el inicio del tiempo. Incluso los académicos de la antigua Grecia
comenzaban a cuestionarse "Qué existe" ¿Hay permanencia en las cosas o todo está
en constante cambio?". Filósofos como Aristóteles quien planteaba el hecho de que

no todas las afirmaciones eran totalmente ciertas, Heráclito de Éfeso, quien acuño el concepto *panta rei* que significa que todo fluye o está en constante cambio, o la famosa *paradoja del mentiroso* de Epiménides de Creta, cuya versión original establecía que "todos los cretenses son mentirosos". Si Epiménides (quien era cretense) decía la verdad, esta afirmación implicaba que era mentiroso; sin embargo, si decía una mentira, la afirmación de que todos eran cretenses se hacía mentira se hacía verdad, lo cual generaba un ciclo infinito.

En la época moderna, la incertidumbre generada por procesos estocásticos ha sido ampliamente estudiada y ahora forma parte importante en el área de las matemáticas, en la teoría de la probabilidad. La física cuántica ha utilizado teorías estocásticas y un conjunto de formulaciones a través de las cuales se ha analizado la "teoría de la incertidumbre" [1], dando como un ejemplo es el conocido "Principio de la incertidumbre" del físico W. Heisenberg en 1927 [2], el cual relaciona la posición y la velocidad de una partícula, la cual se establece que es imposible conocer ambas propiedades de manera simultánea de manera precisa, puesto que cuando se analiza con precisión alguna de estas características, la otra presentará un mayor grado de incertidumbre, esto ocasionado gracias a la naturaleza cuántica de las partículas.

Cuando no se dispone de información precisa, el ser humano tiende a presentar dificultades para tomar decisiones, recurriendo a hacer afirmaciones las cuales no tienen total certeza, cayendo en la incertidumbre. Por ejemplo, podríamos decir que un vaso de agua está "medio lleno" para nuestros ojos, no obstante la percepción de otra persona puede afirmar que el vaso está en realidad medio vacío. Otro ejemplo puede ser, por ejemplo, si el clima está a 25°C, una persona puede describirlo como "templado", pero alguien de una región fría podría percibirlo como 'agradable'. Otro caso más común es cuando ponemos una olla con agua en una estufa, y conforme la temperatura va aumentando, asumimos que el agua está "fría, tibia, caliente o hirviendo". Debido a esta necesidad de categorizar cualidades o situaciones de forma subjetiva, surgen las llamadas variables lingüísticas, que permiten un análisis más cualitativo y cercano al razonamiento humano.

En 1965, el ingeniero y matemático azerbaiyano Lotfi Asker Zadeh (1921 –2017) propuso el concepto de los conjuntos difusos a través de su artículo" Fuzzy *sets*" [3], a través de los cuales se podía representar el grado de pertenencia de un objeto a una categoría determinada a partir de reglas lingüísticas propuestas por un experto. Este artículo sentó por primera vez el concepto de los conjuntos difusos y de la lógica difusa a través de las matemáticas de los conjuntos difusos. Zadeh propuso un sistema algebraico completo basado en el concepto de la lógica multivariada propuesta por el polaco Jan Lukasiewicz [4], en la que se indica que las proposiciones puedes tomar valores fraccionales dentro del rango de ceros y unos de la lógica booleana tradicional.

Hoy en día, la lógica difusa forma parte importante del campo de la inteligencia artificial (IA) [5] y es ampliamente aplicada en diferentes áreas tecnológicas y científicas, como en la robótica, la electrónica, la teoría de control, entre otras. El principal objetivo de la lógica difusa es construir modelos basados en el método de razonamiento humano gracias al desarrollo de modelos en cualquier contexto que puedan traducirse a reglas gramaticales. La base de la lógica difusa yace en la experiencia del experto, ya que el modelo difuso crea sus propias reglas a partir del banco de conocimientos que tenga el experto, ya sea de áreas como la mecánica, la arquitectura, química, entre otras diferentes áreas.

En este capítulo, exploraremos las generalidades y los conceptos más importantes de la Lógica Difusa. Analizaremos los conjuntos clásicos (crisp sets) y los conjuntos difusos (fuzzy), los modelos difusos y las funciones de membresía, la construcción de los controladores difusos y aplicaciones directas a problemas de la ingeniería. A lo largo de este capítulo se estarán mostrando algunos ejemplos desarrollados en el lenguaje de programación Python, para los que se requerirá la librería scikit-fuzzy. Se explicarán a detalle las etapas de los códigos que se muestren y se mostrarán los resultados obtenidos. Para usuarios nuevos, en el Apéndice A se muestra el proceso de instalación del lenguaje de programación Python y se explicará de manera detallada el proceso para instalar librerías con las que podremos trabajar.

1.2 CONJUNTOS CLÁSICOS Y DIFUSOS

1.2.1 Conjuntos clásicos (crisp sets)

Para comenzar con los conceptos de la lógica difusa, es importante conocer cómo se clasifican los elementos de un conjunto de elementos a una clase o a otra [6]. En la lógica tradicional existen únicamente dos grupos de pertenencia, y un objeto puede pertenecer únicamente a una clase o a otra. A este tipo de conjuntos de dos categorías se les conoce como lógica clásica, o crisp. La lógica booleana se define por medio de una función característica:

$$\chi_A = \begin{cases} 1, & X \in A \\ 0, & X \notin A \end{cases} \tag{1.1}$$

Esta función (χ_A) establece que cuando un elemento X es perteneciente de un conjunto A ($X \in A$), su pertenencia será igual a 1, y cuando no pertenezca ($X \notin A$), su grado de pertenencia será 0.

Para dar un poco más de claridad, se propone el siguiente caso: se clasifican para un grupo de estudiantes de universidad en base a la estatura que estos tienen en metros. En este caso, aquellos estudiantes que tengan una estatura mayor a 1.70 se consideran estudiantes de estatura alta y se clasifican en un grupo A, mientras que aquellos de estatura menor a esta se consideran de estatura mediana y serán clasificados en un grupo B. Este ejemplo puede representarse por medio de la siguiente gráfica:

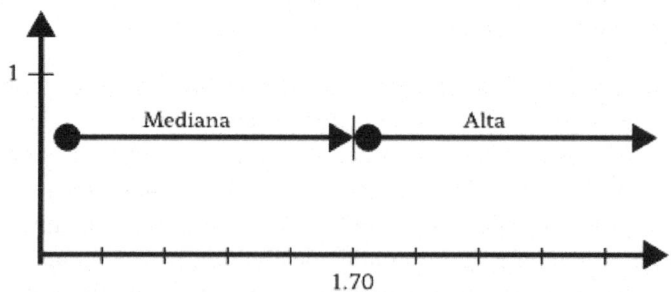

Figura 1.1. Gráfica de valores en un conjunto clásico (o crisp set)

En la Figura 1.1 se muestra un concepto interesante denominado nitidez el cual es posible determinarse de manera precisa, de manera que cada elemento la verifica o no. Para representar este caso de manera práctica, analicemos el siguiente código en el cual se ejemplifica en el ejemplo anteriormente mencionado, analicemos el código que se muestra en el Algoritmo 1 realizado en el lenguaje Python, en el cual se hace una clasificación en dos conjuntos. En este código se considera como el límite el valor de 1.70 para clasificar en la categoría de alumnos altos a aquellos que superen este valor, y para clasificar en el grupo de alumnos medianos a aquellos que no superen dicha estatura.

....

Algoritmo 1 Código para clasificar estudiantes en base a su estatura

```python
def estudiantes(altura):
    if altura >= 1.70:
        return 1
    else:
        return 0

altura = float(input("Introduzca la altura del estudiante: "))
clase = estudiantes(altura)
print(f"El estudiante es: {'Alto' if clase == 1 else 'Mediano'}")
```

1.2.1.1 OPERACIONES DE LA LÓGICA BOOLEANA

Considerando que existen dos grupos diferentes A y B se pueden realizar diferentes operaciones considerando estos dos conjuntos establecidas en la teoría de conjuntos convencional [7].

▶ Unión: se representa con el símbolo ∪ y se escribe de manera matemática como $A \cup B$. Esta operación representa a todos los elementos del universo que residen en el conjunto A, en el conjunto B con ambos conjuntos. También se llama por la operación lógica or y se define como:

$$A \cup B = \left\{ \chi | \chi \in A \text{ or } \chi \in b \right\} \tag{1.2}$$

▶ Intersección: se denomina con el símbolo ∩ y se escribe matemáticamente como $A \cap B$. Representa a los elementos del universo que residen de manera simultánea (o pertenecen) a ambos conjuntos A y B. Se denomina por la operación lógica and y se define como:

$$A \cap B = \left\{ \chi | \chi \in A \text{ and } \chi \in B \right\} \tag{1.3}$$

▶ Complemento: el complemento de un conjunto A se denomina como $\bar{A}$ y se define como todo el grupo de elementos del universo que no residen en el conjunto A. Siendo el universo denominado como X, el complemento se define de manera matemática como:

$$\bar{A} = \left\{ \chi | \chi \notin A, \chi \in X \right\} \tag{1.4}$$

▶ Diferencia: se denomina como $A | B$ y se define como todo el grupo de elementos del universo que residen en A que de manera simultanea no residen en B Se representa de manera matemática como:

$$A | B = \left\{ \chi | \chi \in A \text{ and } \chi \notin B \right\} \tag{1.5}$$

1.2.1.2 PROPIEDADES DE LOS CONJUNTOS CLÁSICOS

Los conjuntos clásicos presentan un conjunto de propiedades que facilitan las operaciones entre conjuntos, al igual que las propiedades existentes entre los números reales [8]. Las propiedades existentes en los conjuntos clásicos son:

▶ Involución: esta propiedad establece que un conjunto A negado dos veces devuelve como resultado en el conjunto original:

$$\bar{\bar{A}} = A \tag{1.6}$$

▸ Conmutativa: esta propiedad establece que el orden en el que se realicen las operaciones de unión o intersección no afectarán el resultado:

$$A \cup B = B \cup A$$
$$A \cap B = B \cap A$$
(1.7)

▸ Distributiva: esta propiedad establece una relación entre las operaciones de la unión y la intersección y define cómo se distribuyen e interactúan entre sí, permitiendo distribuir una operación de conjuntos sobre otra:

$$(A \cup B) \cup C = A \cup (B \cup C)$$
$$(A \cap B) \cap C = A \cap (B \cap C)$$
$$A \cap (B \cup C) = (A \cup B) \cap (A \cup C)$$
$$A \cup (B \cap C) = (A \cap B) \cup (A \cap C)$$
(1.8)

▸ Idempotencia: esta propiedad establece que al realizar a un conjunto consigo mismo, este no modifica conjunto:

$$A \cup A = A$$
$$A \cap A = A$$
(1.9)

▸ Identidad: esta propiedad define la interacción de las operaciones como la unión o la intersección con determinados conjuntos como el conjunto sin elementos denominado vacío ($\varnothing$), o con el conjunto universal X:

$$A \cup \varnothing = A$$
$$A \cap X = A$$
$$A \cap \varnothing = \varnothing$$
$$A \cup X = X$$
(1.10)

▸ Transitividad: esta propiedad establece que un conjunto se relaciona con otro, que a su vez este se relaciona con un tercer conjunto, el primero y el tercer conjunto también están relacionados entre sí. En este caso, se utiliza el símbolo ($\subseteq$) que indica que está contenido en o que es equivalente, y el símbolo ($\subset$) que indica que está contenido en:

$$\text{Si } A \subseteq B \subseteq C, \text{ entonces } A \subseteq C$$
(1.11)

▼ Ley del tercio excluido: esta propiedad establece que una proposición (una operación de conjuntos) debe ser siempre verdadera o falsa. Esta propiedad representa la unión de un conjunto A con su complemento:

$$A \cup \bar{A} = X \tag{1.12}$$

▼ Ley de la contradicción: esta propiedad establece que una proposición y su negación no pueden ser ambas verdaderas al mismo tiempo. Representa la intersección de un conjunto A con su complemento:

$$A \cap \bar{A} = \varnothing \tag{1.13}$$

▼ Leyes de De Morgan: las leyes de De Morgan resultan sumamente importantes para poder comprender las propiedades de la negación, permitiendo expresar conjunciones y disyunciones, permitiendo cambiar las operaciones lógicos and (para la conjunción) y or (para la disyunción):

$$\overline{A \cap B} = \bar{A} \cup \bar{B}$$
$$\overline{A \cup B} = \bar{A} \cap \bar{B} \tag{1.14}$$

1.2.2 Conjuntos difusos (fuzzy sets)

El concepto del conjunto nace en 1965 por Lotfi Zadeh en su artículo titulado fuzzy sets [3]. A diferencia de los conjuntos crisp analizados anteriormente, en este no existe una certeza total de a qué clase podría pertenecer un elemento, pues a veces, por ligeras variaciones en un valor, pueden pertenecer a una clase diferente. Estos conjuntos consideran diferentes categorías a las cuales un elemento puede pertenecer inclusive no solo a una de ellas, esto a través de funciones de membresía, las cuales permiten calcular el grado de pertenencia a otros conjuntos de categorías. Analicemos el caso anterior de la clasificación de estudiantes expuesto en la sección anterior. Como se indicó, se pueden clasificar a los estudiantes en base a la altura de cada estudiante, sin embargo, consideremos que puede haber alumnos que midan 1.699 o 1.7001. Estas diferencias, aunque marginales, en la lógica clásica tradicional permiten solamente su clasificación en la categoría mediana o en la categoría alta. La teoría de la lógica difusa permite crear una clasificación con diferentes elementos, a los cuales, en base a la cantidad que contienen, pueden pertenecer quizá al grupo de productos individuales en un cierto grado, o al grupo familiar en otro grado diferente [9].

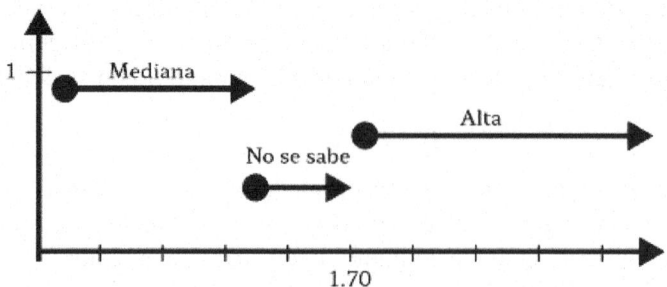

Figura 1.2. Gráfica de valores en un conjunto difuso (o fuzzy)

Un conjunto difuso es un conjunto en el cual se incluyen todos los diversos elementos que tengan grados diferentes de pertenencia en el conjunto que considera a todos los elementos. Esta idea se contrasta con la de los conjuntos clásicos (o crisp) ya que se considera que algunos elementos podrían no tener membresía en un grupo a menos que la condición de membresía se complete o no [10].

Mientras que los conjuntos clásicos se representan de manera típica con la letra X, los conjuntos difusos son representados con una tilde del modo:

$$\tilde{A} = \{a, b, c, \ldots\} \tag{1.15}$$

1.3 TEORÍA DE LA LÓGICA DIFUSA

1.3.1 Teoría de los conjuntos difusos

Cuando hablamos de la lógica clásica hacemos inferencia a que una función característica denotada como $\chi_A(\chi)$ de pertenencia de un elemento χ a pertenecer a un conjunto A puede adquirir únicamente dos valores: 1 (pertenencia) o 0 (no pertenencia). Los conjuntos difusos [11] presentan valores inciertos que no pueden determinarse con total precisión [12]. Si tomamos el ejemplo de la clasificación de estudiantes por su altura, un ejemplo de un conjunto podría definirse como

$$\chi(x) = \{x \in X | x \text{ sea promedio}\} \tag{1.16}$$

En este ejemplo indicamos que la función de pertenencia es para todos los elementos χ que pertenecen al grupo del promedio, pero no se define en este caso el grupo promedio. Si tenemos una persona que mida 1.65, al haber más categorías no es fácil determinar a qué grupo pertenece. La teoría de los conjuntos difusos toma algunos conceptos de la lógica tradicional adaptando estos grados de incertidumbre: mientras que en la lógica crisp se adaptan funciones características de bivaluada, sigue un análisis matemático riguroso. En la lógica difusa, mientras una función característica multivaluada se elige y se fija, sigue un análisis matemático riguroso. A esta función multivaluada se le denomina función de membresía y se representa con la letra μ. Considerando que cada elemento tiene una función de membresía, los conjuntos difusos también pueden representarse de manera continua o discreta:

Conjunto difuso discreto:

$$\tilde{A} = \left\{ \frac{\mu_A(X_1)}{X_1} + \frac{\mu_A(X_2)}{X_2} + \ldots \right\} = \left\{ \sum_i \frac{\mu_A(X_i)}{X_i} \right\} \tag{1.17}$$

Aquí es importante recalcar que el signo (+) no representa suma, sino unión. El modo de representarla es comúnmente usada en los sistemas digitales como las computadoras o los microcontroladores.

Conjunto difuso continuo:

$$\tilde{A} = \left\{ \int \frac{\mu_A(X)}{X} \right\} \tag{1.18}$$

Similar a los conjuntos discretos, el signo de integral ($\int$) hace referencia a la unión de elementos del conjunto. Para comprender un poco el comportamiento que pueden adoptar las funciones de membresía, analicemos el siguiente código presentado en el Algoritmo 2 en el cual empleamos la librería scikit-fuzzy para poder modelar las funciones de membresía y la librería matplotlib para representar de manera gráfica el comportamiento de dichas funciones. De igual modo se discutirá a detalle para aclarar todo el proceso: se inicia importando las librerías mencionadas para la implementación. Es importante mencionar que la librería scikit-fuzzy se abrevia como skfuzzy por convención de las librerías y esto debido a que no se identifica el guión (-). Se comienza generando un total de 1000 muestras en un espacio entre 1:30 y 1:90 como posibles casos. A partir de ello, por medio de la función trimf de la librería scikit-fuzzy se generarán dos funciones de membresía que adquirirán una forma triangular con las muestras para los conjuntos de medianos y altos. Posteriormente a esto, se hará la graficación empleando la librería matplotlib, en la que se representarán las funciones para cada uno de los grupos, siendo el grupo mediano representado con una línea verde y el grupo alto por una línea roja. Se delimitará el espacio de muestreo y se imprimirá la gráfica con una cuadrícula visible.

Algoritmo 2 Implementación para clasificación difusa de alumnos en base a su estatura

```python
import numpy as np
import skfuzzy as fuzz
import matplotlib.pyplot as plt
# Muestras para la clasificación
x = np.linspace(1.30, 1.90, 1000)
# Definimos dos conjuntos difusos triangulares
mediano = fuzz.trimf(x, [1.40, 1.55, 1.70])
alto = fuzz.trimf(x, [1.60, 1.75, 1.90])
# Graficamos las funciones de membresía
plt.figure(figsize=(10, 5))
plt.plot(x, mediano, 'g', label='Mediano', linewidth=2)
plt.plot(x, alto, 'r', label='Alto', linewidth=2)
plt.title('Conjuntos difusos triangulares para estaturas de alumnos')
plt.xlabel('Estatura (m)')
plt.ylabel('Grado de pertenencia')
plt.ylim(-0.05, 1.05)
plt.grid(True)
plt.legend()
plt.show()
```

Al ejecutar el Algoritmo 2 nos deberá de arrojar la gráfica de dos funciones de membresía, una verde y una roja para los dos grupos difusos de "Mediano" y "Alto" en un rango que va de 1.4 hasta 1.9 metros, lo cual se define como el universo de discurso.

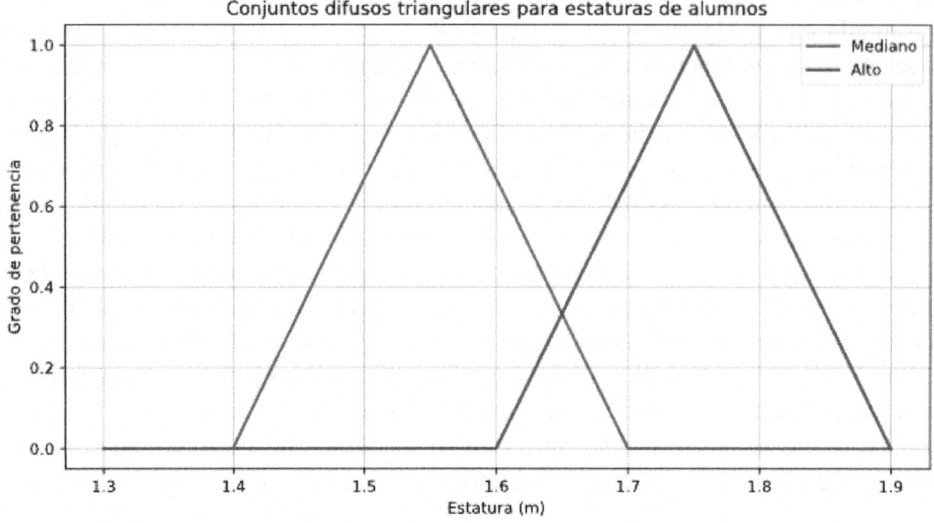

Figura 1.3. Resultado gráfico del Algoritmo 2

1.3.2 Funciones de membresía

Un aspecto importante para identificar los grados de membresía que un elemento difuso pueda tener a diferentes conjuntos son las funciones de membresía. Estas funciones representan el grado de pertenencia de un elemento a un subconjunto o conjunto difuso establecido e identificado por una etiqueta. Existen diferentes tipos de funciones en las cuales varía el comportamiento y permiten realizar un mapeo a un universo difuso, el cual se representa en un grado de 0 a 1 [13].

1.3.2.1 FUNCIÓN DE SATURACIÓN DERECHA

Esta es una función fácil de implementar. Esta función inicia en el valor de 0 hasta un determinado punto, en el cual se va incrementando de manera gradual con una pendiente constante hasta llegar al valor de 1, en la que se mantiene. Este tipo de funciones sirve mucho para representar cuando se llega a un valor máximo en cierto punto. Matemática, esta función se representa en la ecuación 1.19. La implementación en Python se realizará por medio de la función trapmf de scikit-fuzzy, la cual genera funciones de membresía del tipo trapezoidal, pero en este caso, será acotada a mantenerse fija en el valor máximo sin bajar del mismo. La implementación se muestra en el Algoritmo 3.

$$\mu_{\tilde{A}}(x) = \begin{cases} 0, & x \leq \alpha \\ \dfrac{x-\beta}{\alpha-\beta}, & \alpha \leq x \leq \beta \\ 1, & x \leq \beta \end{cases} \tag{1.19}$$

En el Algoritmo 3 se muestra la implementación y la representación gráfica de la función de saturación derecha con la palabra clave trapmf de la librería scikit-fuzzy. En el código, los valores α y β definen el punto de inicio y el punto máximo respectivamente que definen la pendiente de la función, y los otros valores están configurados en 100 para indicar que no hay cambios. La Figura 1.4 muestra el cambio existente en la función de saturación derecha resultado de la implementación del Algoritmo 3.

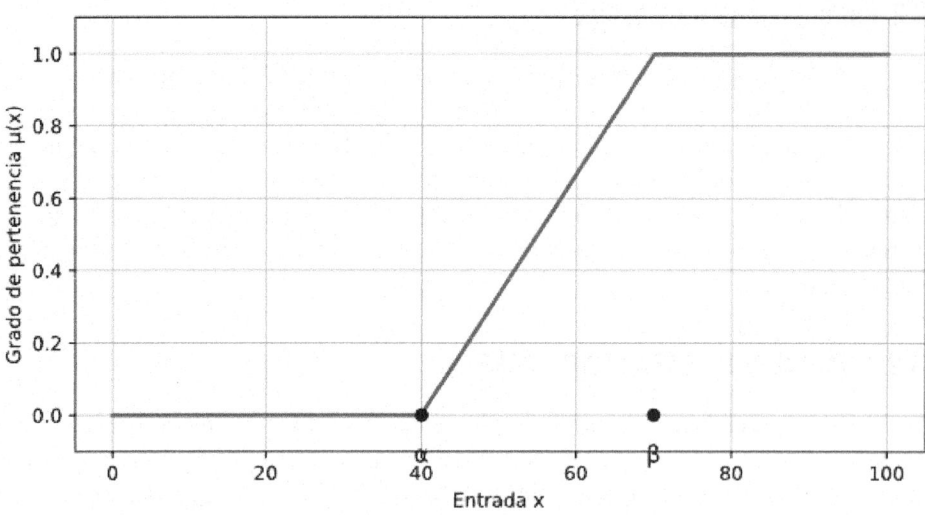

Figura 1.4. Representación de la función de saturación derecha

Algoritmo 3 Implementación de la función saturación derecha

```python
import numpy as np
import matplotlib.pyplot as plt
import skfuzzy as fuzz
# Universo del discurso
x = np.linspace(0, 100, 1000)
α = 40 # Valor inicial del incremento
β = 70 # Limite de la función
# trapmf sin bajada: sube de α a β y se mantiene en 1 después
trapmf_params = [α, β, 100, 100]
mu_trap = fuzz.trapmf(x, trapmf_params)
plt.figure(figsize=(8,4))
plt.plot(x, mu_trap, 'm', linewidth=2)
plt.xlabel("Entrada x")
plt.ylabel("Grado de pertenencia μ(x)")
plt.grid(True)
plt.ylim(-0.1, 1.1)
# Marcar puntos alfa y beta
plt.plot([α, β], [0, 0], 'ko')
offset = -0.08
plt.text(α, offset, 'α', ha='center', va='top', fontsize=12)
plt.text(β, offset, 'β', ha='center', va='top', fontsize=12)
plt.show()
```

1.3.2.2 FUNCIÓN DE SATURACIÓN IZQUIERDA

Esta función es, por así decirlo, la contraparte de la función de saturación derecha, ya que esta función comienza desde el punto máximo hasta un determinado valor, a partir del cual comienza a decrecer con una pendiente constante. Esta función resulta útil en casos en los que el grado de pertenencia es total en valores pequeños y decrece conforme se aumenta el valor. La formulación matemática de esta función es la siguiente:

$$\mu_{\tilde{A}}(x) = \begin{cases} 1, & x \leq \alpha \\ \dfrac{x-\beta}{\alpha-\beta}, & \alpha \leq x \leq \beta \\ 0, & x \leq \beta \end{cases} \tag{1.20}$$

El Algoritmo 4 muestra una implementación de la función de saturación izquierda con una representación gráfica. Similar a la función de saturación derecha, con la diferencia de que ahora se define el punto 0 y se mantiene para evitar que se modifique. En este caso, los valores α y β establecen la pendiente de cambio de la función como se ve representado en la Figura 1.5.

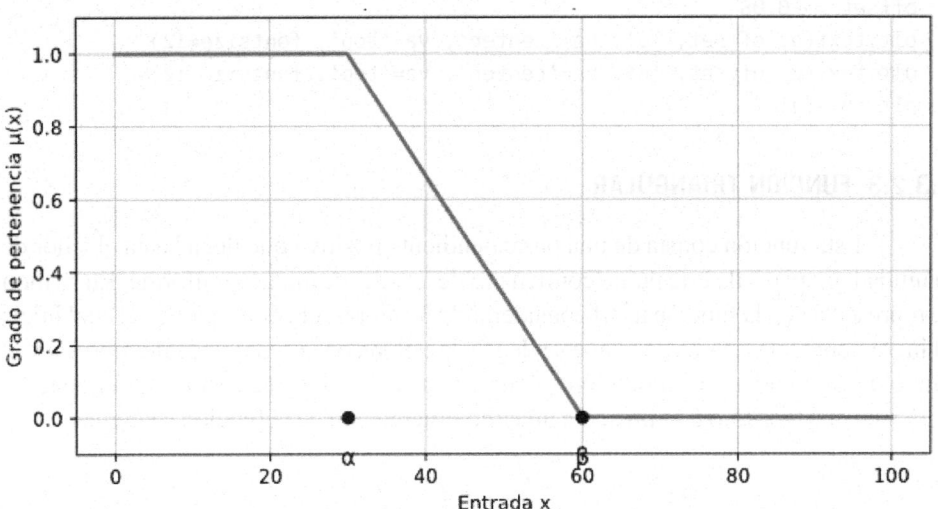

Figura 1.5. Gráfica de la función de saturación izquierda

Algoritmo 4 Implementación gráfica de la función saturación izquierda

```python
import numpy as np
import matplotlib.pyplot as plt
import skfuzzy as fuzz
# Universo del discurso
x = np.linspace(0, 100, 1000)
α = 30 # Valor inicial del decremento
β = 60 # Limite de la función
# trapm: baja de α a β y se mantiene en 0 después
trapmf_params = [0, 0, α, β]
mu_left = fuzz.trapmf(x, trapmf_params)
plt.figure(figsize=(8,4))
plt.plot(x, mu_left, 'm', linewidth=2)
plt.xlabel("Entrada x")
plt.ylabel("Grado de pertenencia μ(x)")
plt.grid(True)
plt.ylim(-0.1, 1.1)
# Marcar puntos alfa y beta
plt.plot([α, β], [0, 0], 'ko')
offset = -0.08
plt.text(α, offset, 'α', ha='center', va='top', fontsize=12)
plt.text(β, offset, 'β', ha='center', va='top', fontsize=12)
plt.show()
```

1.3.2.3 FUNCIÓN TRIANGULAR

Esta función consta de una parte pendiente positiva que llega hasta el valor de la unidad, y a partir de este punto comienza a descender de manera uniforme. En Python se representa con la función trimf considerando 3 valores, el valor a partir del cual inicia el incremento, el valor hasta el que se llega a la unidad en la función de membresía y el punto de decremento de la función. Matemática se define de acuerdo con la Ecuación 1.20 y en el Algoritmo 5 se presenta una implementación de la función triangular.

$$\mu_{\tilde{A}}(x) = \begin{cases} \dfrac{x-\alpha}{\beta-\alpha}, & \alpha \leq x \leq \beta \\ \dfrac{x-\delta}{\beta-\delta}, & \delta \leq x \leq \beta \\ 0, & de\,otra\,forma \end{cases} \tag{1.21}$$

El Algoritmo 5 se muestra una implementación de la función triangular empleando la función trimf de la librería scikit-fuzzy. En el algoritmo, el valor β determina el valor donde se alcanza la membresía máxima, mientras que α y δ establecen en qué puntos se realiza el incremento y decremento de la membresía. La Figura 1.6 muestra de manera gráfica la implementación del Algoritmo 5.

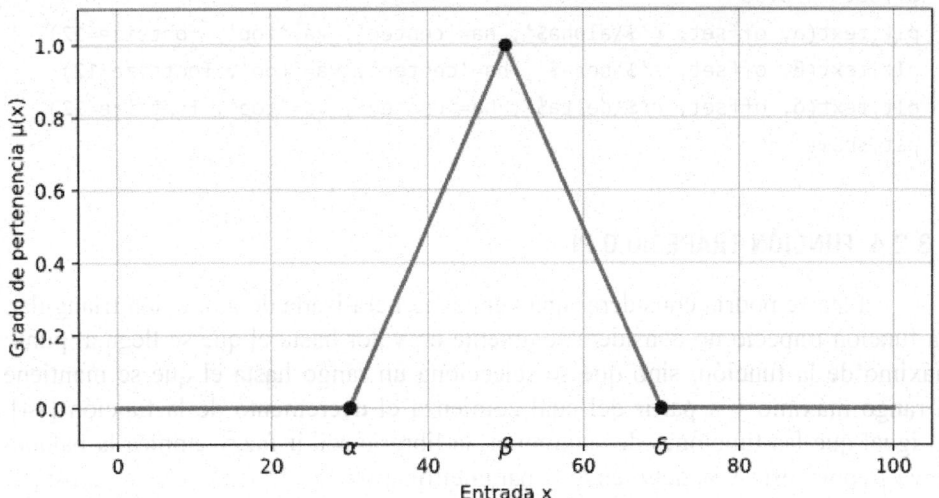

Figura 1.6. Representación de la función triangular

Algoritmo 5 Implementación gráfica de la función triangular

```python
import numpy as np
import matplotlib.pyplot as plt
import skfuzzy as fuzz
# Universo del discurso
x = np.linspace(0, 100, 1000)
# Parámetros de la triangular
α = 30   # Valor inicial
β = 50   # Valor máximo de la función
δ = 70   # Valor final
# Función triangular
mu_tri = fuzz.trimf(x, [α, β, δ])
plt.figure(figsize=(8,4))
plt.plot(x, mu_tri, 'm', linewidth=2)
plt.xlabel("Entrada x")
```

```
plt.ylabel("Grado de pertenencia μ(x)")
plt.grid(True)
plt.ylim(-0.1, 1.1)
# Marcar los puntos α, β y δ
plt.plot([α, β, δ], [0, 1, 0], 'ko')
offset = -0.08
plt.text(α, offset, r'$\alpha$', ha='center', va='top', fontsize=12)
plt.text(β, offset, r'$\beta$', ha='center', va='top', fontsize=12)
plt.text(δ, offset, r'$\delta$', ha='center', va='top', fontsize=12)
plt.show()
```

1.3.2.4 FUNCIÓN TRAPECIO O PI

Esta se podría considerar una versión generalizada de la función triangular. La función trapecio no considera solamente un valor hasta el que se llega al punto máximo de la función, sino que se selecciona un rango hasta el que se mantiene el rango máximo y a partir del cual comienza el decremento de la función [14]. Al igual que las funciones de saturación, la librería scikit-fuzzy emplea la palabra clave trapmf, esta vez definiendo 4 parámetros a través de los cuales se ajusta la función. En el Algoritmo 6 se muestra la implementación en código junto con la gráfica generada de esta función. La definición matemática de la función trapecio es:

$$\mu_{\tilde{A}}(x) = \begin{cases} \dfrac{x-\alpha}{\beta-\alpha}, \alpha \leq x \leq \beta \\ 1, \qquad \beta \leq x \leq \varphi \\ \dfrac{x-\varphi}{\delta-\varphi}, \varphi \leq x \leq \delta \\ 0, \; de\, otra\, forma \end{cases} \tag{1.22}$$

En el Algoritmo 6 se muestra una implementación de la función trapecio en Python empleando la función trapmf. En este caso se emplean 4 valores diferentes. Como en las funciones de saturación derecha o izquierda que se usaban valores fijos para indicar que en esos puntos se debía mantener fijo el valor máximo o mínimo del trapecio, en la función trapecio se emplean 4 valores diferentes, donde β y δ determinan el intervalo en el que se mantiene fijo. La diferencia de esta función con las de saturación es que aquí se consideran dos pendientes, con un intervalo que mantiene el punto máximo. La Figura 1.7 muestra la función de membresía trapecio.

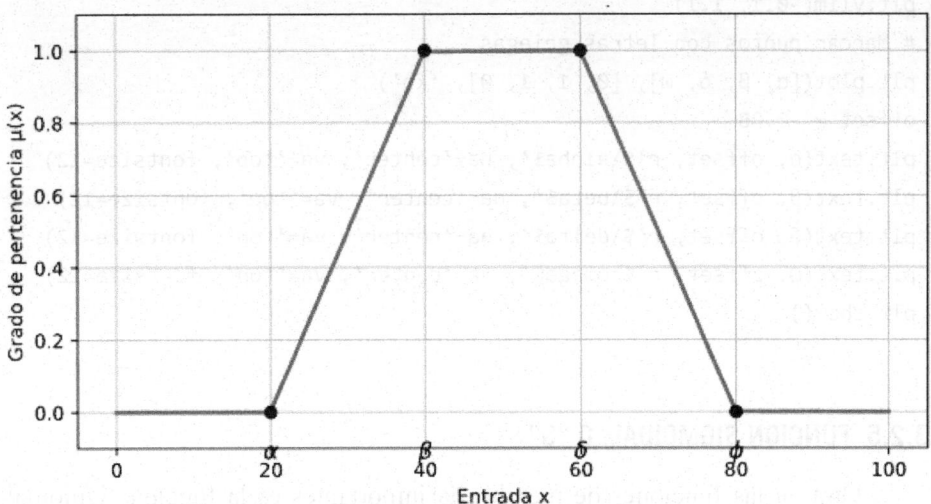

Figura 1.7. Representación de la función trapecio

Algoritmo 6 Implementación gráfica de la función trapecio

```python
import numpy as np
import matplotlib.pyplot as plt
import skfuzzy as fuzz
# Universo del discurso
x = np.linspace(0, 100, 1000)
# Parámetros del trapecio
α = 20  # comienzo de la subida
β = 40  # comienzo del valor plano
δ = 60  # final del valor plano
ω = 80  # fin del trapecio
# Función de membresía trapecial
mu_trap = fuzz.trapmf(x, [α, β, δ, ω])
# Graficar
plt.figure(figsize=(8,4))
plt.plot(x, mu_trap, 'm', linewidth=2)
plt.xlabel("Entrada x")
plt.ylabel("Grado de pertenencia μ(x)")
plt.grid(True)
```

```
plt.ylim(-0.1, 1.1)
# Marcar puntos con letras griegas
plt.plot([α, β, δ, ω], [0, 1, 1, 0], 'ko')
offset = -0.08
plt.text(α, offset, r'$\alpha$', ha='center', va='top', fontsize=12)
plt.text(β, offset, r'$\beta$', ha='center', va='top', fontsize=12)
plt.text(δ, offset, r'$\delta$', ha='center', va='top', fontsize=12)
plt.text(ω, offset, r'$\omega$', ha='center', va='top', fontsize=12)
plt.show()
```

1.3.2.5 FUNCION SIGMOIDAL, O "S"

Otra de las funciones de membresía importantes es la función sigmoidal. Esta tiene un comportamiento similar a las funciones de saturación, con la diferencia en que esta función presenta un cambio menos drástico. En la librería scikit-fuzzy de Python se emplea la palabra sigmf para llamar a una función sigmoidal en la que se consideran un punto medio donde comienza la transición y el valor de la pendiente que tomará hasta dicho punto de transición. En el Algoritmo 7 se muestra una implementación gráfica de la función sigmoidal. Matemáticamente esta función está descrita de la forma:

$$\mu_{\tilde{A}}(x) = \begin{cases} 0, & x \le \alpha \\ 2\left(\dfrac{x-\alpha}{\gamma-\alpha}\right)^2, & \alpha \le x \le \beta \\ 2\left(\dfrac{x-\alpha}{\gamma-\alpha}\right)^2, & \alpha \le x \le \gamma \\ 1, & de\,otra\,forma \end{cases} \tag{1.23}$$

En el Algoritmo 7 se muestra una implementación de la función sigmoidal por medio de la función sigmf de scikit-fuzzy. Como se puede ver en la Figura 1.8, el punto c marca el punto medio de la sigmoide, y el valor de a define el crecimiento de la sigmoide. Esta función, a diferencia de las funciones de saturación, presenta un incremento más suave.

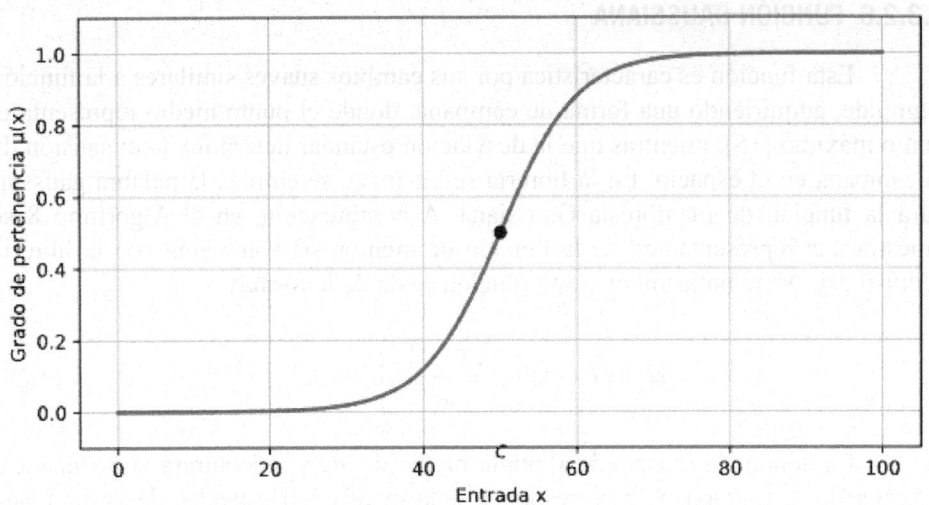

Figura 1.8. Representación de la función sigmoidal

Algoritmo 7 Implementación gráfica de la función sigmoidal

```python
import numpy as np
import matplotlib.pyplot as plt
import skfuzzy as fuzz
# Universo del discurso
x = np.linspace(0, 100, 1000)
# Parámetros de la función sigmoidal
a = 0.2   # pendiente
c = 50    # centro (punto de transición)
# Función de membresía sigmoidal
mu_sig = fuzz.sigmf(x, c, a)
# Graficar
plt.figure(figsize=(8,4))
plt.plot(x, mu_sig, 'm', linewidth=2)
plt.xlabel("Entrada x")
plt.ylabel("Grado de pertenencia μ(x)")
plt.grid(True)
plt.ylim(-0.1, 1.1)
# Marcar el punto central
plt.plot(c, 0.5, 'ko')  # donde cruza 0.5
plt.text(c, -0.08, r'$c$', ha='center', va='top', fontsize=12)
plt.show()
```

1.3.2.6 FUNCIÓN GAUSSIANA

Esta función es característica por sus cambios suaves similares a la función sigmoide, adquiriendo una forma de campana, donde el punto medio representa el punto máximo [15], mientras que la desviación estándar determina la expansión de la campana en el espacio. En la librería scikit-fuzzy se emplea la palabra gaussmf para la función de membresía Gaussiana. A continuación, en el Algoritmo 8 se muestra una representación de la función de membresía Gaussiana con la librería scikit-fuzzy. Matemáticamente, esta función se da de la forma:

$$\mu_{\tilde{A}}(x) = \exp\left(-\frac{(x-c)^2}{2\sigma^2}\right) \qquad (1.24)$$

En donde c corresponde al punto medio donde se encontrará la pertenencia máxima de la función, y σ corresponde a la desviación estándar de la campana Gaussiana.

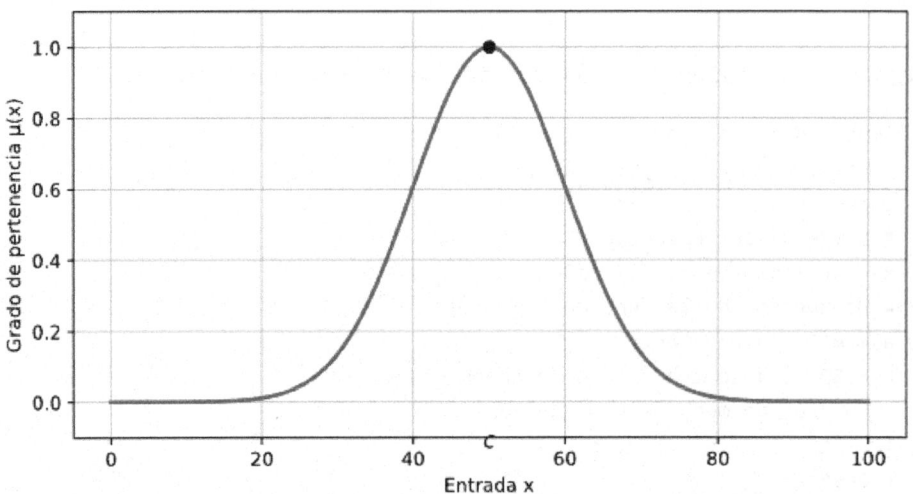

Figura 1.9. Representación de la función gaussiana

Algoritmo 8 Implementación gráfica de la función gaussiana

```
import numpy as np
import matplotlib.pyplot as plt
import skfuzzy as fuzz
# Universo del discurso
x = np.linspace(0, 100, 1000)
```

```
# Parámetros de la gaussiana
c = 50   # centro
sigma = 10   # ancho (desviación estándar)
# Función de membresía gaussiana
mu_gauss = fuzz.gaussmf(x, c, sigma)
# Graficar
plt.figure(figsize=(8, 4))
plt.plot(x, mu_gauss, 'm', linewidth=2)
plt.xlabel("Entrada x")
plt.ylabel("Grado de pertenencia μ(x)")
plt.title("Función de membresía gaussiana")
plt.grid(True)
plt.ylim(-0.1, 1.1)
# Marcar el centro
plt.plot(c, 1, 'ko')   # pico máximo
plt.text(c, -0.08, r'$c$', ha='center', va='top', fontsize=12)
plt.show()
```

1.4 RELACIÓN CLÁSICAS Y DIFUSAS

Una relación resulta de gran importancia en diferentes áreas como la ingeniería, las ciencias de la computación y todas aquellas basadas en las matemáticas. Se asocian con la teoría de grafos, algo que resulta de gran importancia para el diseño y manipulación de datos. Las relaciones resultan de gran importancia en las áreas como la lógica, el razonamiento aproximado, la clasificación, los sistemas basados en reglas, el reconocimiento de patrones y el control. En los conjuntos, sirven para el mapeo de conjuntos [16]. En el caso de las relaciones clásicas solamente existen dos grados de relación: "Está totalmente relacionado" o "no está relacionado". En los conjuntos difusos esto no ocurre, puesto que puede haber un número infinito de grados de relación. Los grados de relación en una relación difusa se pueden representar por grados de membresía del mismo modo que los grados de membresía en un conjunto en los conjuntos difusos. Los conjuntos clásicos pueden visualizarse como un caso restringido del concepto general del conjunto difuso.

1.4.1 Producto cartesiano

El producto cartesiano permite la creación de nuevos conjuntos a partir de la combinación de elementos de dos o más conjuntos difusos. En los conjuntos, una secuencia ordenada de una cantidad n de elementos en la forma $a_1, a_2, \ldots a_n$ se llama una n-tupla. Cuando se tiene una n-tupla donde $n = 2$, se le denomina par ordenado. Para los conjuntos clásicos $A_1, A_2, \ldots A_n$, el conjunto de n-tuplas $a_1, a_2, \ldots a_n$ donde $a_1 \in A_1, a_2$

$\in A_2,...a_n \in$ An es el producto cartesiano de $A_1, A_2,...A_n$. El producto cartesiano $(X \times Y)$ de dos conjuntos X, Y es el conjunto de todos los pares ordenados en los que el primer componente está contenido en el primero y el segundo pertenece al segundo conjunto:

$$X \times Y = \{(x, y) | x \in X, y \in Y\}$$

(1.25)

$$\text{Si } x \neq y, \text{ entonces } x \times y \neq y \times x$$

Si todos los elementos A_n son idénticos e iguales a A, el producto cartesiano de $A_1, A_2,...A_n$ es A^n.

Ejemplo 1: los elementos en dos conjuntos A y B son respectivamente A = {1,2} y B = {a,b,c.} Encuentre los productos cartesianos $A \times B, B \times A, A \times A, B \times B$.

Solución: aplicando las propiedades vistas anteriormente, los productos cartesianos son:

$$A \times B = \{(1,a),(1,b),(1,c),(2,a),(2,b),(2,c)\}$$
$$B \times A = \{(a,1),(b,1),(c,1),(a,2),(b,2),(c,2)\}$$
$$A \times A = \{(1,1),(1,2),(2,1),(2,2)\}$$
$$B \times B = \{(a,a),(a,b),(a,c),(b,a),(b,b),(b,c),(c,a),(c,b),(c,c)\}$$

(1.26)

En adición, en el Algoritmo 3 se incluye una implementación en Python para poder comprobar los resultados y calcular productos cartesianos con diferentes elementos:

Algoritmo 9 Implementación en Python para cálculo de productos cartesianos

```python
# Definimos los conjuntos
A = [1, 2]
B = ['a', 'b', 'c']
# Definimos una función para calcular producto cartesiano
def producto_cartesiano(X, Y):
    resultado = []
    for x in X:
        for y in Y:
            resultado.append((x, y))
    return resultado
# Cálculos de los productos
AxB = producto_cartesiano(A, B)
```

```
BxA = producto_cartesiano(B, A)
AxA = producto_cartesiano(A, A)
BxB = producto_cartesiano(B, B)
# Mostrar resultados en una sola línea por producto
print("A x B:", AxB)
print("B x A:", BxA)
print("A x A:", AxA)
print("B x B:", BxB)
```

1.4.2 Relaciones clásicas

Una relación entre dos conjuntos clásicos $X=\{\chi_1,\chi_2,...\chi n\}$ y $Y=\{y_1,y_2,...y_n\}$ es un subconjunto del producto Cartesiano. Se denota por el símbolo R o de la forma:

$$X \times Y = \{(X,Y)|X \in X, Y \in Y\} \tag{1.27}$$

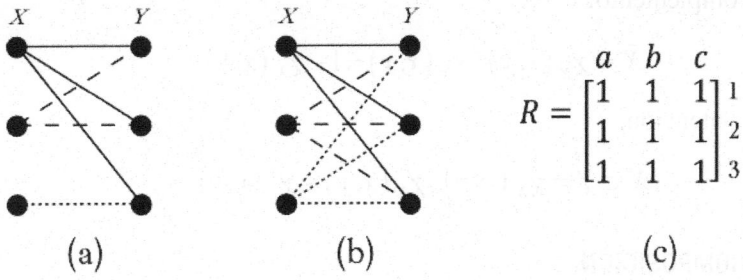

Figura 1.10. Ejemplos de relaciones clásicas: a) con restricciones, b) sin restricciones, c) matriz de relación

La fuerza de la relación entre pares ordenados de elementos de cada universo se mide por la función característica identificada por la letra χ, en donde se asocia con un valor de 1 a la relación total y un valor de 0 para una nula relación, tal como se expresa a continuación:

$$\chi_{xxy}(x \times y) = \begin{cases} 1,(x,y) \in X \times Y \\ 0,(x,y) \notin X \times Y \end{cases} \tag{1.28}$$

Como se muestra en la Figura 1.3 (a) y (b), las relaciones pueden ser restringidas o no entre los elementos de los conjuntos, indicando que hay elementos que pueden tener relaciones con otros, mientras que otros tienen una relación más limitada, mientras que en aquellos que no tienen restricciones es posible tener relación con todos los elementos. Otro modo conveniente para representar las relaciones es a través de la matriz de relaciones. Si tenemos dos conjuntos $X=\{a,b,c\}$ y $Y=\{1,2,3\}$ y cada elementos está relacionado entre sí en ambos conjuntos, la matriz de relación quedaría igual a la representada en la figura 1.3(c).

1.4.2.1 OPERACIONES EN RELACIONES CLÁSICAS

Algunas de las operaciones que se pueden realizar de manera teórica para dos conjuntos clásicos (X,Y):

Unión:

$$X \cup Y = \chi_{X \cup Y}(x,y) : \chi_{X \cup Y}(x,y) = \max\left[\chi_x(x,y), \chi_Y(x,y)\right] \tag{1.29}$$

Intersección:

$$X \cap Y = \chi_{X \cap Y}(x,y) : \chi_{X \cap Y}(x,y) = \min\left[\chi_x(x,y), \chi_Y(x,y)\right] \tag{1.30}$$

Complemento:

$$\bar{X} = \chi_{\bar{X}}(x,y) : \chi_{\bar{X}}(x,y) = 1 - \chi_X(x,y) \tag{1.31}$$

Contención:

$$X \subset Y = \chi_X(x,y) : \chi_X(x,y) \leq \chi_Y(x,y) \tag{1.32}$$

1.4.2.2 COMPOSICIÓN

El concepto de la composición es una relación usada en los conjuntos tanto difusos como clásicos, y se basa en el concepto de los máximos y mínimos. El objetivo de la composición es encontrar relaciones entre conjuntos que aparentemente no tienen ninguna relación, algo que resulta de mucha utilidad en los conjuntos difusos dado que estos tienden a presentar diferentes grados de ponderación. Sea R una relación de los elementos de un conjunto X con un conjunto Y. Sea también S una relación del conjunto Y con un conjunto Z, y sea T una relación de los elementos que contiene R con los elementos del conjunto Z contenido en S. Las operaciones de composición son:

▸ Composición máximo-mínimo: la composición máximo-mínimo está definida por las expresiones teóricas de los conjuntos y las funciones de membresía:

$$\begin{aligned} T &= R \, o \, S \\ \chi_T(x,y) &= V_{y \in Y}\left(\chi_R(x,y) \wedge \chi_S(y,z)\right) \end{aligned} \tag{1.33}$$

Composición máximo-producto: la composición máximo-producto está definida por las expresiones teóricas de los conjuntos y las funciones de membresía:

$$T = R \ o \ S$$
$$\chi_T(x,y) = V_{y \in Y}\left(\chi_R(x,y) \wedge \chi_S(y,z)\right) \tag{1.34}$$

Ejemplo 2: usando la composición máximo-mínimo, encuentre la relación para los siguientes conjuntos R y S:

$$R = \begin{array}{c} \\ x_1 \\ x_2 \\ x_3 \end{array} \begin{array}{ccc} y_1 & y_2 & y_3 \\ \left[\begin{array}{ccc} 1 & 0 & 1 \\ 0 & 1 & 1 \\ 1 & 0 & 0 \end{array}\right] \end{array} \qquad S = \begin{array}{c} \\ x_1 \\ x_2 \\ x_3 \end{array} \begin{array}{cc} z_1 & z_2 \\ \left[\begin{array}{cc} 1 & 1 \\ 1 & 0 \\ 1 & 0 \end{array}\right] \end{array}$$

Solución: la composición máximo-mínimo se representa por medio de la letra μ_T y está dada por la ecuación 1.35:

$$\mu_T(x_1,z_1) = \max\left(\min(1,1), \min(0,1), \min(1,1)\right)$$
$$\mu_T(x_1,z_1) = \max\left([1,0,1]\right) = 1$$
$$\mu_T(x_1,z_2) = \max\left(\min(1,1), \min(0,0), \min(1,0)\right)$$
$$\mu_T(x_1,z_2) = \max\left([1,0,0]\right) = 1$$
$$\mu_T(x_2,z_1) = \max\left(\min(0,1), \min(1,1), \min(1,1)\right)$$
$$\mu_T(x_2,z_1) = \max\left([0,1,1]\right) = 1$$
$$\mu_T(x_2,z_2) = \max\left(\min(0,1), \min(1,0), \min(1,0)\right)$$
$$\mu_T(x_2,z_2) = \max\left([0,0,0]\right) = 0 \tag{1.35}$$
$$\mu_T(x_3,z_1) = \max\left(\min(1,1), \min(0,1), \min(0,1)\right)$$
$$\mu_T(x_3,z_1) = \max\left([1,0,0]\right) = 1$$
$$\mu_T(x_3,z_2) = \max\left(\min(1,1), \min(0,0), \min(1,0)\right)$$
$$\mu_T(x_3,z_2) = \max\left([1,0,1]\right) = 1$$

$$R \ o \ S = \begin{bmatrix} 1 & 1 \\ 1 & 0 \\ 1 & 1 \end{bmatrix}$$

1.4.3 Relaciones difusas

Las relaciones difusas son una generalización de las relaciones clásicas de la teoría de conjuntos, las cuales representan el grado de pertenencia entre conjuntos difusos. A diferencia de los métodos clásicos en los que se considera únicamente una pertenencia total o nula, las relaciones difusas consideran diferentes grados de membresía. Una relación difusa denotada por $\tilde{R}$ es el remapeo del espacio cartesiano $X \times Y$ al intervalo $[0,1]$ donde el remapeo se expresa por medio de la función de membresía de la relación de pares ordenados expresada como se determina en la Ecuación 1.36:

$$\mu_{\tilde{R}} = \left\{ \left((x,y), \mu_{\tilde{R}}(x,y) \right) | (x,y) \in X \times Y \right\} \tag{1.36}$$

1.4.3.1 OPERACIONES EN RELACIONES DIFUSAS

Siendo $\tilde{R}$ y $\tilde{T}$ dos relaciones difusas establecidas en el espacio Cartesiano $X \times Y$. Entonces las siguientes operaciones aplican para los valores de membresía para varias operaciones de conjuntos [17]:

▸ *Unión:* la unión de dos relaciones difusas. En Python se puede realizar esta operación con la función skfuzzy.fuzzy.or de la librería scikit-fuzzy. Se define como:

$$\mu_{\tilde{R} \cup \tilde{T}}(x,y) = \max \left(\mu_{\tilde{R}}(x,y), \mu_{\tilde{T}}(x,y) \right) \tag{1.37}$$

▸ *Intersección:* la intersección de dos relaciones difusas. En Python se puede realizar esta operación con la función skfuzzy.fuzzy_and de la librería scikit-fuzzy. se define como:

$$\mu_{\tilde{R} \cap \tilde{T}}(x,y) = \min \left(\mu_{\tilde{R}}(x,y), \mu_{\tilde{T}}(x,y) \right) \tag{1.38}$$

▸ *Complemento:* el complemento de la relación difusa $\tilde{R}$. En Python se puede realizar esta operación con la función skfuzzy.fuzzy_not de la librería scikit-fuzzy. se da por:

$$\mu_{\tilde{R}}(x,y) = 1 - \mu_{\tilde{R}}(x,y) \tag{1.39}$$

▸ *Contención:* la contención de dos relaciones difusas $\tilde{R}$ y $\tilde{T}$ se da por:

$$\tilde{R} \subset \tilde{T} \Rightarrow \mu_{\tilde{R}}(x,y) \le \mu_{\tilde{T}}(x,y) \tag{1.40}$$

▼ *Producto cartesiano difuso:*

Siendo $\tilde{A}$ un conjunto difuso en el universo X y $\tilde{B}$ un conjunto difuso en el universo Y, el producto cartesinano entre los conjuntos difusos $\tilde{A}$ y $\tilde{B}$ resulta en una relación difusa $\tilde{R}$ contenida dentro del espacio Cartesiano $(\tilde{A} \times \tilde{B} = \tilde{R} \subset X \times Y)$ donde la relación difusa $\tilde{R}$ tiene la función de membresía:

$$\mu_{\tilde{R}}(x,y) = \mu_{\tilde{A} \times \tilde{B}} = \min\left(\mu_{\tilde{A}}(x), \mu_{\tilde{B}}(y)\right) \tag{1.41}$$

▼ *Composición:*

Siendo $\tilde{R}$ una relación difusa en el espacio Cartesiano $X \times Y$, $\tilde{S}$ una relación difusa en el espacio $X \times Z$, y $\tilde{T}$ una relación en el espacio $X \times Z$, entonces la composición máximo-mínimo se define como:

$$
\begin{aligned}
\tilde{T} = \tilde{R} \circ \tilde{S} = \\
\left\{(x,z), \max_{y}\left\{\min\left(\mu_{\tilde{R}}(x,y), \mu_{\tilde{S}}(y,z)\right)\right\} | x \in X, y \in Y, z \in Z\right\}
\end{aligned}
\tag{1.42}
$$

La composición máximo-producto se define en términos teóricos de los conjuntos:

$$
\begin{aligned}
\tilde{T} = \tilde{R} \circ \tilde{S} = \\
\left\{(x,z), \max_{y}\left\{\min\left(\mu_{\tilde{R}}(x,y) * \mu_{\tilde{S}}(y,z)\right)\right\} | x \in X, y \in Y, z \in Z\right\}
\end{aligned}
\tag{1.43}
$$

1.4.3.2 PROPIEDADES DE LAS RELACIONES DIFUSAS

Las propiedades de las relaciones difusas incluyen la conmutatividad, la asociatividad, la distributividad, la idempotencia y la involución descritas anteriormente. Generalizadas a las relaciones difusas, estas propiedades se definen de la forma:

Conmutativa:

$$\mu_{\tilde{R} \cup \tilde{T}}(x,y) = \mu_{\tilde{T} \cup \tilde{R}}(x,y) \tag{1.44}$$

Asociativa:

$$\mu_{(\tilde{R} \cup \tilde{S}) \cup \tilde{T}}(x,y) = \mu_{\tilde{R} \cup (\tilde{S} \cup \tilde{T})}(x,y) \tag{1.45}$$

Distributiva:

$$\mu_{(\tilde{R}\cup\tilde{S})\cap\tilde{T}}(x,y) = \mu_{\tilde{R}\cup(\tilde{S}\cap\tilde{T})}(x,y) \tag{1.46}$$

Idempotencia

$$\mu_{\tilde{R}\cup\tilde{R}}(x,y) = \mu_{\tilde{R}}. \tag{1.47}$$

Como se analizará posteriormente a lo largo de este capítulo, las relaciones difusas resultan de importancia para estudiar el concepto de la fuzzificación, cuya principal función es la de transformar datos en el dominio real a datos difusos mediante diversas funciones de membresía.

Ejemplo 3: para comprender un poco más las relaciones entre conjuntos difusos por medio de las composiciones, planteamos el siguiente ejemplo aplicado al área de la ingeniería: suponiendo que, en un motor, la relación existente entre el nivel de carga de un motor y el nivel de eficiencia del sistema de enfriamiento se denomina R_1, y la relación entre el nivel de eficiencia del sistema de enfriamiento con el riesgo de sobrecalentamiento del motor se representa como R_2. La relación entre el nivel de carga con el riesgo de sobrecalentamiento R_3 no es directa, sin embargo es posible determinarla por medio de la función de composición descrita en la ecuación 1.36.

Solución: conociendo las relaciones en base a lo establecido en el ejemplo, se tienen como relaciones las siguientes matrices.

$$R_1 = \begin{bmatrix} \dfrac{3}{4} & \dfrac{1}{2} & \dfrac{1}{4} \\ \dfrac{1}{2} & \dfrac{2}{3} & \dfrac{1}{3} \\ \dfrac{1}{4} & \dfrac{1}{2} & \dfrac{1}{2} \end{bmatrix}, \quad R_2 = \begin{bmatrix} \dfrac{9}{10} & \dfrac{3}{4} & \dfrac{2}{5} \\ \dfrac{1}{2} & \dfrac{2}{3} & \dfrac{1}{2} \\ \dfrac{1}{5} & \dfrac{1}{3} & \dfrac{3}{5} \end{bmatrix} \tag{1.48}$$

A partir del método de la composición podemos comenzar a calcular la nueva matriz de relaciones a partir de las matrices de relación conocidas R_1 y R_2 tal y como se muestra en la ecuación.

Con los resultados obtenidos en la Ecuación 1.42 podemos construir la matriz de relación R_3 a partir de las coordenadas dadas para la matriz. Complementario a este ejemplo, el Algoritmo 10 muestra el cálculo de la relación R_3 empleando la librería fractions de Python para desplegar los resultados en forma de fracciones.

Algoritmo 10 Implementación en código al Ejemplo 3

```python
from fractions import Fraction
import numpy as np
# Relación R1: Carga (A) → Enfriamiento (B)
R1 = np.array([
    [Fraction(3, 4), Fraction(1, 2), Fraction(1, 4)],
    [Fraction(1, 2), Fraction(2, 3), Fraction(1, 3)],
    [Fraction(1, 4), Fraction(1, 2), Fraction(1, 2)]
])
# Relación R2: Enfriamiento (B) → Riesgo (C)
R2 = np.array([
    [Fraction(9, 10), Fraction(3, 4), Fraction(2, 5)],
    [Fraction(1, 2), Fraction(2, 3), Fraction(1, 2)],
    [Fraction(1, 5), Fraction(1, 3), Fraction(3, 5)]
])
# Inicializar R3: Carga (A) → Riesgo (C)
R3 = np.zeros((nA, nC), dtype=object)
# Composición
for i in range(nA):       # Filas de A
    for j in range(nC):   # Columnas de C
        min_vals = [min(R1[i, k], R2[k, j]) for k in range(nB)]
        R3[i, j] = max(min_vals)
# Mostrar resultados
print("Matriz compuesta R3 (Carga → Riesgo de sobrecalentamiento):\n")
for fila in R3:
    print(["{:}".format(val) for val in fila])
```

$$R_3(1,1) = \max\left\{\min\left(\frac{3}{4},\frac{9}{10}\right),\min\left(\frac{1}{2},\frac{1}{2}\right),\min\left(\frac{1}{4},\frac{1}{5}\right)\right\}$$

$$R_3(1,1) = \frac{3}{4}$$

$$R_3(1,2) = \max\left\{\min\left(\frac{3}{4},\frac{3}{4}\right),\min\left(\frac{1}{2},\frac{2}{3}\right),\min\left(\frac{1}{4},\frac{1}{3}\right)\right\}$$

$$R_3(1,2) = \frac{3}{4}$$

$$R_3(1,3) = \max\left\{\min\left(\frac{3}{4},\frac{2}{5}\right),\min\left(\frac{1}{2},\frac{1}{2}\right),\min\left(\frac{1}{4},\frac{3}{5}\right)\right\}$$

$$R_3(1,3) = \frac{1}{2}$$

$$R_3(2,1) = \max\left\{\min\left(\frac{1}{2},\frac{9}{10}\right),\min\left(\frac{2}{3},\frac{1}{2}\right),\min\left(\frac{1}{2},\frac{1}{5}\right)\right\}$$

$$R_3(2,1) = \frac{2}{3}$$

$$R_3(2,2) = \max\left\{\min\left(\frac{1}{2},\frac{3}{4}\right),\min\left(\frac{2}{3},\frac{2}{3}\right),\min\left(\frac{1}{2},\frac{1}{3}\right)\right\} \qquad (1.49)$$

$$R_3(2,2) = \frac{1}{2}$$

$$R_3(2,3) = \max\left\{\min\left(\frac{1}{2},\frac{2}{5}\right),\min\left(\frac{2}{3},\frac{1}{2}\right),\min\left(\frac{1}{2},\frac{3}{5}\right)\right\}$$

$$R_3(2,3) = \frac{1}{2}$$

$$R_3(3,1) = \max\left\{\min\left(\frac{1}{4},\frac{9}{10}\right),\min\left(\frac{1}{3},\frac{1}{2}\right),\min\left(\frac{1}{2},\frac{1}{5}\right)\right\}$$

$$R_3(3,1) = \frac{1}{2}$$

$$R_3(3,2) = \max\left\{\min\left(\frac{1}{4},\frac{3}{4}\right),\min\left(\frac{1}{3},\frac{2}{3}\right),\min\left(\frac{1}{2},\frac{1}{3}\right)\right\}$$

$$R_3(3,2) = \frac{1}{2}$$

$$R_3(3,3) = \max\left\{\min\left(\frac{1}{4},\frac{2}{5}\right),\min\left(\frac{1}{3},\frac{1}{2}\right),\min\left(\frac{1}{2},\frac{3}{5}\right)\right\}$$

$$R_3(3,3) = \frac{1}{2}$$

1.4.4 Reglas difusas

Hasta ahora hemos analizado las diferentes propiedades de los conjuntos difusos, así como también las diferentes relaciones que pueden existir entre diferentes conjuntos, algo importante en la lógica difusa ya que se procura identificar la pertenencia tanto a un conjunto o a otro de un determinado elemento. La manera de relacionarse con estos grupos es a partir de una lógica de sentencias en las que se considera un antecedente que es la entrada y un consecuente que sería la salida [18]. Algo importante es identificar los diferentes tipos de conectores que pueden implicar tanto una condición como una posible consecuencia. En la Tabla 1.1 se enlistan los conectores más utilizados y su definición.

Conector	Significado
$P \vee Q$	Unión, donde ambas preposiciones son ciertas
$P \wedge Q$	Intersección, donde cualquiera de las dos preposiciones es cierta
$\bar{P}, \bar{Q},$	Negación, alguna de las preposiciones es el caso contrario
$P \Rightarrow Q$	Implicación, cuando una de las preposiciones se cumple, por ende se cumple la otra
$P \Leftrightarrow Q$	Equivalencia, donde ambas preposiciones tienen valor verdadero en todas las interpretaciones

Tabla 1.1 Descripción de conectores

Complementario a la información de la Tabla 1.1. En la Tabla 1.2 se muestran las tablas de verdad de la implicación y la equivalencia de dos preposiciones P y Q.

P	Q	$P \Rightarrow Q$	$P \Leftrightarrow Q$
1	1	1	1
1	0	0	0
0	1	1	0
0	0	1	1

Tabla 1.2 Tabla de verdad con reglas difusas

Los sistemas difusos basados en reglas utilizan variables lingüísticas, en las que se considera un antecedente que expresa la inferencia o la desigualdad que debería satisfacerse. Mientras que el consecuente es la salida obtenida si el antecedente se cumple. Algo importante en las reglas difusas es que se emplea el sistema de reglas SI-ENTONCES (IF-THEN en inglés) [19], dado de la forma "SI antecedente, ENTONCES consecuente". Claro, este concepto se puede extrapolar a la lógica clásica como a la lógica difusa, no obstante en la lógica clásica solamente se pueden considerar dos posibles estados para el antecedente, mientras que en la lógica difusa se pueden considerar múltiples estados.

1.4.5 Lógica de predicados

En la lógica difusa, las reglas pueden formularse en dos modos diferentes denominados *modus ponens* y *modus tollens* [20]. En el *modus ponens,* la salida depende directamente de la entrada, de la forma: *Si A es verdadero, entonces B*. En este caso, cuando el antecedente *A* tiene un determinado grado de verdad, se ejecuta el consecuente *B*. Por otro lado, *modus tollens* da el estado del consecuente a partir del estado del consecuente, de la forma *Si B es falso, entonces A es falso*. El *modus tollens* es más difícil de aplicarse dado que es más difícil realizar una deducción hacia atrás, y requiere otros métodos para calcular determinados grados de verdad de los antecedentes.

1.5 CONTROL DIFUSO

La teoría del control moderna ha sido una herramienta ampliamente utilizada para realizar diferentes tareas tanto en la vida cotidiana como en la industria y en el sector científico [21]. El término del control hace referencia a la interacción hombre-máquina, lo que se denomina el control manual. Se podría resumir la historia de la teoría del control desde antes de la Segunda Guerra Mundial y el auge de la era industrial, donde se requerían mecanismos y técnicas para el análisis y el diseño de sistemas electromecánicos. Con el paso de los años y los avances de la tecnología espacial han ido transformando la teoría de control, al enfrentarse a nuevos retos como la precisión de los sistemas existentes y la creciente complejidad de los requerimientos de la industria como la automotriz han impulsado la necesidad de sistemas que permitan realizar tareas repetitivas y complicadas reduciendo la necesidad de la manipulación humana para regular los sistemas de manufactura, a partir de lo cual comienza el denominado control automático moderno, facilitando a gran escala la regulación de sistemas eléctricos y mecánicos sin la necesidad de intervenciones de un operador.

La teoría del control moderna ha liderado los avances en la tecnología moderna en áreas donde el control y la automatización son fundamentales, y en las últimas décadas han surgido diversos artículos donde se explican diferentes métodos de análisis y diseño de gran importancia para los ingenieros. La teoría de control está cimentada en modelos matemáticos contemporáneos y conceptos de la ingeniería eléctrica, lo que permite crear análisis robustos y adaptables, del mismo modo que las teorías de control no lineales se han extendido de manera considerable a un gran rango de aplicaciones de los sistemas de control lineales en la práctica.

No obstante, a pesar de las grandes ventajas y la adaptabilidad de los sistemas y métodos de control modernos, muchos de ellos no consideran los conceptos de la incertidumbre y condiciones contradictorias, lo cual no permite el análisis en sistemas con mayor grado de incertidumbre en los que se consideran los sistemas difusos, en los cuales no existe una variable numérica como tal, sino que existen variables lingüísticas imprecisas. Tomemos como ejemplo un sistema que abre o cierra una válvula en base a la cantidad de agua que tiene un tinaco. Si determinamos que un tinaco está medio lleno o medio vacío, los sistemas modernos no permiten interpretar esta situación en la que no existe un método exacto para determinar que un tinaco está medio vacío o medio lleno.

Como una alternativa para la problemática de los sistemas de control para enfrentar las imprecisiones o incertidumbre, surge la teoría de control difuso, la cual, como su nombre lo indica, emplea los principios de la lógica difusa que le permite manejar fácilmente problemas prácticos difíciles de resolver para las técnicas de control convencionales, y a su vez permite que muchos de los sistemas de control convencionales conocidos y aplicados puedan extenderse a configuraciones difusas al realizar la transformación de datos difusos a no difusos y viceversa. El objetivo principal de los sistemas de control difuso es extender muchos de los métodos y técnicas de la teoría de control tradicional a un espectro mucho más amplio de problemas con mayor grado de complejidad en los que ya no se emplean datos tan fáciles de interpretar o con incertidumbre en los datos producidos.

1.5.1 Etapas del control difuso

Un controlador difuso tradicional consta de 4 etapas en las cuales se puede procesar la entrada para trabajarse en el dominio difuso: la interfaz de difusificación, la base de conocimientos, la lógica de decisiones y la desdifusificación de las entradas.

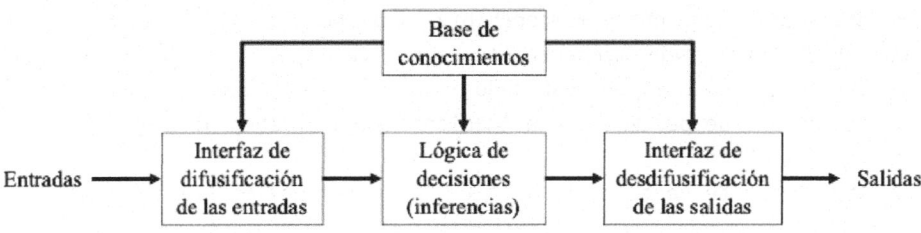

Figura 1.11. Estructura general de un controlador difuso

1.5.2 Difusificación de las entradas

La difusificación (o fuzzification en inglés) [22] es un concepto importante en la teoría de la lógica difusa, ya que en este proceso los datos de tipo crisp se convierten en datos difusos. Se miden los valores de las variables de entrada para realizar un mapeo a una escala que transfiere los valores de las variables al universo de discurso difuso. Para realizar la difusificación, la magnitud de la variable es evaluada a través de las funciones de membresía asociadas a cada uno de los conjuntos difusos del sistema de control.

Para comprender este concepto, analicemos una implementación en Python del Algoritmo 1 adaptado para poder calcular los grados de membresía a dos grupos diferentes. En el Algoritmo 10, tenemos un valor de entrada el cual puede variarse, y para calcular los grados de membresía para cada uno de los conjuntos distribuidos en el universo del discurso se emplea la función interp_membreship de la librería scikit-fuzzy para calcular el respectivo grado de membresía del valor de entrada orientado a cada uno de los conjuntos difusos. Este código imprime en la consola el valor numérico para cada uno de los grados de membresía.

Algoritmo 11 Implementación de cálculo de grados de membresía a dos conjuntos difusos

```python
import numpy as np
import skfuzzy as fuzz
import matplotlib.pyplot as plt
# Universo del discurso
x = np.linspace(1.30, 1.90, 1000)
# Valor a difusificar
valor = 1.6
# Definimos los conjuntos difusos triangulares
mediano = fuzz.trimf(x, [1.40, 1.55, 1.70])
alto = fuzz.trimf(x, [1.60, 1.75, 1.90])
# Difusificación: calcular grado de pertenencia
mu_mediano = fuzz.interp_membership(x, mediano, valor)
mu_alto = fuzz.interp_membership(x, alto, valor)
# Mostrar en consola los resultados
print(f"Grado de pertenencia a 'Mediano' para {valor} m: {mu_
mediano:.4f}")
print(f"Grado de pertenencia a 'Alto' para {valor} m: {mu_alto:.4f}")
```

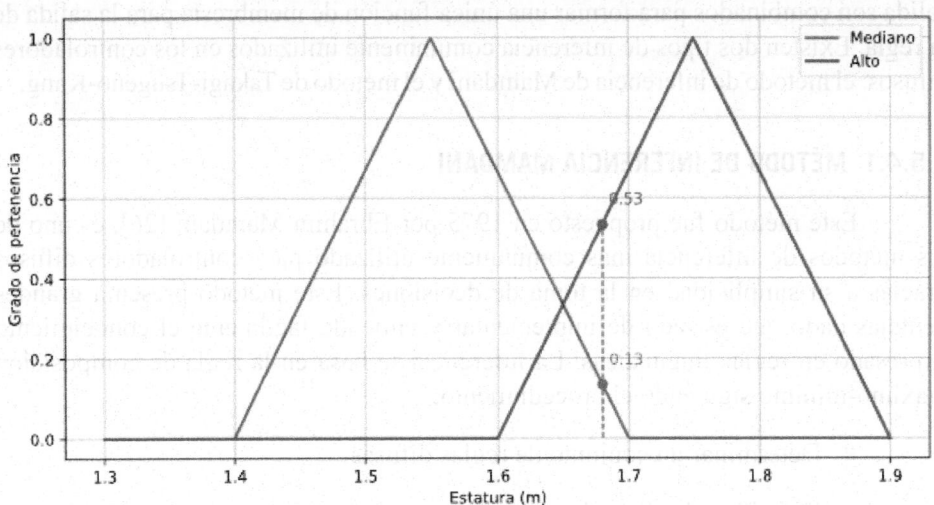

Figura 1.12. Representación gráfica de los grados de pertenencia del Algoritmo 10

1.5.3 Base de conocimientos

La base de conocimientos [23]es donde se contiene toda la información necesaria para cada etapa del proceso, así como la información de la aplicación que se va a controlar. En esta se contienen todos los datos y la base de reglas lingüísticas, las funciones de membresía y el universo del discurso, que corresponde al rango de todas las variables, para manipular los datos difusos. La base de reglas define la meta de control y la política que se utiliza para llevar el control a través de reglas o preposiciones lingüísticas [24]. La base de conocimientos representa un bloque importante en el proceso ya que en él se contiene la información que utilizará el controlador, es importante validar la información sobre los conjuntos y las funciones que en este se contienen ya que si están mal definidos pueden presentar un problema para el proceso del controlador.

1.5.4 Lógica de decisiones

El módulo de decisiones o módulo de inferencia realiza el proceso de manejar las entradas ya difusicadas y generar las relaciones en base a los valores y a las reglas lingüísticas establecidas [25]. La inferencia es el proceso por el que se mapean las entradas difusificadas a la base de reglas, produciendo una salida difusa. Para los consecuentes del espacio de reglas, se calcula un grado de membresía para los conjuntos de salida basados en los grados de membresía de las entradas y la relación existente entre los conjuntos difusos de entrada y de salida. Los conjuntos difusos de salida son combinados para formar una única función de membresía para la salida de la regla. Existen dos tipos de inferencia comúnmente utilizados en los controladores difusos: el método de inferencia de Mamdani y el método de Takagi-Tsugeno-Kang.

1.5.4.1 MÉTODO DE INFERENCIA MAMDANI

Este método fue propuesto en 1975 por Ebrahim Mamdani [26], es uno de los métodos de inferencia más comúnmente utilizado para controladores difusos gracias a su simplicidad en la toma de decisiones. Este método presenta grandes ventajas dado que es fácil de implementar y entiende fácilmente el conocimiento expresado en reglas lingüísticas. La inferencia se basa en la regla de composición máximo-mínimo siguiendo el procedimiento:

▼ Determinar un conjunto de reglas difusas.

▼ Difusificar las entradas usando las funciones de membresía.

▼ Para cada regla de la base de reglas difusas, se modela la condicional "SI-ENTONCES" por medio de la operación mínimo AND ($\wedge$) combinando los diferentes antecedentes de la entrada para obtener los consecuentes, por ejemplo: Si *Temperatura* es *Alta* y *Humedad* es *Baja*, entonces *Ventilación* es *Alta*, donde se pueden tener una cantidad *n* de reglas.

▼ Combinar los consecuentes para obtener una distribución de salida.

▼ Desdifusificar la distribución de salida para obtener una salida crisp directa al actuador.

Las salidas que se pueden dar en este método representadas en las funciones de membresía pueden darse tanto escaladas o recortadas. En la figura se muestra una representación de las funciones recortadas y escaladas.

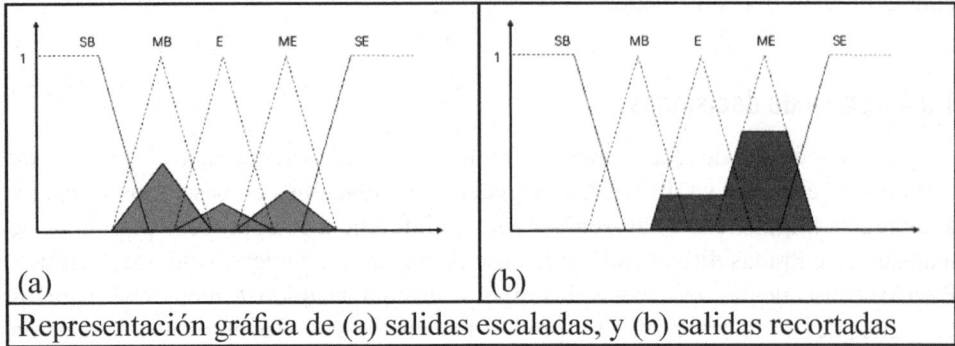

Representación gráfica de (a) salidas escaladas, y (b) salidas recortadas

1.5.4.2 MÉTODO DE TAKAGI-SUGENO-KANG

Este es un método de inferencia originalmente propuesto por Takagi y Sugeno en 1985 [27], y posteriormente refinado por Kang. Es un método similar en algunos aspectos al método de inferencia de Mamdani para representar las reglas lingüísticas, con la diferencia de que el consecuente de cada regla no se da en conjuntos difusos, sino que se da a través de una serie de funciones en los valores de entrada de cada regla. Otra de las grandes diferencias de este método a comparación del método de Mamdani es que la salida que da este método no requiere un proceso de desdifusificación, ya que al tener como salida una función lineal en lugar de un conjunto difuso, cada regla da una salida el cual puede promediarse para dar la salida del controlador. Su método de funcionamiento es el siguiente:

▼ Se realiza la difusificación de las entradas, similar al método Mamdani.

▼ Se evalúan las entradas calculando los grados de activación por medio de los operadores AND/OR difusos, como mínimo o producto.

▼ Se calculan las salidas de las reglas, dando como resultado una salida nítida mediante una función consecuente definida por el experto. Esto se modela de la siguiente forma: si x es $A_{1...,n}$ y y es $B_{1...,n}$ entonces $z = f_{1,...,n}(x,y)$ donde A y B corresponden a los conjuntos difusos con diferentes estados y x,y corresponden a las entradas. La salida corresponde a una función para cada una de las reglas consideradas en la base de conocimientos.

▼ La salida global del sistema se calcula mediante un promedio ponderado de las salidas de cada una de las reglas, dando como salida un valor crisp sin necesidad de calcular su desdifusificación. El cálculo de la salida se hace mediante la ecuación:

$$z = \frac{\sum_{i=1}^{n} \omega_i f_i (x_i, y_i)}{\sum_{i=1}^{n} \omega_i} \tag{1.50}$$

Donde ω_i correspnde al valor mínimo de los valores de entrada de cada regla.

1.5.5 Desdifusificación

La última etapa del proceso del control difuso consiste en el desdifusificado [28] de la salida difusa generada en el proceso de ingerencia para finalmente dar una salida en un conjunto clásico que pueda ser interpretada por el actuador a la salida del sistema. La salida se define como la unión de las salidas de control, ya sean escalonadas o recortadas. El valor de saluda del tipo crisp se denota por una letra u^* y el área del conjunto se define por

$$u^* = \int \mu_u(u)\, du \qquad (1.51)$$

A continuación se analizan algunos de los métodos más comunes para realizar la desdifusificación del controlador [29]:

1.5.5.1 MÉTODO DEL CENTROIDE O CENTRO DE GRAVEDAD

Este método de desdifusificación es similar a la media aritmética para distribuciones de frecuencia de una determinada variable. La metodología consta básicamente en cortar la función de membresía al grado de membresía correspondiente a la saluda, y el área inferior es la que se toma para realizar el cálculo. Con este método se calcula el centroide, el cual dice la salida del sistema. Matemáticamente esta definición se traduce como:

$$z = \frac{\sum_{x=a}^{b} \mu(x)\cdot x}{\sum_{x=a}^{b} \mu(x)} \qquad (1.52)$$

Para espacios discretos, y del modo:

$$z = \frac{\int_a^b \mu(x)\cdot x\cdot dx}{\int_a^b \mu(x)\cdot dx} \qquad (1.53)$$

Para espacios discretos.

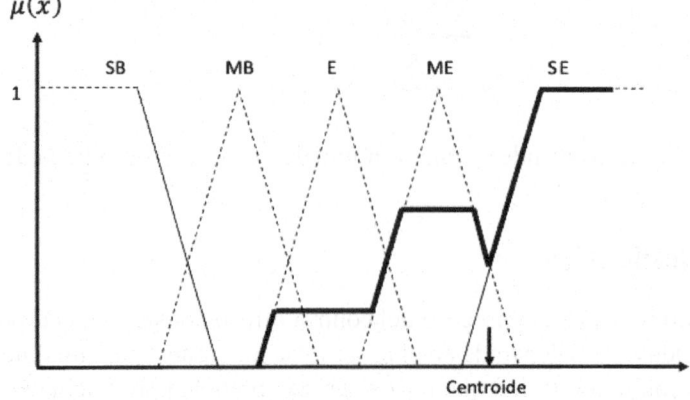

Figura 1.13. Representación gráfica del método de centroide o centro de gravedad

1.5.5.2 MÉTODO DEL CENTRO MÁXIMO

Este proceso es un método más sencillo y simple, consta de calcular el valor máximo para cada función de membresía. Es importante mencionar que este método no se puede usar para funciones de membresía asimétricas. Para cada uno de los valores máximos de cada una, se calcula el centro de la siguiente forma:

$$z = \frac{\sum \mu_{\tilde{C}}(\tilde{z}) \cdot \tilde{z}}{\sum \mu_{\tilde{C}}(\tilde{z})} \tag{1.54}$$

Es más común emplear este método cuando se utilizan funciones de membresía de trapecio o trapezoidales, en cuyo caso se emplea el valor de la mitad del máximo de la función.

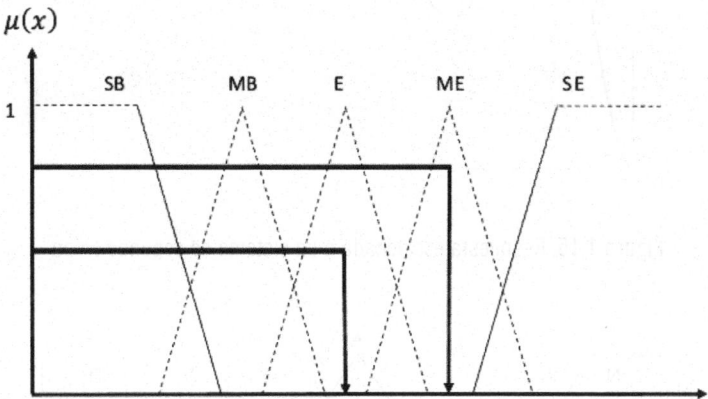

Figura 1.14. Representación gráfica del método del centro máximo

1.5.5.3 MÉTODO DE ALTURAS

Este método es más sencillo, y es utilizado mayormente en funciones del tipo discreto. Este método es similar al método del centroide, con la diferencia de que solamente se consideran los puntos con el mayor grado de membresía. Este proceso es más sencillo que el método del centroide, pero con la diferencia de que puede generar imprecisiones cuando se trabajen con funciones de membresía asimétricas.

1.6 CONTROLADORES DIFUSOS

A lo largo de este capítulo comenzaremos el análisis de los controladores difusos directamente aplicados a los sistemas de control como los que son comúnmente aplicados a áreas industriales. Similar a los sistemas de control clásicos, comprenden el uso de una acción proporcional (tipo P), proporcional-derivativa (PD), proporcional-integral (PI) y proporcional-integral-derivativa (PID) [30], [31], [32].

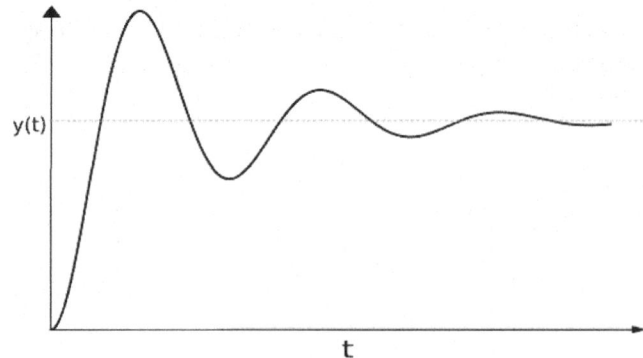

Figura 1.15. Respuesta escalonada a un sistema de segundo orden

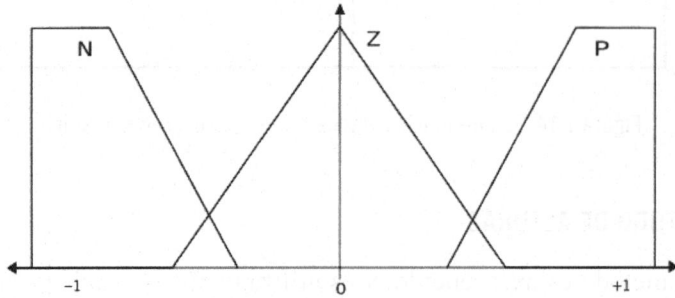

Figura 1.16. Funciones de membresía para el proceso de difusificación y desdifusificación

1.6.1 Controlador P

Este es uno de los controladores más sencillos, pues solamente se consideran una entrada la cual es procesada. El controlador clásico realiza el control a través de la ecuación $u(t)=K_p\ e(t)$, en donde $u(t)$ corresponde a la salida final del controlador que pude ser la señal a un ventilador, a un controlador de voltaje o a un horno industrial, K_p corresponde a la ganancia del controlador proporcional, y $e(t)$ corresponde a un error del sistema, el cual se calcula como la diferencia entre la salida esperada (o salida de referencia) y la salida real: $e(t)=r-y(t)$. El controlador P difuso reemplaza esta ecuación con un controlador difuso para controlar las salidas, lo cual presenta ventajas a comparación del controlador clásico dado que permite manejar imprecisiones o incertidumbre, además de que se puede implementar directamente conocimiento del experto.

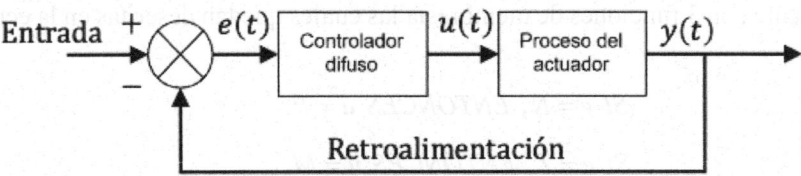

Figura 1.17. squema del controlador P difuso

Se denomina proporcional ya que este controlador solamente tiene de entrada al controlador difuso el error que se va corrigiendo conforme pasa el tiempo. Estos controladores integran intuición al sistema y permiten un mejor control del actuador.

Las salidas correspondientes al controlador se dan a partir de una matriz de asociaciones difusas (o FAM) en las que se da la salida del controlador difuso a partir de las funciones de membresía tanto de la entrada como de la salida difusificada. En el caso de un controlador P con 3 funciones de membresía, la FAM se da de acuerdo con la Tabla 1.3:

e	N	Z	P
u	N	Z	P

Tabla 1.3 FAM para un controlador P con 3 funciones de membresía

Como se puede ver, en este controlador solamente al contar con una entrada, se puede considerar un único estado tanto para la entrada como para la salida.

1.6.1.1 EJEMPLO DE IMPLEMENTACIÓN

A continuación, en el Algoritmo 12 se muestra una codificación realizada en Python empleando la librería scikit-fuzzy de un controlador difuso en un caso de aplicación. En el Algoritmo 12 se muestra un ejemplo sencillo de aplicación de un controlador P empleando reglas difusas para el control. Para este ejemplo, se está empleando el submódulo control de la paquetería scikit-fuzzy para simular las etapas del controlador difuso. Como se puede ver, se tiene 3 funciones de membresía distribuidos en rangos diferentes tanto para la difusificación de las entradas como para la desdifusificación de las salidas, dando una salida clásica interpretable por el controlador. En el Algoritmo se resuelve un problema de posicionamiento teniendo como estado inicial de error un valor de 0.5. En la Figura 1.19 se muestra la gráfica resultante donde se muestra la corrección del error hasta que, gradualmente se hace un valor cercano a 0. Cabe señalar el valor 0.1 multiplicado a la salida del error simulado representando la ganancia del controlador. Este controlador cuenta únicamente con 3 funciones de membresía las cuales quedan descritas en la ecuación 1.55

$$SI\ e = N,\ ENTONCES\ u = P$$

$$SI\ e = Z,\ ENTONCES\ u = M \qquad (1.55)$$

$$SI\ e = P,\ ENTONCES\ u = G$$

De acuerdo con la ecuación 1.55, el controlador cuenta con 3 estados para la entrada los cuales se consideran como un error negativo ($e=N$) para el que se considera una salida del controlador pequeña ($u=P$), un error cero ($e=Z$) para el que se considera una salida mediana ($u=M$) y un error positivo ($e=P$) para el que se considera una salida grande ($u=G$). En la Figura 1.18 se pueden apreciar dos gráficas en las que se muestra la evolución del error conforme al ciclo retroalimentado del sistema de control y el cambio en la salida del actuador activada por el controlador difuso. Como se puede apreciar, el cambio tiene una caída constante hasta el punto en el que el error se aproxima lo más posible al 0 y se mantiene fijo, al mismo tiempo que el actuador tiene variaciones mínimas en su salida. Para la implementación de este controlador se emplea la sublibrería control de scikit-fuzzy para realizar la simulación. En el Algoritmo 12, en la etapa 1 se define el universo de discurso tanto para el antecedente del sistema que corresponde al error, como al consecuente que corresponde a la salida de control del sistema difuso. En la etapa 2 se definen las funciones de membresía para la entrada y la salida del controlador difuso las cuales constan de 3 funciones de membresía triangulares. En la etapa 3 se definen las reglas del controlador como están establecidas en la Ecuación 1.55, donde por medio de la función ctrl.Rule, se definen las reglas en base a la pertenencia que tiene la entrada de acuerdo con las funciones de membresía en la etapa de la difusificación y la salida que tendrá el controlador en base a esta entrada. En la etapa 4 se define la simulación del controlador difuso con las reglas propuestas por medio de la función ctrl.ControlSystemSimulation, la cual se ejecutará a lo largo del proceso. En la etapa 5 se define la simulación del sistema en un bucle simulando un lapso de 10 segundos, a lo largo del cual en un periodo de 100 muestras se estará empleando el sistema de control, indicando el valor del error inicial propuesto para esta implementación en un valor de 0.5, y realizando la simulación del sistema de control. Finalmente, la etapa 6 despliega las gráficas de resultados.

Algoritmo 12 Ejemplo de implementación de controlador P con reglas difusas

```python
import numpy as np
import skfuzzy as fuzz
from skfuzzy import control as ctrl
import matplotlib.pyplot as plt
# 1. Definir las variables de entrada y salida
error = ctrl.Antecedent(np.linspace(-1, 1, 100), 'error')
control = ctrl.Consequent(np.linspace(-1, 1, 100), 'control')
# 2. Definir las funciones de pertenencia
error['Negativo'] = fuzz.trimf(error.universe, [-1, -1, 0])
error['Cero'] = fuzz.trimf(error.universe, [-0.5, 0, 0.5])
error['Positivo'] = fuzz.trimf(error.universe, [0, 1, 1])
control['Pequeño'] = fuzz.trimf(control.universe, [-1, -1, 0])
control['Medio'] = fuzz.trimf(control.universe, [-0.5, 0, 0.5])
control['Grande'] = fuzz.trimf(control.universe, [0, 1, 1])
# 3. Definir las reglas difusas
regla1 = ctrl.Rule(error['Negativo'], control['Pequeño'])
regla2 = ctrl.Rule(error['Cero'], control['Medio'])
regla3 = ctrl.Rule(error['Positivo'], control['Grande'])
# 4. Crear el sistema de control difuso
sistema_control = ctrl.ControlSystem([regla1, regla2, regla3])
simulacion = ctrl.ControlSystemSimulation(sistema_control)
# 5. Simulación del sistema de control en un bucle
tiempo = np.linspace(0, 10, 100)  # Simulación de 10 segundos con 100
puntos
errores = []
controles = []
error_actual = 0.5  # Valor inicial del error
for t in tiempo:
    simulacion.input['error'] = error_actual
    simulacion.compute()
    salida_control = simulacion.output['control']
    # Registrar los valores
    errores.append(error_actual)
    controles.append(salida_control)
    # Simular el movimiento y el cambio del error
```

```
    error_actual = error_actual - salida_control * 0.1
# 6. Graficar los resultados
plt.figure(figsize=(12, 6))
plt.subplot(2, 1, 1)
plt.plot(tiempo, errores, label='Error')
plt.xlabel('Tiempo')
plt.ylabel('Error')
plt.title('Evolución del Error')
plt.legend()
plt.subplot(2, 1, 2)
plt.plot(tiempo, controles, label='Control', color='red')
plt.xlabel('Tiempo')
plt.ylabel('Control')
plt.title('Salida del Controlador')
plt.legend()
plt.tight_layout()
plt.show()
```

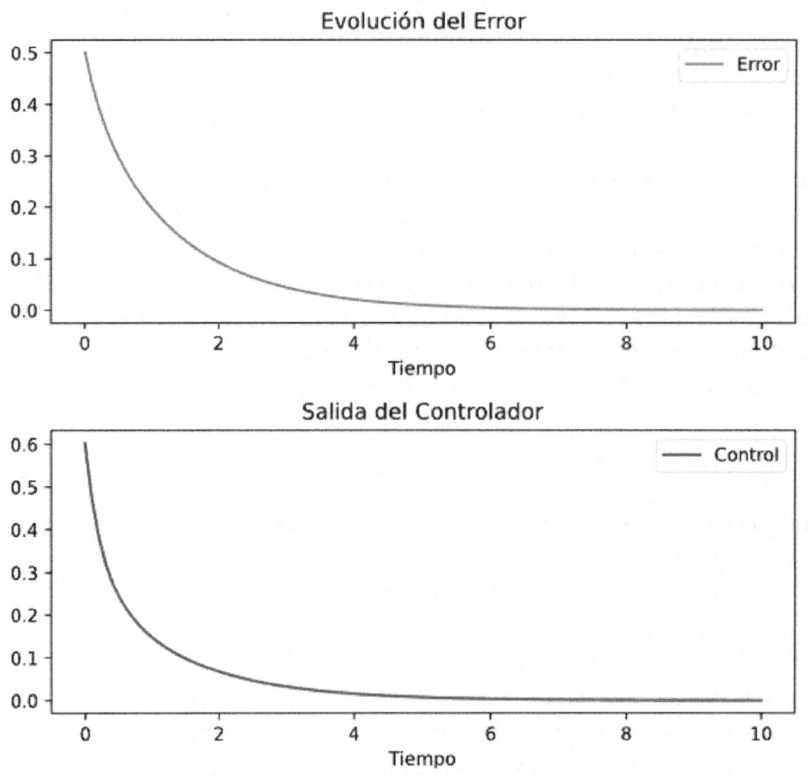

Figura 1.18. Resultados de corrección del error implementando el controlador del Algoritmo 12

1.6.2 Controlador PD

Este controlador considera dos entradas diferentes al controlador difuso: una entrada proporcional (P) a la par de una entrada calculada a partir de la derivada de la entrada con relación al tiempo, dando ahora al controlador difuso dos entradas diferentes, el error, la cual se denominará *error* y la derivada del error denominada *rate*. La salida del controlador se define de la forma $u(t)=K_P e(t)+K_D r(t)$, donde K_P y K_D corresponden a las ganancias de la etapa proporcional y de la etapa y $e=r-y$ donde r corresponde al valor de referencia y y corresponde a la salida del sistema. Estos sistemas son retroalimentados, es decir que emplean la salida como una nueva entrada considerando un nuevo error a partir de la referencia.

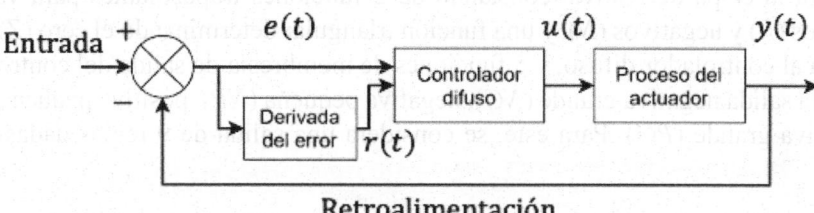

Figura 1.19. Esquema básico del controlador PD difuso

En el controlador PD, se consideran dos entradas, una que es la proporcional equivalente al error, y la etapa derivativa del error, la cual se calcula en un determinado intervalo de tiempo de la forma descrita en la ecuación 1.53:

$$r(t) = \frac{e(t)-e(t-1)}{T_s} \tag{1.56}$$

Donde $e(t)$ y $e(t\text{-}1)$ corresponden al error actual y al error anterior respectivamente, y T_s corresponde a un determinado periodo de muestreo. Para el caso de un controlador PD de 3 funciones de membresía, la matriz de asociación difusa FAM se propone de la forma descrita en la Tabla 1.4:

e/r	N	Z	P
N	N	N	Z
Z	N	Z	P
P	N	P	P

Tabla 1.4 FAM para un controlador PD con 3 funciones de membresía

El controlador PD, a diferencia del controlador P, presenta la característica de que, al considerar el error y la derivada de este, presenta una mayor rapidez en la convergencia del controlador, previniendo también la presencia de oscilaciones en la salida del control y la tendencia de oscilaciones también en el error.

1.6.2.1 EJEMPLO DE IMPLEMENTACIÓN

A continuación se muestra un código de ejemplo en el que se ejemplifica un controlador PD para estabilizar un error inicial con un valor de 5 aproximándolo hasta 0. En el Algoritmo 1.13 se puede apreciar la implementación de un controlador en el cual se consideran 3 funciones de membresía para la entrada proporcional y 3 para la etapa derivativa, constando de 2 funciones trapezoidales para valores positivos (P) y negativos (N), y una función triangular determinando el cero (Z) de la entrada al controlador difuso, y 5 funciones de membresía de salida del controlador para una salida negativa grande (NG), negativa pequeña (NP), positiva pequeña (PP) y positiva grande (PG). Para este, se considera una salida de 9 reglas dadas de la forma:

$$SI \ e = N \ y \ r = N, \ ENTONCES \ u = NG$$

$$SI \ e = N \ y \ r = Z, \ ENTONCES \ u = NP$$

$$SI \ e = N \ y \ r = P, \ ENTONCES \ u = NP$$

$$SI \ e = Z \ y \ r = N, \ ENTONCES \ u = NP$$

$$SI \ e = Z \ y \ r = Z, \ ENTONCES \ u = Z \tag{1.57}$$

$$SI \ e = Z \ y \ r = P, \ ENTONCES \ u = PP$$

$$SI \ e = P \ y \ r = N, \ ENTONCES \ u = Z$$

$$SI \ e = P \ y \ r = Z, \ ENTONCES \ u = PP$$

$$SI \ e = P \ y \ r = P, \ ENTONCES \ u = PG$$

En el ejemplo que se muestra se calcula en el periodo simulado un error inicial de 5, con un periodo de muestro T_s de 1. La salida del controlador considera un factor reduciente de 0.7 simulando un factor de retardo. Al ejecutar el código se muestran dos gráficas en las que se muestra la variación en la evolución del error a lo largo del periodo de prueba y la variación en la salida del controlador. En este caso, las reglas están definidas considerando dos entradas diferentes combinadas entre sí dando un valor diferente a la entrada del controlador, ya que se consideran dos pertenencias diferentes tal y como se describen en la Ecuación 1.57. En este caso, en la etapa 5 se calcula tanto para el error, la derivada del error empleando la Ecuación

1.56 y ajustando los valores del error y la derivada de modo que se mantengan dentro del rango definido en el espacio de discurso. En la Figura 1.21 se puede apreciar el gráfico de evolución del error y la salida del controlador hasta estabilizarse.

Algoritmo 13 Implementación de un controlador PD en Python

```python
import numpy as np
import skfuzzy as fuzz
from skfuzzy import control as ctrl
import matplotlib.pyplot as plt
# 1. Definir las variables de entrada y salida
error = ctrl.Antecedent(np.arange(-10, 11, 1), 'error')
d_error = ctrl.Antecedent(np.arange(-10, 11, 1), 'd_error')
control = ctrl.Consequent(np.arange(-100, 101, 1), 'control')
# 2. Definir las funciones de pertenencia del sistema
error['Negativo'] = fuzz.trapmf(error.universe, [-10, -8, -2, 0])
error['Cero'] = fuzz.trimf(error.universe, [-2, 0, 2])
error['Positivo'] = fuzz.trapmf(error.universe, [0, 2, 8, 10])
# Definir las funciones de pertenencia de la derivada del error
d_error['Negativo'] = fuzz.trapmf(d_error.universe, [-10, -8, -2, 0])
d_error['Cero'] = fuzz.trimf(d_error.universe, [-2, 0, 2])
d_error['Positivo'] = fuzz.trapmf(d_error.universe, [0, 2, 8, 10])
# Definir las funciones de pertenencia de desdifusificación
control['NG'] = fuzz.trapmf(control.universe, [-100, -80, -40, -20])
control['NP'] = fuzz.trapmf(control.universe, [-40, -20, -5, 5])
control['Z'] = fuzz.trimf(control.universe, [-5, 0, 5])
control['PP'] = fuzz.trapmf(control.universe, [5, 20, 40, 80])
control['PG'] = fuzz.trapmf(control.universe, [20, 40, 80, 100])
# 3. Definir las reglas difusas
reglas = [
    ctrl.Rule(error['Negativo'] | d_error['Negativo'], control['NG']),
    ctrl.Rule(error['Negativo'] & d_error['Cero'], control['NP']),
    ctrl.Rule(error['Negativo'] & d_error['Positivo'], control['Z']),
    ctrl.Rule(error['Cero'] & d_error['Negativo'], control['NP']),
    ctrl.Rule(error['Cero'] & d_error['Cero'], control['Z']),
    ctrl.Rule(error['Cero'] & d_error['Positivo'], control['PP']),
ctrl.Rule(error['Positivo'] & d_error['Negativo'], control['Z']),
    ctrl.Rule(error['Positivo'] & d_error['Cero'], control['PP']),
    ctrl.Rule(error['Positivo'] & d_error['Positivo'], control['PG'])
]
# 4. Crear el sistema de control difuso
```

```python
sistema_control = ctrl.ControlSystem(reglas)
simulacion = ctrl.ControlSystemSimulation(sistema_control)
# 5. Simulación del sistema de control en un bucle
tiempo = np.linspace(0, 10, 100) # Simulación de 10 segundos con 100
puntos
errores = []
controles = []
error_actual = 5.0  # Valor inicial del error
error_anterior = error_actual
for t in tiempo:
    d_err = error_actual - error_anterior
    e_limited = np.clip(error_actual, -10, 10)
    de_limited = np.clip(d_err, -10, 10)
    # Calcular acción
    simulacion.input['error'] = e_limited
    simulacion.input['d_error'] = de_limited
    simulacion.compute()
    salida_control = simulacion.output['control']*0.7
    # Registrar los valores
    errores.append(error_actual)
    controles.append(salida_control)
    # Simular el movimiento y el cambio del error
    error_anterior = error_actual
    error_actual = error_actual - (salida_control * 0.0035)
# 6. Graficar los resultados
plt.figure(figsize=(12, 6))
plt.subplot(2, 1, 1)
plt.plot(tiempo, errores, label='Error')
plt.xlabel('Tiempo')
plt.ylabel("Error")
plt.title("Evolución del error")
plt.legend()
plt.subplot(2, 1, 2)
plt.plot(tiempo, controles, label='Control', color='red')
plt.xlabel("Tiempo")
plt.ylabel("Control")
plt.title("Salida del controlador")
plt.legend()
plt.tight_layout()
plt.show()
```

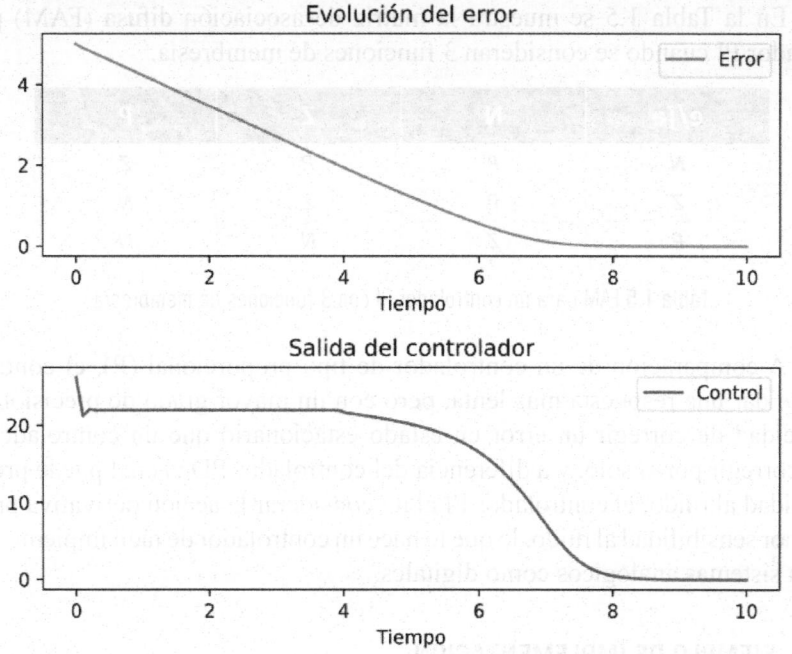

Figura 1.20. Resultados de corrección del error implementando el controlador del Algoritmo 13

1.6.3 Controlador PI

El controlador PI cuenta con una entrada proporcional (P) y una etapa calculada a partir de la integral del error. La salida de este controlador se calcula a partir de la ecuación $u(t)=K_P\ e(t)+K_I\!\int e(t)de$, en donde K_p y K_I corresponden a las ganancias respectivas del error proporcional y la integral del error, en donde $e=r-y$. La parte integral corresponde a una acumulación del error desde el inicio del proceso hasta el momento actual de control. En la Figura 1.21 se muestra el esquema general del controlador PI. Para el empleo del controlador PI, en el que se considera ahora la etapa del error y la etapa integral del error para el controlador difuso.

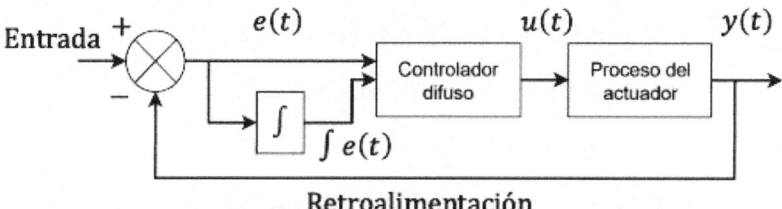

Figura 1.21. Esquema básico del controlador PI difuso

En la Tabla 1.5 se muestra la matriz de asociación difusa (FAM) para el controlador PI cuando se consideran 3 funciones de membresía.

e/∫e	N	Z	P
N	P	P	Z
Z	P	Z	N
P	Z	N	N

Tabla 1.5 FAM para un controlador PI con 3 funciones de membresía

A comparación de un controlador de tipo proporcional (P), el controlador PI puede dar una respuesta más lenta, pero con un mayor grado de precisión y con la capacidad de corregir un error en estado estacionario que un controlador P no podría corregir por sí solo, y a diferencia del controlador PD el cual puede presentar sensibilidad al ruido, el controlador PI al no considerar la acción derivativa presenta una menor sensibilidad al ruido, lo que lo hace un controlador de fácil implementación tanto en sistemas analógicos como digitales.

1.6.3.1 EJEMPLO DE IMPLEMENTACIÓN

Con el objetivo de ejemplificar la implementación y aplicación de un controlador PI implementando la lógica difusa, en el Algoritmo 16 se muestra la ejemplificación de un controlador PI empleando reglas difusas. En el ejemplo se emplea la acumulación del error para el proceso de la integral del error, mientras que se emplean un conjunto de funciones de membresía tanto para la etapa del error y la etapa integral del error, así como de asignación de acción al controlador, de modo que las reglas difusas propuestas son las descritas en la ecuación 1.58

$$SI \ e = N \ y \int e = P, \ ENTONCES \ u = NG$$

$$SI \ e = N \ y \int e = Z, \ ENTONCES \ u = NP$$

$$SI \ e = N \ y \int e = N, \ ENTONCES \ u = Z$$

$$SI \ e = Z \ y \int e = P, \ ENTONCES \ u = NP$$

$$SI \ e = Z \ y \int e = Z, \ ENTONCES \ u = Z \qquad (1.58)$$

$$SI \ e = Z \ y \int e = N, \ ENTONCES \ u = PP$$

$$SI \ e = P \ y \int e = N, \ ENTONCES \ u = PP$$

$$SI \ e = P \ y \int e = Z, \ ENTONCES \ u = PG$$

$$SI \ e = P \ y \int e = P, \ ENTONCES \ u = PG$$

En el código mostrado en el Algoritmo 14 se muestra la implementación de un sistema de control en el que se consideran dos entradas, una etapa proporcional (P) y una etapa integral (I) cada una con 3 funciones de membresía, de las cuales se tienen 2 de tipo trapezoidal para una entrada de error negativa (N) y positiva, y una función triangular para el error cero (Z). Del mismo modo se tienen 5 funciones de membresía para la salida, incluyendo 5 estados los cuales se consideran como una salida negativa grande (NG), negativa pequeña (NP), cero (Z), positiva pequeña (PP) y positiva grande (PG) indicando diferentes tipos de salida para el actuador. El sistema de control se simula por un periodo de 10 segundos regulando un error inicial de 5 hasta el valor de 0. En la Figura 1.23 se muestra el proceso de evolución del error y la regulación de la salida de control hasta que se encuentra en un valor estable sin variaciones. Como se puede apreciar, el controlador PI presenta una regulación en el controlador suave, iniciando con un cambio en el error desde un estado alto corrigiendo el error gradualmente, reduciendo la salida de acción corrigiendo el error hasta que se llega a un valor estable tanto en la salida del actuador como en el error del controlador sin oscilaciones.

Algoritmo 14 Implementación de un controlador PI en Python

```python
import numpy as np
import skfuzzy as fuzz
from skfuzzy import control as ctrl
import matplotlib.pyplot as plt
# 1. Definir variables: error y acumulación del error (integral)
error = ctrl.Antecedent(np.arange(-10, 11, 1), 'error')
i_error = ctrl.Antecedent(np.arange(-50, 51, 1), 'i_error')  #
acumulado del error
control = ctrl.Consequent(np.arange(-100, 101, 1), 'control')
# 2. Funciones de pertenencia
error['Negativo'] = fuzz.trapmf(error.universe, [-10, -8, -2, 0])
error['Cero'] = fuzz.trimf(error.universe, [-2, 0, 2])
error['Positivo'] = fuzz.trapmf(error.universe, [0, 2, 8, 10])
i_error['Negativo'] = fuzz.trapmf(i_error.universe, [-50, -30, -10, 0])
i_error['Cero'] = fuzz.trimf(i_error.universe, [-10, 0, 10])
i_error['Positivo'] = fuzz.trapmf(i_error.universe, [0, 10, 30, 50])
control['NG'] = fuzz.trapmf(control.universe, [-100, -80, -40, -20])
control['NP'] = fuzz.trapmf(control.universe, [-40, -20, -5, 5])
control['Z'] = fuzz.trimf(control.universe, [-5, 0, 5])
control['PP'] = fuzz.trapmf(control.universe, [5, 20, 40, 80])
control['PG'] = fuzz.trapmf(control.universe, [20, 40, 80, 100])
```

```python
# 3. Reglas difusas basadas en el error y su acumulado
reglas = [
    ctrl.Rule(error['Negativo'] & i_error['Positivo'], control['NG']),
    ctrl.Rule(error['Negativo'] & i_error['Cero'], control['NP']),
    ctrl.Rule(error['Negativo'] & i_error['Negativo'], control['Z']),
    ctrl.Rule(error['Cero'] & i_error['Positivo'], control['NP']),
    ctrl.Rule(error['Cero'] & i_error['Cero'], control['Z']),
    ctrl.Rule(error['Cero'] & i_error['Negativo'], control['PP']),
ctrl.Rule(error['Positivo'] & i_error[Negativo], control['PP']),
    ctrl.Rule(error['Positivo'] & i_error['Cero'], control['PG']),
    ctrl.Rule(error['Positivo'] & i_error['Positivo'], control['PG'])
]
# 4. Sistema de control
sistema_control = ctrl.ControlSystem(reglas)
simulacion = ctrl.ControlSystemSimulation(sistema_control)
# 5. Simulación con suma acumulativa del error
tiempo = np.linspace(0, 10, 100)
errores = []
controles = []
error_actual = 5.0
i_error_acumulado = 0.0
for t in tiempo:
    i_error_acumulado += error_actual
    e_limited = np.clip(error_actual, -10, 10)
    i_limited = np.clip(i_error_acumulado, -10, 10)
    simulacion.input['error'] = e_limited
    simulacion.input['i_error'] = i_limited
    simulacion.compute()
    salida_control = simulacion.output['control'] * 0.7
    errores.append(error_actual)
    controles.append(salida_control)
    error_actual = error_actual - (salida_control * 0.0035)
# 6. Gráfica de resultados
plt.figure(figsize=(10, 5))
plt.subplot(2, 1, 1)
plt.plot(tiempo, errores, label='Error')
plt.xlabel('Tiempo')
plt.ylabel("Error")
plt.title("Evolución del error")
```

```
plt.legend()
plt.subplot(2, 1, 2)
plt.plot(tiempo, controles, label='Control', color='red') plt.
xlabel("Tiempo")
plt.ylabel("Control")
plt.title("Salida del controlador")
plt.legend()
plt.tight_layout()
plt.show()
```

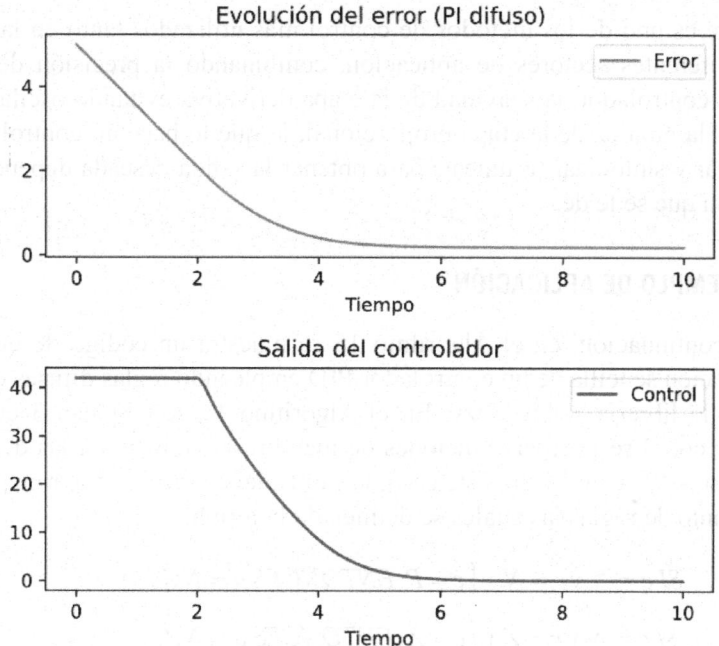

Figura 1.22. Resultados de corrección del error implementando el controlador del Algoritmo 14

1.6.4 Controlador PID

El controlador PID incorpora la parte proporcional, la etapa derivativa del error y la parte integral como entradas al controlador difuso, cada una con sus respectivas funciones de membresía asignando un valor difuso a cada una de estas entradas. La ecuación del controlador PID corresponde a la combinación de las ecuaciones de los controlador P, PD y PKI, de la forma: $u(t)=K_p e(t)+K_D r(t)++K_I \int e(t)$ de.

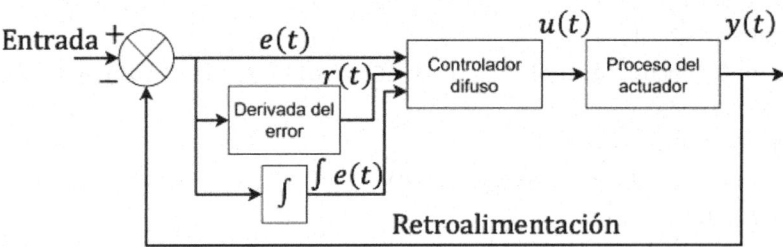

Figura 1.23. Esquema básico del controlador PID difuso

Este es uno de los métodos de control más utilizados tanto en la industria como en diferentes sectores de aplicación, combinando la precisión de la etapa integral del controlador, la suavidad de la etapa derivativa evitando oscilaciones en el control y la rapidez de la etapa proporcional, lo que lo hace un controlador fácil de configurar y sintonizar (o tunear) para obtener la salida deseada dependiendo de la aplicación que se le dé.

1.6.4.1 EJEMPLO DE APLICACIÓN

A continuación, en el Algoritmo 15 se muestra un código de ejemplo de implementación sencilla de un controlador PID empleando reglas difusas en Python empleando la librería scikit-fuzzy. En el Algoritmo 15 se emplean 3 entradas al controlador con 3 respectivas funciones de membresía similares a las descritas en los Algoritmos 12, 13 y 14. En este caso, la salida del controlador se rige por medio de un conjunto de reglas las cuales se definen de la forma:

$$SI\, e = N\, y\, r = N\, y \int e = P, ENTONCES\, u = NG$$

$$SI\, e = N\, y\, r = Z\, y \int e = Z, ENTONCES\, u = NP$$

$$SI\, e = N\, y\, r = Z\, y \int e = N, ENTONCES\, u = Z$$

$$SI\, e = Z\, y\, r = Z\, y \int e = Z, ENTONCES\, u = Z \qquad (1.59)$$

$$SI\, e = P\, y\, r = N\, y \int e = N, ENTONCES\, u = PP$$

$$SI\, e = P\, y\, r = Z\, y \int e = Z, ENTONCES\, u = PG$$

$$SI\, e = P\, y\, r = P\, y \int e = P, ENTONCES\, u = PG$$

El sistema de control se simula durante un periodo de 10 segundos con un total de 100 muestras en ese lapso, con el objetivo de estabilizar un valor de error fijo de 5 hasta el punto estable. En la Figura 1.25 se muestra el resultado de ejecutar el Algoritmo 15 con respecto a la evolución del error a partir del punto de inicio a lo largo de la simulación de 100 segundos. Como se puede apreciar, el controlador PID presenta una rápida corrección del error regulando constantemente la señal del actuador con una mayor rapidez, sin oscilaciones y con mayor rapidez a comparación de los controladores que solo integran la etapa derivativa o la etapa integral.

Algoritmo 15 Implementación de un controlador PID en Python

```python
import numpy as np
import skfuzzy as fuzz
from skfuzzy import control as ctrl
import matplotlib.pyplot as plt
# 1. Definir variables difusas
error = ctrl.Antecedent(np.arange(-10, 11, 1), 'error')
d_error = ctrl.Antecedent(np.arange(-10, 11, 1), 'd_error')
i_error = ctrl.Antecedent(np.arange(-50, 51, 1), 'i_error')
control = ctrl.Consequent(np.arange(-100, 101, 1), 'control')
# 2. Funciones de membresía para error
error['Negativo'] = fuzz.trimf(error.universe, [-10, -10, 0])
error['Cero'] = fuzz.trimf(error.universe, [-5, 0, 5])
error['Positivo'] = fuzz.trimf(error.universe, [0, 10, 10])
# Derivada del error
d_error['Negativo'] = fuzz.trimf(d_error.universe, [-10, -10, 0])
d_error['Cero'] = fuzz.trimf(d_error.universe, [-5, 0, 5])
d_error['Positivo'] = fuzz.trimf(d_error.universe, [0, 10, 10])
# Integral del error
i_error['Bajo'] = fuzz.trimf(i_error.universe, [-50, -50, 0])
i_error['Medio'] = fuzz.trimf(i_error.universe, [-10, 0, 10])
i_error['Alto'] = fuzz.trimf(i_error.universe, [0, 50, 50])
# Salida control
control['NegativoGrande'] = fuzz.trimf(control.universe, [-100, -100, -50])
control['NegativoPequeño'] = fuzz.trimf(control.universe, [-75, -50, 0])
control['Cero'] = fuzz.trimf(control.universe, [-10, 0, 10])
control['PositivoPequeño'] = fuzz.trimf(control.universe, [0, 50, 75])
control['PositivoGrande'] = fuzz.trimf(control.universe, [50, 100, 100])
# 3. Reglas difusas que incluyen integral
reglas = [
    ctrl.Rule(error['Negativo'] & d_error['Negativo'] & i_
```

```python
error['Alto'], control['NegativoGrande']),
    ctrl.Rule(error['Negativo'] & d_error['Cero'] & i_error['Medio'],
control['NegativoPequeño']),
    ctrl.Rule(error['Negativo'] & d_error['Positivo'] & i_
error['Bajo'], control['Cero']),
ctrl.Rule(error['Cero'] & d_error['Cero'] & i_error['Medio'],
control['Cero']),
    ctrl.Rule(error['Positivo'] & d_error['Negativo'] & i_error['Bajo'],
control['PositivoPequeño']),
    ctrl.Rule(error['Positivo'] & d_error['Cero'] & i_error['Medio'],
control['PositivoGrande']),
    ctrl.Rule(error['Positivo'] & d_error['Positivo'] & i_
error['Alto'], control['PositivoGrande']),
]
# 4. Crear sistema y simulación
sistema_control = ctrl.ControlSystem(reglas)
simulacion = ctrl.ControlSystemSimulation(sistema_control)
# 5. Simulación dinámica
tiempo = np.linspace(0, 10, 100)
error_actual = 5.0
error_anterior = error_actual
i_error_acumulado = 0.0
errores = []
controles = []
for t in tiempo:
    d_err = error_actual - error_anterior
    i_error_acumulado += error_actual
    # Limitar entradas
    e_limited = np.clip(error_actual, -10, 10)
    de_limited = np.clip(d_err, -10, 10)
    i_limited = np.clip(i_error_acumulado, -5, 5)
    simulacion.input['error'] = float(e_limited)
    simulacion.input['d_error'] = float(de_limited)
    simulacion.input['i_error'] = float(i_limited)
    simulacion.compute()
salida_control = simulacion.output['control']
    errores.append(error_actual)
    controles.append(salida_control)
    error_anterior = error_actual
    # Actualización del error simulando respuesta del sistema
    error_actual = error_actual - salida_control * 0.0035
```

```
# 6. Graficar resultados
plt.figure(figsize=(10, 6))
plt.subplot(2, 1, 1)
plt.plot(tiempo, errores, label='Error')
plt.xlabel('Tiempo')
plt.ylabel('Error')
plt.title('Evolución del error con Controlador PID Difuso (con
Integral)')
plt.legend()
plt.subplot(2, 1, 2)
plt.plot(tiempo, controles, label='Señal de Control', color='red')
plt.xlabel('Tiempo')
plt.ylabel('Control')
plt.title('Salida del Controlador Difuso')
plt.legend()
plt.tight_layout()
plt.show()
```

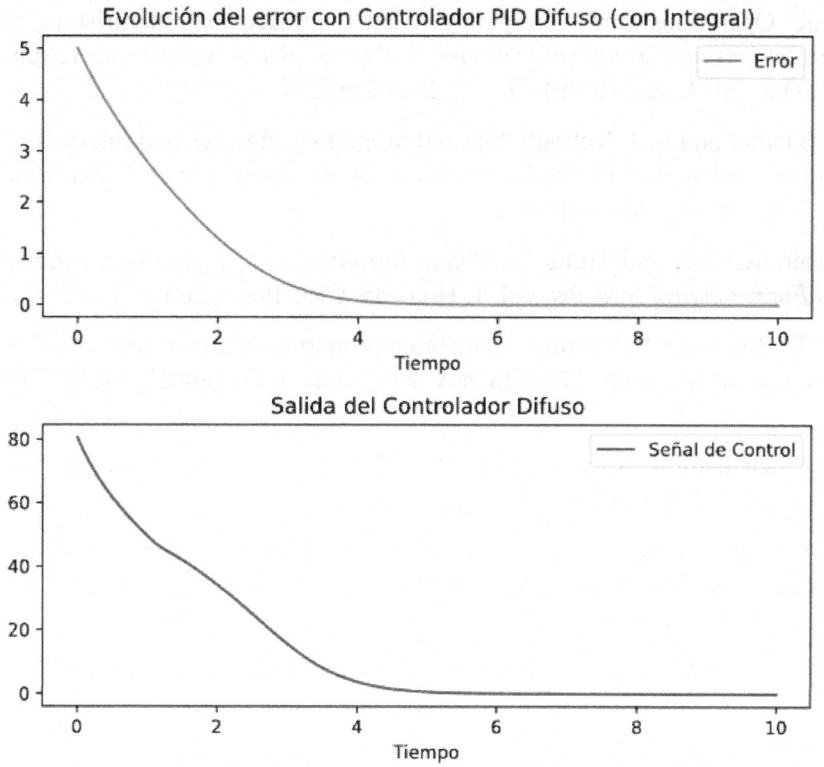

Figura 1.24. Resultados de corrección del error implementando el controlador del Algoritmo 15

1.7 REFERENCIAS

[1] J. Beall, Michael Glanzberg, and Ellie Ripley, "Liar Paradox," https://plato.stanford.edu/archives/win2023/entries/liar-paradox/.

[2] P. BUSCH, T. HEINONEN, and P. LAHTI, "Heisenberg's uncertainty principle," *Phys Rep*, vol. 452, no. 6, pp. 155–176, nov. 2007, doi: 10.1016/j.physrep.2007.05.006.

[3] L. A. Zadeh, "Fuzzy sets," *Information and Control*, vol. 8, no. 3, pp. 338–353, jun. 1965, doi: 10.1016/S0019-9958(65)90241-X.

[4] J. Łukasiewicz, "O logice trójwartościowej," *Stud Filoz*, vol. 270, no. 5, 1988.

[5] R. R. Yager, "Fuzzy logics and artificial intelligence," *Fuzzy Sets Syst*, vol. 90, no. 2, pp. 193–198, Sep. 1997, doi: 10.1016/S0165-0114(97)00086-9.

[6] H.-J. Zimmermann, *Fuzzy Set Theory—and Its Applications*. Dordrecht: Springer Netherlands, 1996. doi: 10.1007/978-94-015-8702-0.

[7] G. Papandroulidakis, I. Vourkas, N. Vasileiadis, and G. Ch. Sirakoulis, "Boolean Logic Operations and Computing Circuits Based on Memristors," *IEEE Transactions on Circuits and Systems II: Express Briefs*, vol. 61, no. 12, pp. 972–976, Dec. 2014, doi: 10.1109/TCSII.2014.2357351.

[8] W. Bandler and L. J. Kohout, "Special properties, closures and interiors of crisp and fuzzy relations," *Fuzzy Sets Syst*, vol. 26, no. 3, pp. 317–331, jun. 1988, doi: 10.1016/0165-0114(88)90126-1.

[9] Guanrong Chen and Trung Tat Pham, *Introduction to Fuzzy Sets, Fuzzy Logic, and Fuzzy Control Systems*, vol. 1. Houston: CRC Press, 2001.

[10] A. De Luca and S. Termini, "Algebraic properties of fuzzy sets," *J Math Anal Appl*, vol. 40, no. 2, pp. 373–386, nov. 1972, doi: 10.1016/0022-247X(72)90057-1.

[11] E. P. Klement, R. Mesiar, and E. Pap, "Fuzzy set theory," 2000, pp. 249–264. doi: 10.1007/978-94-015-9540-7_12.

[12] K. Gholamizadeh, E. Zarei, M. Omidvar, and M. Yazdi, "Fuzzy Sets Theory and Human Reliability: Review, Applications, and Contributions," 2022, pp. 91–137. doi: 10.1007/978-3-030-93352-4_5.

[13] A. Jain and A. Sharma, "Membership function formulation methods for fuzzy logic systems: A comprehensive review," *Journal of critical reviews*, vol. 7, no. 19, 2020.

[14] W. Pedrycz, "Why triangular membership functions?," *Fuzzy Sets Syst*, vol. 64, no. 1, pp. 21–30, May 1994, doi: 10.1016/0165-0114(94)90003-5.

[15] L. Leandry, I. Sosoma, and D. Koloseni, "Basic fuzzy arithmetic operations using α–cut for the Gaussian membership function," Aug. 2022, doi: 10.22105/ jfea.2022.339888.1218.

[16] P. Bhattacharya and N. P. Mukherjee, "Fuzzy relations and fuzzy groups," *Inf Sci (N Y)*, vol. 36, no. 3, pp. 267–282, Sep. 1985, doi: 10.1016/0020-0255(85)90057-X.

[17] M. Mizumoto and K. Tanaka, "Fuzzy sets and their operations," *Information and Control*, vol. 48, no. 1, pp. 30–48, Jan. 1981, doi: 10.1016/S0019-9958(81)90578-7.

[18] D. Dubois and H. Prade, "What are fuzzy rules and how to use them," *Fuzzy Sets Syst*, vol. 84, no. 2, pp. 169–185, Dec. 1996, doi: 10.1016/0165-0114(96)00066-8.

[19] V. Novák and S. Lehmke, "Logical structure of fuzzy IF-THEN rules," *Fuzzy Sets Syst*, vol. 157, no. 15, pp. 2003–2029, Aug. 2006, doi: 10.1016/j.fss.2006.02.011.

[20] M. Mas, M. Monserrat, and J. Torrens, "Modus ponens and modus tollens in discrete implications," *International Journal of Approximate Reasoning*, vol. 49, no. 2, pp. 422–435, oct. 2008, doi: 10.1016/j.ijar.2008.04.002.

[21] A. Kandel, *Fuzzy Control Systems*, 1st ed. CRC-Press, 1995.

[22] S. Thaker and V. Nagori, "Analysis of Fuzzification Process in Fuzzy Expert System," *Procedia Comput Sci*, vol. 132, pp. 1308–1316, 2018, doi: 10.1016/j. procs.2018.05.047.

[23] D. Dubois, H. Prade, and L. Ughetto, "Checking the coherence and redundancy of fuzzy knowledge bases," *IEEE Transactions on Fuzzy Systems*, vol. 5, no. 3, pp. 398–417, 1997, doi: 10.1109/91.618276.

[24] A. P. Engelbrecht, *Computational Intelligence An Introduction*, 1st ed. South Africa: Wiley, 2002.

[25] H. Li and V. C. yen, *Fuzzy Sets and Fuzzy Decision-Making*, 1st ed., vol. 1. CRC Press, 1998.

[26] "Mamdani Fuzzy Systems," in *Fuzzy Control and Identification*, Wiley, 2010, pp. 27–45. doi: 10.1002/9780470874240.ch3.

[27] T. Marie Guerra and L. Vermeiren, "Control laws for Takagi–Sugeno fuzzy models," *Fuzzy Sets Syst*, vol. 120, no. 1, pp. 95–108, May 2001, doi: 10.1016/ S0165-0114(99)00058-5.

[28] S. Chakraverty, D. M. Sahoo, and N. R. Mahato, "Defuzzification," in *Concepts of Soft Computing*, Singapore: Springer Singapore, 2019, pp. 117–127. doi: 10.1007/978-981-13-7430-2_7.

[29] J. J. Saade and H. B. Diab, "Defuzzification techniques for fuzzy controllers," *IEEE Transactions on Systems, Man and Cybernetics, Part B (Cybernetics)*, vol. 30, no. 1, pp. 223–229, 2000, doi: 10.1109/3477.826965.

[30] P. Ponce Cruz, *Inteligencia artificial con aplicaciones a la ingeniería*, vol. 1. México: Alfaomega, 2010.

[31] V. Kumar, B. C. N. Nakra, and A. Mittal, "A Review of Classical and Fuzzy PID Controllers," *International Journal of Intelligent Control and Systems*, vol. 16, pp. 170–181, Sep. 2011.

[32] Z. Kovacic and S. Bogdan, *Fuzzy Controller Design*. CRC Press, 2018. doi: 10.1201/9781420026504.

2

REDES NEURONALES ARTIFICIALES

En un mundo cada vez más influenciado por la tecnología, usar términos como "redes neuronales artificiales" y "inteligencia artificial" se han vuelto parte del vocabulario cotidiano. Sin embargo, aquí es donde surge la pregunta: ¿qué son realmente las redes neuronales artificiales y por qué tienen tanta relevancia en nuestra vida diaria? Este capítulo busca explicar de manera clara y sencilla qué son las redes neuronales artificiales, cómo operan y cuál es su impacto en el mundo actual.

2.1 INTRODUCCIÓN

Las Redes Neuronales Artificiales, o RNA por sus siglas, son sistemas informáticos inspirados en el funcionamiento del cerebro humano. Al igual que nuestro cerebro está compuesto por neuronas que se comunican entre sí para procesar información, las RNA están formadas por unidades básicas llamadas neuronas artificiales, que trabajan en conjunto para resolver problemas complejos[1].

Al tratar de conceptualizar una RNA debemos imaginar que cada neurona artificial es como una pequeña calculadora que recibe información, la procesa y envía una respuesta. Estas neuronas están organizadas en capas: una capa de entrada que recibe los datos, una o varias capas ocultas que procesan la información, y una capa de salida que produce el resultado final. Por ejemplo, si le mostramos una imagen de un perro a una RNA, la capa de entrada recibirá los píxeles de la imagen, las capas ocultas identificarán patrones como orejas y cola, y la capa de salida concluirá que se trata de un perro.

El funcionamiento de una RNA se basa en dos conceptos clave: aprendizaje y generalización.

Cuando hablamos del concepto de "Aprendizaje" hacemos referencia a que las RNA aprenden a partir de ejemplos. Por ejemplo, si queremos que una RNA reconozca perros, le mostramos miles de imágenes de perros y le decimos "esto es un perro". La red ajusta sus pesos para mejorar su capacidad de reconocer perros. Este proceso se llama entrenamiento.

Una vez entrenada, la RNA puede utilizar la información que ha aprendido para reconocer perros en imágenes que nunca ha visto antes, lo cual se le conoce como "Generalización". Esto es similar a cómo un niño, después de ver varios perros, puede reconocer un perro nuevo.

2.1.1 Estructura de una RNA

Una red neuronal puede verse como una estructura formada por neuronas, la unidad básica de las RNA. Sin embargo, estas estructuras se organizan en capas, las cuales pueden ser de tres distintos tipos: capa de entrada, capas ocultas y capa de salida.

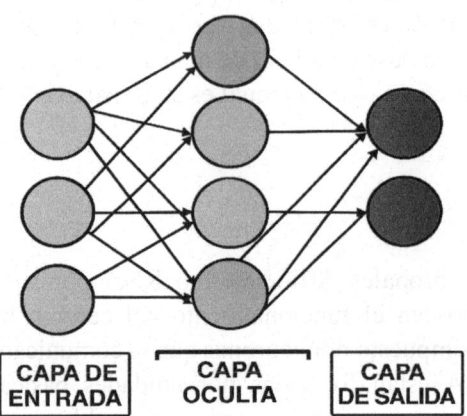

Figura 2.1. Estructura general de una RNA

2.1.1.1 CAPA DE ENTRADA

Esta capa es la encargada de recibir los datos crudos de entrada y pasarlos a las capas ocultas para procesarlos. Cada neurona en la capa de entrada representa una característica de los datos, por ejemplo:

- ➤ En una imagen, cada neurona podría representar un píxel.
- ➤ En un conjunto de datos tabular, cada neurona podría representar una columna (nombre, edad, peso, altura, etc.).

Cabe mencionar que las neuronas de esta capa inicial no realizan ningún procesamiento adicional, limitándose simplemente a transmitir los datos a la siguiente capa, funcionando como interfaz entre las variables a tratar y el sistema inteligente.

2.1.1.2 CAPA OCULTA

Una capa oculta es una capa intermedia entre la capa de entrada y la capa de salida en una red neuronal, las cuales son las que permiten que la red neuronal aprenda y modele relaciones no lineales en los datos. Esta capa está compuesta por neuronas ocultas, que reciben entradas de la capa anterior, las procesan y producen salidas que se transmiten a la siguiente capa.

Las capas ocultas extraen características de los datos de entrada. Cada capa oculta puede aprender características de diferente nivel de abstracción, ya sea en las primeras capas ocultas donde aprenden características de bajo nivel, como bordes, texturas o patrones simples, llegando a capas ocultas más profundas, en donde la red aprende características de mayor nivel, como formas u objetos.

Las capas ocultas aplican funciones de activación no lineales (se analizarán más adelante) a las entradas, lo que permite que la red modele relaciones no lineales en los datos. El número de neuronas en una capa oculta es un hiperparámetro que se elige antes del entrenamiento. Puede variar desde unas pocas neuronas hasta miles, dependiendo de la complejidad del problema. Cada neurona en una capa oculta está conectada a todas las neuronas de la capa anterior y a todas las neuronas de la capa siguiente, formando lo que se denomina una conexión completamente conectada.

El número de capas ocultas determina la profundidad de la red. Las redes con muchas capas ocultas se denominan redes profundas, las cuales cuentan con una mayor capacidad de aprender patrones complejos.

2.1.1.3 CAPA DE SALIDA

Esta es la última capa de la red y es responsable de producir los resultados finales o predicciones basadas en las entradas procesadas a través de las capas anteriores. Su función principal es transformar las activaciones de la última capa oculta en un formato que sea útil para la tarea específica que está resolviendo la red neuronal.

El número de neuronas en la capa de salida depende del tipo de problema que la red esté resolviendo:

▼ Clasificación binaria: 1 neurona, ya que para predecir si algo es "verdadero" o "falso" solo se requiere un cambio de estado.

▼ Clasificación multiclase: 1 neurona por cada clase posible. Por ejemplo, en un problema de reconocimiento de dígitos del 0 al 9, habría 10 neuronas en la capa de salida.

▼ Regresión: 1 o más neuronas, dependiendo del número de valores que se necesiten predecir. Un ejemplo de eso es la predicción del precio de una casa.

La capa de salida nos proporciona los resultados finales en un formato útil que pueda ser interpretado fácilmente por el usuario, por lo que la falta de una capa de salida adecuada podría producir predicciones interpretables sin resolver problemas de manera efectiva.

2.1.2 Campos de aplicación de las RNA

Las RNA, desde su concepción, han revolucionado muchos aspectos de nuestra vida cotidiana y han tenido un impacto significativo en diversas industrias. A continuación, se presentan algunos ejemplos de su relevancia y aplicaciones que podemos encontrar en el día a día:

Reconocimiento de imágenes y vídeos: las RNA, especialmente las Redes Neuronales Convolucionales (serán abordadas a detalle más adelante), son ampliamente utilizadas en aplicaciones como el reconocimiento facial en teléfonos móviles, la detección de objetos en cámaras de seguridad y el diagnóstico médico a partir de imágenes de rayos X o resonancias magnéticas[2].

Procesamiento de lenguaje natural: las RNA han permitido avances en la traducción automática, la generación de texto y el análisis e interpretación de emociones en redes sociales. Modelos como GPT-3 y BERT han transformado la forma en que interactuamos con la tecnología[3], [4].

Sistemas de recomendación: diversas plataformas de streaming de contenido utilizan RNA para recomendar películas, música y productos basados en nuestros gustos y comportamientos previos. Esto mejora la experiencia del usuario y aumenta la satisfacción del cliente.

Automatización y robótica: las RNA se utilizan en robots para tareas como la navegación autónoma, la manipulación de objetos y la toma de decisiones en tiempo real. Esto es crucial en industrias como la manufactura y la logística.

Medicina y salud: las RNA han demostrado ser útiles en el diagnóstico temprano de enfermedades, la personalización de tratamientos y la predicción de brotes epidemiológicos. Por ejemplo, se han utilizado para detectar cáncer de piel a partir de imágenes dermatológicas[5].

Innovación en investigación científica: las RNA están impulsando avances en áreas como la genómica, la física de partículas y la exploración espacial, permitiendo a los científicos analizar grandes volúmenes de datos y descubrir patrones que antes eran imposibles de detectar.

A medida que las RNA continúan evolucionando, es probable que su impacto en la sociedad y la economía sigan creciendo, abriendo nuevas posibilidades y desafíos. Sin embargo, es importante abordar estas tecnologías con responsabilidad, asegurando que se utilicen para el beneficio de todos.

2.1.3 Historia de las RNA

Las RNA han evolucionado desde conceptos teóricos simples hasta convertirse en una de las herramientas más poderosas dentro del campo de la Inteligencia Artificial, por lo que su desarrollo ha conllevado el uso de diversas tecnologías de manera progresiva hasta lograr los modelos que existen en la actualidad. A continuación, se presenta una revisión histórica de las RNA, desde sus orígenes hasta su estado actual, destacando los hitos más importantes en su desarrollo.

2.1.3.1 ORÍGENES Y CONCEPTOS INICIALES (1940S - 1950S)

El estudio de las redes neuronales artificiales tiene sus raíces en los trabajos pioneros de Warren McCulloch y Walter Pitts en 1943. En su artículo seminal, "A Logical Calculus of the Ideas Immanent in Nervous Activity", propusieron un modelo matemático simplificado de una neurona biológica, conocido como el modelo de McCulloch-Pitts[6]. Este modelo consistía en una neurona binaria que podía activarse o no en función de las entradas que recibía, sentando las bases para el desarrollo de las RNA.

Años más tarde en 1949, Donald Hebb introdujo la regla de Hebb en su libro "The Organization of Behavior", que describe cómo las conexiones entre neuronas se fortalecen con el uso[7]. Este concepto, conocido como aprendizaje hebbiano, fue fundamental para el desarrollo de algoritmos de aprendizaje en redes neuronales.

2.1.3.2 EL PERCEPTRÓN Y LA PRIMERA OLA DE OPTIMISMO (1950S - 1960S)

En 1958, Frank Rosenblatt desarrolló el perceptrón, una de las primeras implementaciones prácticas de una RNA[8]. El perceptrón era una red neuronal de una sola capa con la capacidad de realizar tareas simples de clasificación binaria. Rosenblatt demostró que el perceptrón podía aprender a clasificar patrones lineales mediante un proceso iterativo de ajuste de pesos.

Sin embargo, el entusiasmo inicial por el perceptrón se vio frenado en 1969, cuando Marvin Minsky y Seymour Papert publicaron el libro "Perceptrons", en el que demostraron las limitaciones del perceptrón para resolver problemas no lineales, como la función XOR[9]. Este trabajo llevó a un declive en la investigación de las RNA durante más de una década, conocido como el "invierno de la IA".

2.1.3.3 EL RESURGIMIENTO Y LA ERA DE LAS REDES MULTICAPA (1980S)

El resurgimiento de las RNA llegó en la década de 1980, gracias al desarrollo de algoritmos de entrenamiento para redes neuronales multicapa. En 1986, David Rumelhart, Geoffrey Hinton y Ronald Williams introdujeron el algoritmo de retro propagación que permitía entrenar redes con múltiples capas ocultas[10]. Este avance permitió a las RNA aprender patrones no lineales y resolver problemas más complejos.

Además, en 1982, John Hopfield propuso las redes de Hopfield, un tipo de red recurrente que podía almacenar y recuperar patrones de memoria[11]. Estas redes demostraron que las RNA podían utilizarse para tareas de memoria asociativa, lo que revitalizó el interés en el campo.

2.1.3.4 LA REVOLUCIÓN DEL APRENDIZAJE PROFUNDO (2000S - PRESENTE)

El verdadero auge de las RNA llegó en la década de 2000 con el advenimiento del aprendizaje profundo, que se refiere al uso de redes neuronales con muchas capas ocultas. Este avance fue posible gracias a tres factores clave:

- ▶ Aumento en la capacidad computacional: el desarrollo de hardware especializado, como las Unidades de Procesamiento Gráfico (GPU), permitió entrenar redes neuronales profundas de manera eficiente.

- ▶ Grandes conjuntos de datos: la disponibilidad de grandes volúmenes de datos facilitó el entrenamiento de redes complejas.

- ▶ Avances en algoritmos: se desarrollaron nuevas técnicas, como el dropout y las funciones de activación ReLU, que mejoraron la estabilidad y eficiencia del entrenamiento.

En 2012, Alex Krizhevsky, Ilya Sutskever y Geoffrey Hinton presentaron AlexNet, una red neuronal convolucional que ganó la competencia ImageNet (un reto que consiste en clasificar categorías de objetos en imágenes de internet) con un margen significativo[12]. Este logro marcó el inicio de la era moderna del aprendizaje profundo y demostró el potencial de las RNA en tareas de visión por computadora.

2.1.4 Ventajas de las RNA

Entre las principales ventajas de las RNA se encuentran su capacidad para aprender de datos no lineales, generalizar a nuevos escenarios, y adaptarse a entornos cambiantes. Además, su aplicación en áreas como la medicina, la industria, el entretenimiento y la investigación científica ha demostrado su potencial para automatizar tareas, mejorar la precisión y reducir costos. Dentro de este contexto, explorar las ventajas de las RNA no solo nos permite entender su impacto actual, sino también poder visualizar su papel en el futuro de la tecnología. Entre las ventajas que ofrecen las RNA podemos destacar las siguientes:

▼ Aprendizaje adaptativo: las RNA pueden aprender patrones complejos y no lineales en los datos, lo que las hace ideales para tareas como el reconocimiento de imágenes, procesamiento de lenguaje natural y predicción de series temporales[13].

▼ Tolerancia a ruido y datos incompletos: las RNA son robustas frente a datos ruidosos o incompletos. Pueden seguir funcionando incluso si algunos datos de entrada están corruptos o faltan.

▼ Un ejemplo de esto puede ser un sistema de recomendación, en donde una RNA puede seguir proporcionando sugerencias útiles incluso si algunos datos del perfil del usuario están incompletos[14].

▼ Adaptabilidad: las RNA pueden adaptarse a cambios en los datos de entrada o en el entorno. Esto es especialmente útil en aplicaciones en tiempo real, como el control de robots o vehículos autónomos[15].

▼ Aplicaciones en diversos campos: las RNA se utilizan en una amplia variedad de campos, desde la medicina hasta la industria del entretenimiento. Su versatilidad las convierte en una herramienta valiosa para resolver problemas en diferentes dominios[16].

▼ Mejora continua con más datos: cuantos más datos se proporcionen a una RNA, mejor será su rendimiento. Esto se debe a que las RNA pueden ajustar sus parámetros para minimizar errores a medida que se exponen a más ejemplos.

▶ Un ejemplo de ello se puede ver en los sistemas de traducción automática, ya que estos mejoran su precisión a medida que se entrena con más textos en diferentes idiomas[17].

▶ Innovación en investigación científica: las RNA están impulsando avances en áreas como la genómica, la física de partículas y la exploración espacial, permitiendo a los científicos analizar grandes volúmenes de datos y descubrir patrones que antes eran imposibles de detectar.

▶ Un ejemplo de la aplicación de RNA en la investigación científica es la genómica, en donde las RNA se utilizan para predecir la estructura de proteínas o identificar mutaciones genéticas asociadas con enfermedades[18].

▶ Escalabilidad: las RNA pueden escalar para manejar grandes volúmenes de datos y problemas complejos. Esto las hace adecuadas para aplicaciones en grandes organizaciones o en entornos con grandes cantidades de datos. En el análisis de big data, las RNA pueden procesar millones de registros para extraer información valiosa[19].

2.1.5 Conclusión

La historia de las redes neuronales artificiales es un ejemplo de la innovación en el campo de la inteligencia artificial. Desde los modelos teóricos de McCulloch y Pitts hasta las redes profundas y generativas que se siguen desarrollando hasta el día de hoy, las RNA han evolucionado para convertirse en una de las herramientas más poderosas y versátiles en la ciencia de datos y la IA. A medida que la tecnología continúa avanzando, es probable que las RNA sigan desempeñando un papel central en la resolución de problemas complejos y en la creación de sistemas inteligentes cada vez más sofisticados.

2.2 LA NEURONA ARTIFICIAL: LA UNIDAD BÁSICA DE LAS RNA

Una neurona artificial es la unidad básica de procesamiento en una red neuronal artificial. Está inspirada en las neuronas biológicas del cerebro humano, que reciben, procesan y transmiten señales eléctricas y químicas. En el contexto de las RNA, una neurona artificial toma una o varias entradas, las procesa y produce una salida que puede ser transmitida a otras neuronas[20].

El funcionamiento de una neurona artificial se basa en tres pasos principales:

▶ Recepción de entradas: la neurona recibe señales de entrada, que pueden provenir de los datos de entrada o de otras neuronas.

▶ Procesamiento: combina las entradas utilizando pesos y un sesgo, y aplica una función de activación para producir una salida.

▶ Transmisión de salida: la salida se envía a otras neuronas en la red o se utiliza como resultado final.

La composición de los siguientes elementos hace posible la operación de la neurona artificial, tal y como la conocemos:

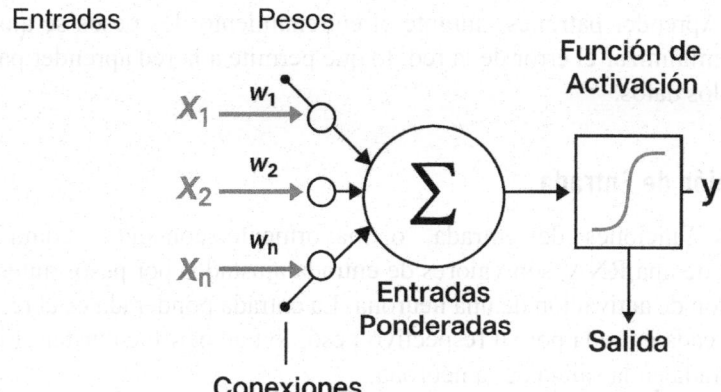

Figura 2.2. Composición de una neurona artificial

2.2.1 Las Entradas

Las entradas de una red neuronal artificial (x_1, x_2, ..., x_n) son los datos que se proporcionan a la red para que los procese y aprenda a partir de ellos. Estas variables son los valores numéricos que alimentan a la red neuronal, y pueden representar características de un conjunto de datos, como píxeles de una imagen, palabras en un texto, o mediciones en un experimento científico[21].

Estas entradas son fundamentales, ya que representan la información que la red utilizará para realizar tareas como clasificación, regresión, reconocimiento de patrones, entre otras.

2.2.2 Los Pesos

Los pesos son uno de los componentes más importantes de una RNA, ya que representan la fuerza de las conexiones entre las neuronas y determinan cómo las entradas se combinan para producir una salida. Los pesos son valores numéricos que se multiplican por las entradas de una neurona. Cada conexión entre neuronas tiene un peso asociado, que indica la importancia de esa entrada en el cálculo de la salida.

Si una neurona tiene entradas $(x_1, x_2, ..., x_n)$, los pesos asociados son $(w_1, w_2, ..., w_n)$.

En una red neuronal, los pesos se utilizan con dos propósitos:

1. Combinar entradas: las entradas se multiplican por sus pesos correspondientes y se combinan para producir una función de entrada.

2. Aprender patrones: durante el entrenamiento, los pesos se ajustan para minimizar el error de la red, lo que permite a la red aprender patrones en los datos.

2.2.3 Función de Entrada

Las funciones de entrada, o mayormente conocidas como entradas ponderadas de una RNA, son valores de entrada ajustados por pesos antes de pasar por la función de activación de una neurona. La entrada ponderada es el resultado de multiplicar cada entrada por su respectivo peso, lo que permite ajustar la influencia de cada entrada en la salida de la neurona.

Existen diversas funciones de entrada que definen cómo se combinan los valores de entrada antes de ser procesados por la función de activación de la neurona. Algunas de las más relevantes se detallan a continuación:

2.2.3.1 SUMA PONDERADA

La suma ponderada es el modelo clásico de función de entrada de las RNA, siendo a su vez el modelo más popular. En este método, cada entrada es ponderada por un peso, realizando una sumatoria como se puede apreciar en la siguiente ecuación:

$$z = \sum_{i=1}^{n} w_i \cdot x_i + b \tag{2.1}$$

donde z es el resultado de la suma ponderada, x_i es el i-esimo valor de entrada, w_i es el peso asociado al i-esimo valor de entrada y b es el sesgo del sistema. El sesgo es un valor adicional que se añade a la suma ponderada de las entradas que permite ajustar la salida incluso cuando todas las entradas son cero.

2.2.3.2 PRODUCTO PONDERADO

En el modelo del producto ponderado en lugar de sumar, las entradas se multiplican por su propio peso, como se puede ver en la siguiente ecuación:

$$z = \prod_{i=1}^{n} w_i \cdot x_i + b \qquad (2.2)$$

El producto ponderado se suele utilizar en modelos probabilísticos y redes neuronales multiplicativas, siendo útil en problemas donde la relación entre variables es multiplicativa en lugar de aditiva.

2.2.3.3 MÁXIMO PONDERADO

En este modelo se selecciona la entrada ponderada más fuerte. El máximo ponderado es especialmente útil en problemas donde se busca detectar la entrada dominante, y está definido como se muestra en la siguiente ecuación:

$$z = max(w \cdot x) \qquad (2.3)$$

donde x es el vector que contiene los valores de todas las entradas y w es el vector que contiene los valores de todos los pesos.

2.2.3.4 MÍNIMO PONDERADO

En contraposición al máximo ponderado, este modelo selecciona la entrada ponderada más débil, siendo útil en problemas donde se busca detectar el factor más limitante. Este modelo está definido como se muestra en la siguiente ecuación:

$$z = min(w \cdot x) \qquad (2.4)$$

2.2.4 Función de Activación

La función de activación es un modelo matemático que se aplica al resultado de la función de entrada z de una neurona para producir su salida y. Las funciones de activación son componentes esenciales en una RNA, ya que introducen no linealidad en la red que permite que las RNA aprendan y modelen relaciones complejas en los datos. Sin una función de activación, una red neuronal sería simplemente una combinación lineal de las entradas, lo que limitaría su capacidad para aprender patrones complejos[22].

Algunas funciones de activación limitan la salida a un rango específico, como por ejemplo [0, 1] o [-1, 1], lo que puede ser útil en ciertas aplicaciones.

A continuación, se detallan algunas de las funciones de activación más populares en las RNA:

2.2.4.1 FUNCIÓN RELU

La función ReLU, Rectified Linear Unit por sus siglas en inglés, es la función de activación más utilizada de redes neuronales profundas debido a su simplicidad y eficiencia, la cual es modelada como se muestra a continuación[23]:

$$y = max(0, z) \tag{2.5}$$

Es no lineal, pero su derivada es constante (*1* para *z>0* y *0* para *z≤0*), lo que facilita el entrenamiento. Sin embargo, esta función puede sufrir del problema de "neuronas muertas", donde algunas neuronas dejan de activarse, es decir, siempre producen 0.

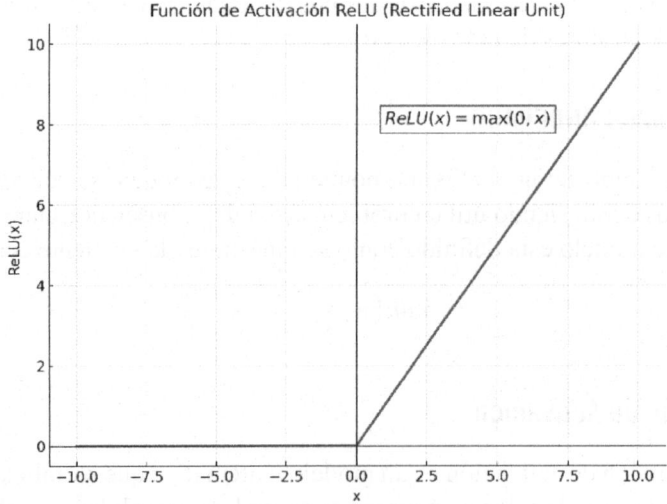

Figura 2.3. Función de activación ReLU

El rango de salida de la función ReLU es [0, ∞).

2.2.4.2 FUNCIÓN SIGMOIDE

La función sigmoide es un modelo popular en problemas de clasificación binaria ya que su salida puede interpretarse como una probabilidad, la cual es modelada como se muestra en la siguiente ecuación[8]:

$$y = \frac{1}{1+e^{-z}} \tag{2.6}$$

A diferencia de la función ReLU, la función sigmoide es diferenciable en todos los puntos. Sin embargo, esta función sufre de algunos inconvenientes, como lo es el "desvanecimiento del gradiente", donde los gradientes se vuelven muy pequeños durante el entrenamiento, lo que ralentiza el aprendizaje, además de tener un rango de salida acotado más acotado de [0, 1].

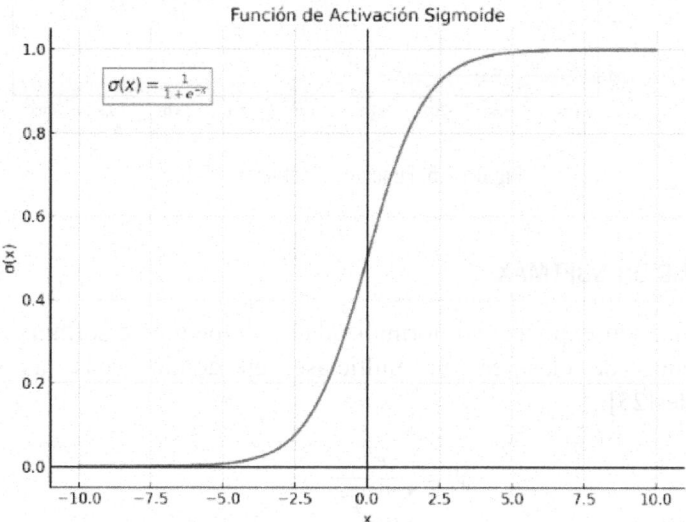

Figura 2.4. Función de activación Sigmoide

2.2.4.3 FUNCIÓN TANH

La función tangente hiperbólica, o simplemente tanh, es un modelo similar a la sigmoide, pero su salida está centrada en 0, lo que puede mejorar el entrenamiento en algunas redes, la cual es modelada como se muestra a continuación[24]:

$$y = \tanh(z) = \frac{e^{z} - e^{-z}}{e^{z} + e^{-z}} \tag{2.7}$$

Al igual que la función sigmoide, la función tanh también es diferenciable en todos los puntos, al igual que sufre de desvanecimiento del gradiente.

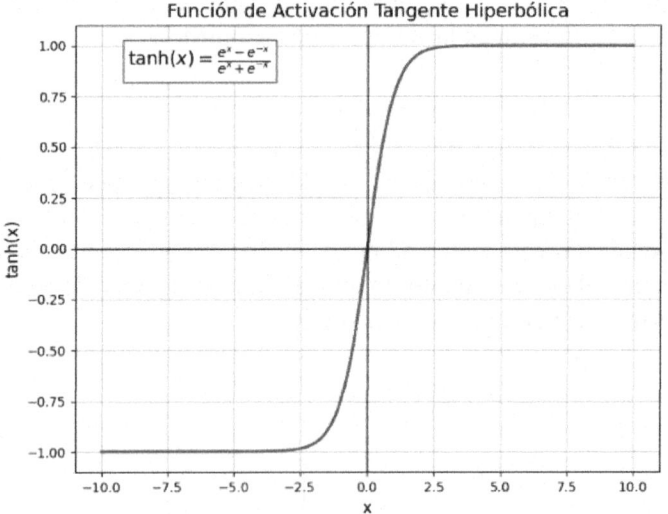

Figura 2.5. Función de activación Tanh

2.2.4.4 FUNCIÓN SOFTMAX

La función exponencial normalizada, o simplemente softmax, es utilizada para problemas de clasificación multiclase, en donde todas las salidas son probabilidades[25].

$$y_i = \frac{e^{z_i}}{\sum_{j=1}^{n} e^{z_j}} \tag{2.8}$$

Esta función tiene un rango de salida de [0, 1], basado en una distribución de probabilidad. Sin embargo, esta función se suele utilizar como clasificador para capas de salida, ya que sus características no la convierten en una opción adecuada para capas ocultas dentro de una RNA.

Un ejemplo práctico de la aplicación de esta función de activación es suponer que tenemos una red neuronal para clasificar imágenes en tres clases: "perro", "gato" y "pájaro". La última capa de la red produce las siguientes activaciones: $z = [2.0, 1.0, 0.1]$.

Al momento de aplicar la función softmax, las salidas obtenidas serían las siguientes:

$$y_1 = \frac{e^{2.0}}{e^{2.0} + e^{1.0} + e^{0.1}} \approx 0.659 \qquad (2.9)$$

$$y_2 = \frac{e^{1.0}}{e^{2.0} + e^{1.0} + e^{0.1}} \approx 0.242 \qquad (2.10)$$

$$y_3 = \frac{e^{0.1}}{e^{2.0} + e^{1.0} + e^{0.1}} \approx 0.099 \qquad (2.11)$$

Con los resultados obtenidos en las ecuaciones 9, 10 y 11 podemos ver como la red predice que la imagen es un "perro" con una probabilidad del 65.9%, un "gato" con un 24.2%, y un "pájaro" con un 9.9%.

2.2.4.5 FUNCIÓN LEAKY RELU

Esta función es una variante de ReLU que intenta resolver el problema de las "neuronas muertas" permitiendo un pequeño gradiente para valores negativos[26]. En esta función, un término α es introducido, siendo un valor positivo pequeño del orden de 1E-3. Entonces, tenemos que la función Leaky ReLU se define como se muestra en la ecuación 12.

$$y = \begin{cases} z & si\, z > 0 \\ \alpha \cdot z & si\, z \leq 0 \end{cases} \qquad (2.12)$$

Este modelo tiene un rango de salida de $(-\infty, \infty)$, y, aunque esta función ayuda a lidiar con las neuronas muertas, no elimina el problema por completo.

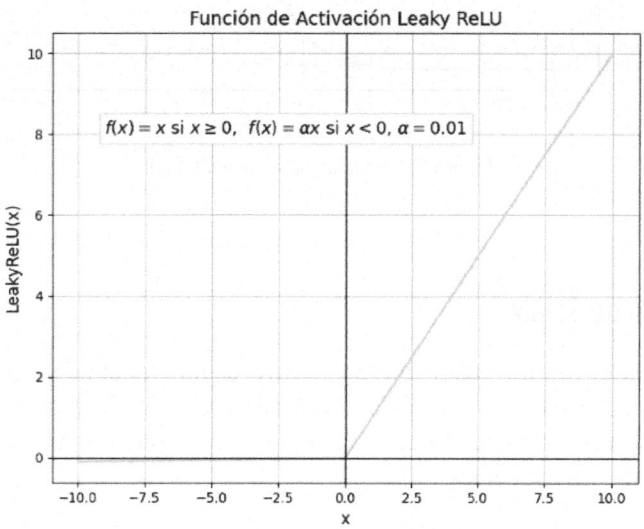

Figura 2.6. Función de activación Leaky ReLU

2.2.4.6 FUNCIÓN ELU

La función ELU, Exponential Linear Unit por sus siglas en inglés, es un modelo que combina las ventajas de ReLU y Leaky ReLU, proporcionando un mejor rendimiento en algunas redes, además de ser diferenciable en todos los puntos[27]. La función ELU se define como se muestra en la siguiente ecuación:

$$y = \begin{cases} z & si\ z > 0 \\ \alpha \cdot \left(e^z - 1\right) & si\ z \leq 0 \end{cases} \tag{2.13}$$

A pesar de que la función ELU es más efectiva que las demás versiones de la función ReLU, esta es más costosa de implementar computacionalmente hablando, por lo que su uso debe considerar el cálculo de exponenciales.

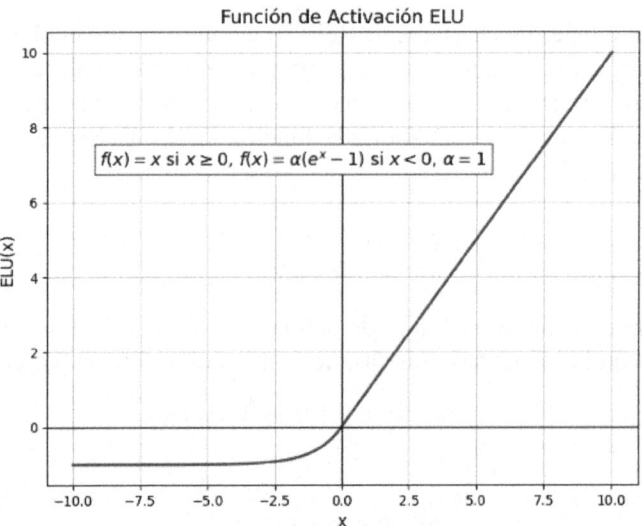

Figura 2.7. Función de activación ELU

2.2.5 Función de Salida

Este es el último factor que constituye el funcionamiento integral de una neurona artificial. La función de salida tiene como principal ocupación transferir la información de neurona a neurona, en donde podemos encontrarnos dos principales comportamientos en esta etapa:

▸ Función lineal: también llamada como *función identidad*, este concepto está basado en el funcionamiento de la función de activación como la etapa final en la que se procesa la información. Con base en esto, podemos transmitir directamente la información obtenida de la función de activación a la siguiente neurona o al usuario final.

$$y' = y \tag{2.14}$$

donde *f(z)* ' es la salida de la neurona y *f(z)* es la salida de la función de activación.

▸ Binario: en esta función de salida tenemos dos posibles respuestas que pueden ser modeladas de la siguiente manera:

$$y' = \begin{cases} 1 & si\, f(z) \geq \xi \\ 0 & de\,lo\,contrario \end{cases} \tag{2.15}$$

Donde ξ es un determinado umbral.

2.2.6 Implementación de una neurona en Python

A continuación, se muestra el código en Python de la implementación de una neurona artificial, tomando en cuenta la suma ponderada como función de entrada, la función sigmoide como la función de activación y una función de salida lineal.

Codigo 2.1

```python
import numpy as np


#1. Función de activación: Sigmoide
def sigmoid(x):
    return 1 / (1 + np.exp(-x))


#2. Datos de entrada
#Entrada de la neurona (2 características)
entrada = np.array([1.0, 0.5])  #Puedes cambiar estos valores

#3. Pesos y sesgo (fijados manualmente)
pesos = np.array([0.8, -0.6])   #Cada entrada tiene un peso asociado


#Sesgo (bias)
```

```
sesgo = 0.1

#4. Proceso de la neurona (propagación hacia adelante)
#Paso 1: Producto punto entre entradas y pesos
producto = np.dot(entrada, pesos)   # entrada[0]*peso[0] +
entrada[1]*peso[1]

#Paso 2: Se suma el sesgo
z = producto + sesgo

#Paso 3: Se aplica la función de activación (sigmoide)
salida = sigmoid(z)

#5. Resultadoprint(“Entrada:”, entrada)
print(“Pesos:”, pesos)
print(“Sesgo:”, sesgo)
print(“Suma ponderada (z):”, z)
print(“Salida activada:”, salida)
```

El código 2.1 muestra el flujo que tiene la información a través de una neurona simple, sin embargo, para poder resolver problemas complejos es necesario añadir más etapas en las que las neuronas tengan la capacidad de aprender a manejar la información.

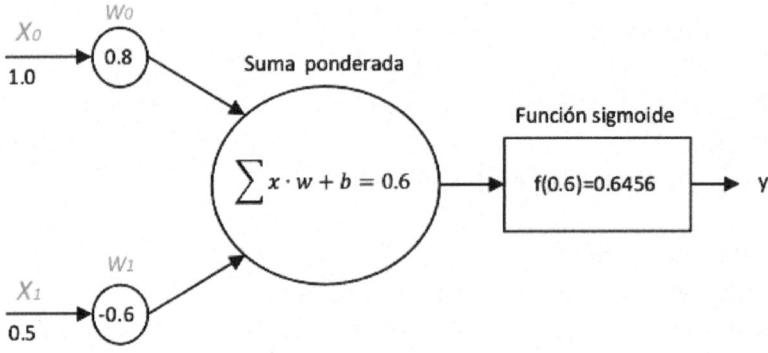

Figura 2.8. Flujo de datos de una neurona

2.3 TOPOLOGÍAS DE LAS REDES NEURONALES

Existen diversas topologías dentro de las RNA's, en donde cada una destaca por sus características en distintas aplicaciones. Sin embargo, podemos encontrar cuatro categorías en las cuales se dividen gran parte de las RNA's:

▶ **Redes de propagación hacia adelante (Feed-forward neural networks o FNN):** esta topología provee un flujo unidireccional, en donde la información viaja solo en una dirección desde la capa de entrada hasta la capa de salida. Este tipo de redes no tienen conexiones recurrentes. además, las redes de propagación hacia adelante cuenta con universalidad, lo cual hace que una FNN con al menos una capa oculta y suficientes neuronas puede aproximar cualquier función continua[28].

▶ **Redes Recurrentes (Recurrent neural networks o RNN):** a diferencias de las redes de propagación hacia adelante, las RNN tienen bucles que permiten que la información persista entre pasos de tiempo[29]. Estas redes mantienen un estado oculto que captura información de pasos anteriores, además de ser ideales para tareas donde la entrada/salida tiene dependencias temporales, como lo es la predicción de acciones en bolsa, traducción automática, entre otras[30].

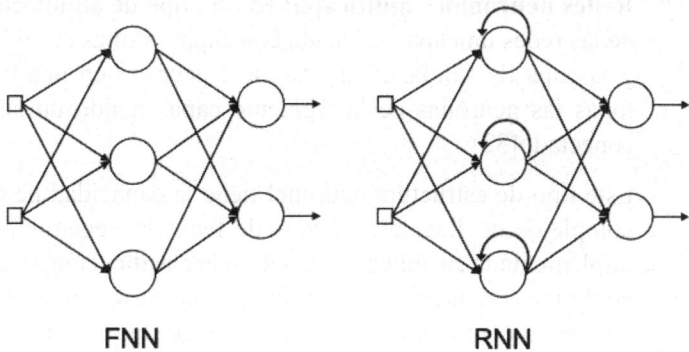

FNN   RNN

Figura 2.9. Comparación entre una FNN y una RNN

▶ **Redes neuronales unicapa:** esta topología se basa en no contener capas ocultas, es decir, la capa de entrada se encarga de distribuir los datos hacia la capa de salida, en donde las neuronas realizan cálculos directamente desde la entrada.

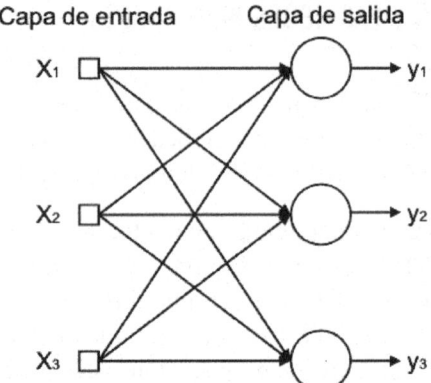

Figura 2.10. jemplo de red neuronal unicapa

Estas estructuras neuronales gozan de simplicidad al ser fáciles de implementar y entender, así como ser redes con un rápido entrenamiento. Sin embargo, a pesar de las ventajas que las redes unicapa pueden ofrecer, sufren de limitaciones como el poder abordar solamente problemas linealmente separables, es decir, no pueden aprender patrones no lineales, además de ser incapaces de capturar relaciones complejas en datos reales[31].

▼ **Redes neuronales multicapa:** en este tipo de arquitectura, a diferencias de las redes unicapa, se cuenta con capas ocultas entre la capa de entrada y la capa de salida, en donde cada neurona en una capa se conecta a todas las neuronas de la siguiente capa, siendo un sistema totalmente conectado[32].

Este tipo de estructura neuronal tiene la capacidad de capturar patrones complejos no lineales, además de tener la versatilidad para poder ser implementada en aplicaciones como la clasificación, regresión, reducción de dimensionalidad, etc. A pesar de esto, este tipo de redes cuentan con diversos inconvenientes como lo es el sobreajuste o un coste computacional elevado, creando estructuras más lentas que modelos lineales.

2.4 ENTRENAMIENTO DE UNA RED NEURONAL ARTIFICIAL

El entrenamiento de una red neuronal artificial es un proceso fundamental en tópicos del aprendizaje automático que permite a la red aprender patrones y relaciones a partir de datos. Este proceso consiste en ajustar los parámetros, tales como los pesos y sesgos de la red neuronal para minimizar una función de pérdida, que mide el error entre las predicciones de la red y los valores reales. *2.4.1 Paradigmas de aprendizaje*

A los diversos modos en los que una red neuronal puede adquirir conocimiento se le conoce como paradigma de aprendizaje. Estos modos de aprendizaje se pueden dividir en las siguientes categorías:

- ◤ Aprendizaje supervisado.
- ◤ Aprendizaje no supervisado.
- ◤ Aprendizaje por refuerzo.
- ◤ Aprendizaje por transferencia.

2.4.1 Aprendizaje Supervisado

Siendo el paradigma de aprendizaje más utilizado en las redes neuronales, el aprendizaje supervisado comprende de modelos donde los datos se encuentran etiquetados, de modo que los algoritmos con esta forma de aprendizaje tienen la capacidad de realizar predicciones, clasificaciones, etc[33].

El aprendizaje supervisado consiste en entrenar una red neuronal con un conjunto de datos de entrada X y sus correspondientes salidas esperadas Y, con el objetivo de aprender una función de mapeo $f:X{\rightarrow}Y$ que generalice bien para datos no vistos. En la figura 11 se puede ver un ejemplo de una red con aprendizaje supervisado, en donde al momento de introducir datos de entrada como figuras geométricas, se le asigna una etiqueta a cada una, de modo que cuando se presente una nueva figura el sistema.

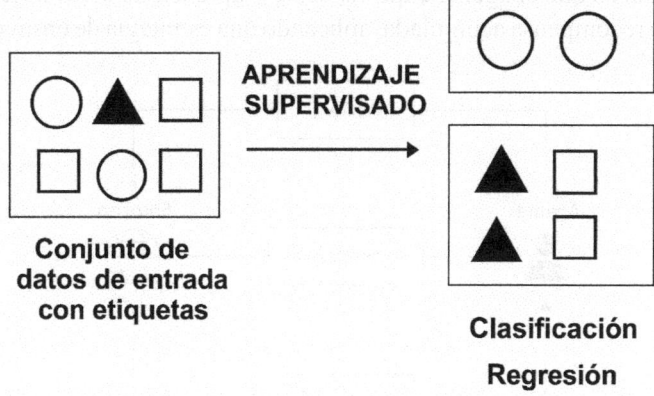

Figura 2.11. Proceso del aprendizaje supervisado

2.4.2 Aprendizaje No Supervisado

En este tipo de aprendizaje automático no se proporcionan etiquetas, ya que el modelo trabaja únicamente con los datos de entrada X, sin conocer de antemano las salidas esperadas, ya que estas no están bien definidas. Mientras que en el aprendizaje supervisado se centra en la predicción de salidas, el aprendizaje no supervisado tiene como objetivo encontrar patrones o estructuras dentro de un conjunto de información[34].

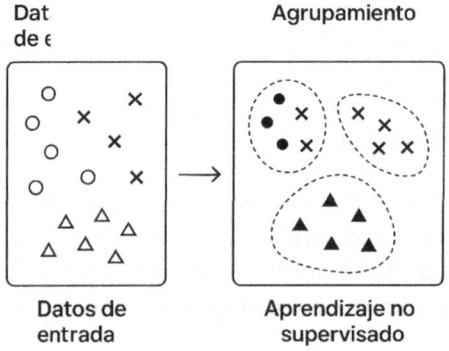

Figura 2.12. Proceso del aprendizaje no supervisado

2.4.3 Aprendizaje por refuerzo

El aprendizaje por refuerzo es un paradigma en el que un agente aprende a tomar decisiones mediante la interacción con un entorno. A diferencia del aprendizaje supervisado, no hay etiquetas explícitas; el agente aprende a través de recompensas. La idea principal es que el agente explore, actúe y aprenda de las consecuencias para maximizar una recompensa acumulada, aplicando una estrategia de ensayo y error[35].

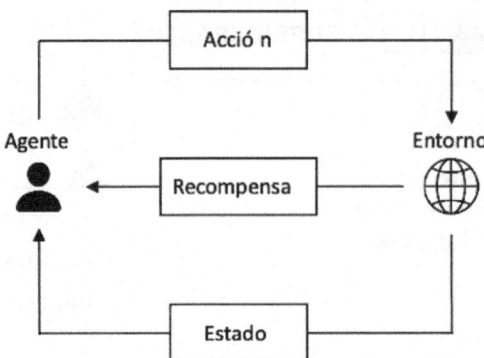

Figura 2.13. Proceso del aprendizaje por refuerzo

En este tipo de aprendizaje, existen diversos componentes en el sistema que se deben tener en cuenta:

▸ Agente: el que toma decisiones.

▸ Entorno: conjunto de condiciones externas que responde a las acciones del agente.

▸ Estado: representación de la situación actual del entorno.

▸ Acción: elección que hace el agente en un estado.

▸ Recompensa: valor numérico que mide la utilidad inmediata de una acción.

▸ Política: estrategia del agente para elegir acciones dadas las observaciones.

▸ Función de valor: estimación del retorno esperado desde un estado.

Por lo que tomando en cuenta los distintos componentes del aprendizaje por refuerzo, el ciclo de aprendizaje se describe en los siguientes pasos:

1. El agente observa el estado actual.

2. El agente toma una acción basada en su política

3. El entorno responde con una nueva observación y una recompensa.

4. El agente actualiza su política para maximizar la recompensa total esperada.

2.4.4 Aprendizaje por transferencia

El aprendizaje por transferencia es una técnica en la que un modelo pre-entrenado en una tarea fuente se reutiliza total o parcialmente para resolver una tarea distinta pero relacionada[36]. La idea del aprendizaje por transferencia es aprovechar el conocimiento aprendido previamente para acelerar y mejorar el aprendizaje en una nueva tarea con menos datos o recursos.

Para poder aplicar esta técnica a un caso práctico es necesario tener los siguientes elementos:

▸ Modelo base: se entrena un modelo grande y complejo con muchos datos en una tarea general, como, por ejemplo, la clasificación de imágenes en ImageNet.

▶ Modelo de transferencia: se reutilizan los pesos o capas del modelo base para una tarea nueva y específica.

▶ Ajuste: algunas capas no se entrenan y otras se ajustan finamente con los datos de la nueva tarea.

Esta técnica es ideal cuando existen modelos pre-entrenados disponibles para tareas en las que contamos con recursos computacionales limitados.

2.4.5 Cómo escoger un paradigma de aprendizaje

Elegir el tipo de aprendizaje adecuado depende principalmente del objetivo del problema, la disponibilidad de datos, y los recursos disponibles. El primer paso es analizar cuál es el objetivo del modelo. Si el objetivo es predecir una etiqueta o un valor específico a partir de los datos, como clasificar correos como spam o predecir ventas, estos casos pertenecen a problemas de aprendizaje supervisado, que requieren datos etiquetados, es decir, entradas con salidas esperadas[34].

Por otro lado, si el objetivo es descubrir patrones o estructuras ocultas en los datos sin conocer previamente las categorías o etiquetas, como segmentar clientes o reducir la dimensionalidad de los datos, es necesario aplicar aprendizaje no supervisado, el cual trabaja con datos sin etiquetar. Si el sistema necesita aprender a actuar en un entorno mediante prueba y error, tomando decisiones en base a recompensas o penalizaciones, como entrenar un robot o una IA para juegos, lo más adecuado es el aprendizaje por refuerzo. Este enfoque se basa en la interacción con el entorno y la mejora continua a través de la experiencia.

Existe también una técnica muy útil cuando no cuentas con muchos datos propios, pero la tarea está relacionada con problemas donde sí hay grandes volúmenes de datos. En este caso, puedes usar el aprendizaje por transferencia, que consiste en reutilizar modelos ya entrenados en tareas generales, como clasificación de imágenes o comprensión de texto, y adaptarlos a una tarea específica con pocos datos nuevos. Esto ahorra tiempo, cómputo y mejora el rendimiento en tareas especializadas, como el diagnóstico médico a partir de imágenes, con solo unas decenas o centenas de ejemplos.

Una vez que se ha identificado el tipo de aprendizaje adecuado, es necesario considerar el volumen y calidad de los datos, ya que el aprendizaje supervisado requiere muchos ejemplos etiquetados, el no supervisado se beneficia de grandes cantidades de datos sin etiquetas, el por refuerzo requiere simulaciones o entornos donde aprender, y el por transferencia es ideal cuando se dispone de pocos datos, pero existen modelos pre-entrenados útiles.

	Aprendizaje Supervisado	Aprendizaje No supervisado	Aprendizaje por refuerzo	Aprendizaje por transferencia
Entrada	Datos etiquetados (X,Y)	Datos no etiquetados (X)	Estados del entorno	Modelo preentrenado + nueva tarea
Salida esperada	Etiquetas/clases/ regresiones	Patrones o agrupaciones	Secuencia de recompensas	Nueva predicción sustentada en el modelo base
Objetivo principal	Predecir una salida a partir de la entrada	Encontrar estructuras en los datos	Maximizar la recompensa acumulada	Adaptar conocimiento previo
Entrenamiento	Basado en error (pérdida)	Basado en similitud o densidad	Basado en recompensas	Reutiliza pesos y ajusta parcialmente
Ejemplos	Clasificación/ Regresión	Agrupación	Robotica/ Navegación	Visión artificial/ NLP

Tabla 2.1 Comparación entre los distintos paradigmas de aprendizaje

2.4.6 Algoritmos de aprendizaje

A continuación, se analizarán los principales algoritmos de aprendizaje que han tenido mayor relevancia en el campo de las redes neuronales artificiales, considerando las propuestas más básicas hasta las más relevantes en la actualidad.

2.4.6.1 REGLA DE HEBB

La Regla de Hebb fue propuesta por el neuropsicólogo Donald Hebb en 1949 en su obra "The Organization of Behavior"[37]. En esencia, es una hipótesis sobre cómo las conexiones entre neuronas se fortalecen a través de la experiencia. La regla establece que si dos neuronas, una de entrada y una de salida, se activan simultáneamente y de forma repetida, entonces la conexión sináptica entre ellas se fortalece[38].

Para un peso entre una neurona de entrada x_i y una neurona de salida y, la actualización del peso w_i se da como:

$$\Delta w_i = \eta \cdot x_i \cdot y \tag{2.16}$$

donde Δw_i es el cambio en el peso sináptico, η es la tasa de aprendizaje (siendo un valor pequeño positivo), x_i es la neurona de entrada e y es la salida de la neurona receptora.

Si la entrada x_i es alta y la salida y también es alta, el peso aumenta significativamente. Si una de ellas es baja o negativa, el cambio será menor o incluso negativo. Si no hay correlación, el peso no cambia mucho.

En base a este comportamiento, entonces el nuevo peso se calcula de la siguiente manera:

$$w_i^{k+1} = w_i^k + \Delta w_i \tag{2.17}$$

La regla de Hebb es un método que a pesar de que ha perdido popularidad ante mejores propuestas desarrolladas, es un referente en el aprendizaje de una red neuronal debido a su simplicidad e intuición, siendo la base conceptual del aprendizaje sin error explícito.

2.4.6.2 CORRECCIÓN DE ERROR

La idea de este método es simple, ya que después de calcular la salida de la red, comparamos esa salida con la salida esperada. Luego usamos esa diferencia para ajustar los pesos de la red, de modo que la próxima vez la red cometa un error menor[39].

La implementación matemática de la corrección de error se puede visualizar mediante la siguiente ecuación:

$$w_i^{k+1} = w_i^k + \eta \cdot (d - y) \cdot x_i \tag{2.18}$$

donde d es el valor de salida esperado, siendo la diferencia $(d\text{-}y)$ el error E de la neurona.

En redes más complejas, como las redes profundas, se define una función de pérdida que se quiere minimizar. La más común es el error cuadrático medio, definida de la siguiente manera:

$$E = \frac{1}{2}(d - y)^2 \tag{2.19}$$

El método de corrección del error es la base del aprendizaje supervisado moderno, permitiendo que la red mejore su precisión con el tiempo, minimizando progresivamente el error.

2.4.6.3 APRENDIZAJE COMPETITIVO

El aprendizaje competitivo consiste en una dinámica en la que, frente a una entrada determinada, solo una o unas pocas neuronas "ganan" la competición y tienen permitido actualizar sus pesos. Esta competencia provoca que las neuronas desarrollen roles distintos, aprendiendo a representar diferentes regiones del espacio de entrada. Esta estrategia de aprendizaje implementa un enfoque no supervisado utilizado en redes neuronales artificiales donde las neuronas compiten entre sí para activarse en respuesta a un patrón de entrada. El objetivo es que, mediante esta competencia, la red aprenda a organizar o categorizar los datos de entrada sin necesidad de etiquetas[40].

Para implementar esta estrategia de aprendizaje es necesario seguir los siguientes pasos:

1. Cada neurona debe inicializarse con un vector de pesos que represente el valor esperado de la entrada.

2. Se presenta un vector de entrada x a la red.

3. Cada neurona calcula una medida de similitud entre su vector de pesos y la entrada. Para este parámetro es común utilizar la distancia euclidiana entre el peso y la entrada, representado de la siguiente manera:

$$D_i = \|x - w_i\|$$
(2.20)

4. Se selecciona la neurona cuya activación o distancia indica la mejor coincidencia con la entrada. Esta es la neurona ganadora (winner-takes-all).

5. Solo la neurona ganadora ajusta sus pesos para acercarse a la entrada:

$$w_i^{k+1} = w_i^k + \eta \cdot (x - w_i)$$
(2.21)

donde w_i es el vector de pesos de la neurona ganadora.

Este método no requiere de etiquetas, por lo que su método de agrupación fomenta la especialización de neuronas, siendo especialmente para clustering y reducción de dimensionalidad en problemas complejos, sin embargo, es un método que es susceptible a la inicialización de pesos, así como no ser adecuado para todo tipo de datos o tareas.

2.4.6.4 APRENDIZAJE BASADO EN MÁQUINAS DE BOLTZMANN

El aprendizaje tipo Boltzmann se refiere a un conjunto de métodos inspirados en la física estadística para entrenar redes neuronales. Estas técnicas son especialmente relevantes en modelos generativos y redes neuronales estocásticas. El aprendizaje tipo Boltzmann, o aprendizaje basado en máquinas de Boltzmann, es un enfoque probabilístico y no supervisado para entrenar redes neuronales artificiales[41]. A diferencia de los métodos deterministas como la retropropagación, este aprendizaje se basa en principios de la termodinámica y mecánica estadística, lo que le da propiedades únicas para modelar distribuciones de probabilidad complejas.

Al usar esta estrategia de entrenamiento debemos tener en cuenta los siguientes factores:

▸ Las neuronas tienen un comportamiento binario: activadas (1) o desactivadas (0).

▸ Debe ser una red completamente conectada: cada neurona está conectada con todas las demás, sin autoconexiones.

▸ La energía del sistema define la probabilidad de cada estado.

▸ El aprendizaje está basado en minimizar la energía de los estados deseables.

Función de energía: la energía de un estado visible (v) y oculto (h) se define de la siguiente manera:

$$E(v,h) = -\sum_{i,j} w_{ij} v_i h_j - \sum_i b_i v_i - \sum_j c_j h_j \qquad (2.22)$$

donde w_{ij} es el peso sináptico entre la neurona visible v_i y la neurona oculta h_j, mientras que b_i y c_j son sesgos de las unidades visibles y ocultas.

Tomando como base la función de energía, tenemos entonces que la probabilidad de un estado se define como se muestra en la siguiente ecuación:

$$P(v,h) = \frac{1}{Z} e^{-E(v,h)} \qquad (2.23)$$

donde Z es la función de partición, es decir, la suma sobre todos los posibles estados.

El aprendizaje se basa en ajustar los pesos para que la distribución de probabilidad modelada por la red se aproxime a la distribución de los datos, esto a través de tres fases:

1. Fase positiva: aquí se le presenta un dato real al conjunto visible, se activan las unidades ocultas y se calculan las correlaciones entre visibles y ocultas.

2. Fase negativa: aquí se le permite a la red que genere datos simulados, para después calcular nuevamente las correlaciones, pero ahora con los datos generados.

3. Actualización de pesos: aquí se modifican los pesos en base a la siguiente ecuación:

$$\Delta w_{ij} = \eta \left(\langle v_i h_j \rangle_{datos} - \langle v_i h_j \rangle_{modelo} \right) \tag{2.24}$$

donde $\langle v_i h_j \rangle_{datos}$ es la correlación media durante la fase positiva y $\langle v_i h_j \rangle_{modelo}$ es la correlación media durante la fase negativa.

2.5 EL PERCEPTRÓN

El perceptrón es el modelo más simple de una neurona artificial, introducido para imitar el comportamiento de una neurona biológica. Fue diseñado para clasificar datos binarios, y constituye la base de las redes neuronales artificiales modernas.

El perceptrón fue desarrollado por Frank Rosenblatt[42], un psicólogo y científico computacional, siendo uno de los primeros algoritmos de aprendizaje automático que podía aprender a partir de ejemplos. Se implementó tanto en software como en hardware mediante la máquina "Mark I". En 1969, Minsky y Papert publican el libro Perceptrons, mostrando que el perceptrón no puede resolver problemas no lineales como el XOR, lo que causó una pausa en la investigación de redes neuronales, siendo esta época el llamado "invierno de las redes". Para 1986, Rumelhart, Hinton y Williams reavivan el campo con el algoritmo de retropropagación, extendiendo el perceptrón a múltiples capas.

2.5.1 Construcción de un perceptrón

El perceptrón es un modelo de neurona artificial que puede recibir múltiples entradas (x_1, x_2, ..., x_n), aplicar pesos sinápticos (w_1, w_2, ..., w_n), calcular una suma ponderada para después, pasar el resultado por una función de activación[43].

El modelo matemático del perceptrón puede ser representado por medio de las siguientes ecuaciones:

$$z = \sum_{i=1}^{n} w_i \cdot x_i + b \tag{2.25}$$

$$y = f(z) = \begin{cases} 1 & si\, z \geq 0 \\ 0 & si\, z < 0 \end{cases} \tag{2.26}$$

en donde z es la suma ponderada como función de entrada del perceptrón con n cantidad de entradas x y pesos w, mientras que, y es la salida de la función de activación escalón del perceptrón, en donde si el resultado de la suma ponderada es mayor o igual a cero, entonces la salida del perceptrón será activada o en "1", mientras que en caso contrario la salida del perceptrón estará apagada o en "0".

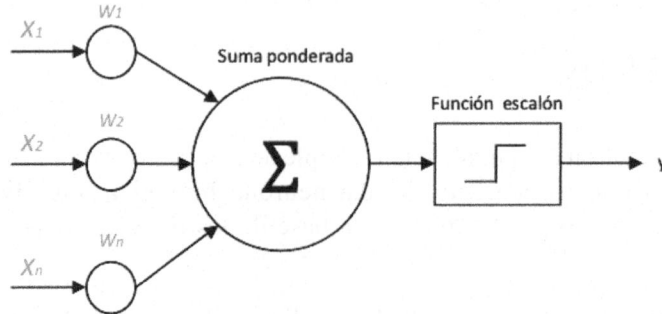

Figura 2.14. Modelo del perceptrón

Para que el perceptrón obtenga la capacidad de aprender, se implementa un algoritmo de ajuste de pesos para minimizar el error de la siguiente manera:

$$w_i^{k+1} = w_i^k + \eta \cdot (d - y) \cdot x_i \tag{2.27}$$

$$b^{k+1} = b^k + \eta \cdot (d - y) \tag{2.28}$$

donde η es la tasa de aprendizaje del perceptrón con $0 < \eta < 1$, d es la salida deseada, mientras que y es la salida obtenida.

El algoritmo de funcionamiento del perceptrón se define mediante la siguiente secuencia de pasos:

1. Se determinan pesos iniciales w_1, w_2, ..., w_n con valores aleatorios.

2. Se producen los valores de las entradas x_1, x_2, ..., x_n.

3. Se calcula la función de entrada de la neurona (ecuación 28).

4. Se calcula la salida de la neurona (ecuación 29).

5. Se actualizan los pesos y bias (ecuación 30 y 31).

6. Repetir pasos 3-5 hasta alcanzar el criterio de paro determinado.

2.5.2 Implementación de un perceptrón para clasificación

El código 2.2 muestra la implementación de un perceptrón en lenguaje Python para resolver un problema de clasificación como lo es la función lógica AND, la cual tiene como premisa que la salida será "1" solamente si todas sus entradas también son "1".

Codigo 2.2

```python
import numpy as np

#Datos de entrada (X) y salidas esperadas (y) para una compuerta lógica
ANDX = np.array([
    [0, 0],
    [0, 1],
    [1, 0],
    [1, 1]
])

y = np.array([0, 0, 0, 1])#Salidas correctas del problema AND

#Parámetros del modelo
learning_rate = 0.1  #Tasa de aprendizaje
epochs = 10          #Número de iteraciones del entrenamiento

#Inicialización de los pesos y del sesgo
weights = np.zeros(X.shape[1])  # [0.0, 0.0]
bias = 0

#Función de activación escalón
def step_function(z):
    return 1 if z >= 0 else 0
```

```
#Entrenamiento del perceptrón
for epoch in range(epochs):
    print(f"\nEpoch {epoch+1}")
    for i in range(len(X)):
        #Cálculo de la salida del perceptrón: z = w · x + b
        z = np.dot(X[i], weights) + bias
        y_pred = step_function(z)

        #Cálculo del error
        error = y[i] - y_pred

        #Actualización de los pesos y el sesgo
        weights += learning_rate * error * X[i]
        bias += learning_rate * error

        #Se muestra el proceso de ajuste
        print(f"Entrada: {X[i]}, Predicho: {y_pred}, Esperado: {y[i]},
Error: {error}")
        print(f" -> Nuevos pesos: {weights}, Nuevo sesgo: {bias}")

#Prueba del modelo ya entrenado
print("\n--- Prueba final del perceptrón ---")
for i in range(len(X)):
    z = np.dot(X[i], weights) + bias
    y_pred = step_function(z)
    print(f"Entrada: {X[i]} -> Predicción final: {y_pred} (Esperado:
{y[i]})")
```

La implementación del perceptrón se configura con una tasa de aprendizaje de 0.1 con 10 épocas de entrenamiento, es decir, el proceso de cálculo y actualización de pesos se realizará 10 veces antes de alcanzar el modelo final, el cual tendrá la capacidad de clasificar cuando se presenten nuevos datos.

2.5.3 Capacidades y limitaciones del perceptrón

El perceptrón, además de ser una herramienta fácil de entender, posee otras características que lo convirtieron en un concepto fundamental dentro de la inteligencia computacional, tal como el hecho de que requiere poco poder computacional para poder operar, además de tener la capacidad de aprendizaje supervisado, pudiendo aprender a partir de ejemplos etiquetados mediante una regla de actualización de pesos basada en el error y adaptando sus pesos a lo largo del tiempo.

Su diseño ha funcionado como fundamento conceptual de las redes neuronales profundas, inspirando desarrollos clave como el perceptrón multicapa y el algoritmo de retropropagación. Además, el perceptrón es muy efectivo para resolver problemas linealmente separables, como operaciones lógicas AND y OR. Sin embargo, el principal problema del perceptrón es la carencia de la capacidad de resolver problemas no linealmente no separables, es decir, problemas donde no existe una línea recta, un plano o un hiperplano que pueda separar de manera perfecta más de dos clases distintas[31].

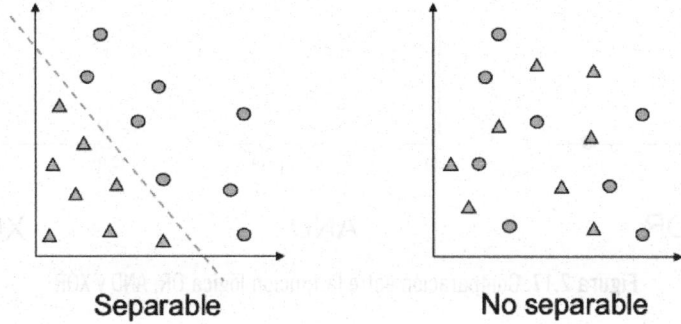

Separable   No separable

Figura 2.15. Representación de un problema separable y un problema no separable

Debido a su nula capacidad por resolver problemas linealmente, la implementación de redes con perceptrones sería incapaz de aprender funciones complejas o realizar tareas con múltiples clases o salidas, por lo que si un perceptrón se encuentra con un problema de este tipo entraría en un bucle donde el algoritmo no convergería y actualizaría los pesos de manera indefinida.

2.5.4 El perceptrón y el problema de la función lógica XOR

La función lógica XOR o OR exclusiva es un concepto matemático que se define de la siguiente manera: la salida será "verdadera" o 1 si una de las entradas también es 1, mientras que la salida será "falsa" o 0 si ambas entradas son iguales.

X_1	X_2	Y
0	0	0
0	1	1
1	0	1
1	1	0

Figura 2.16. Tabla de verdad de la función lógica XOR

Como se mencionó en la sección anterior, el perceptrón es capaz de resolver problemas linealmente separables solamente[44], tales como la función lógica OR o AND, sin embargo, la función lógica XOR es una función linealmente no separable, ya que no existe una línea recta que divida los puntos de la clase 0 y la clase 1, como se puede apreciar en la Figura 17.

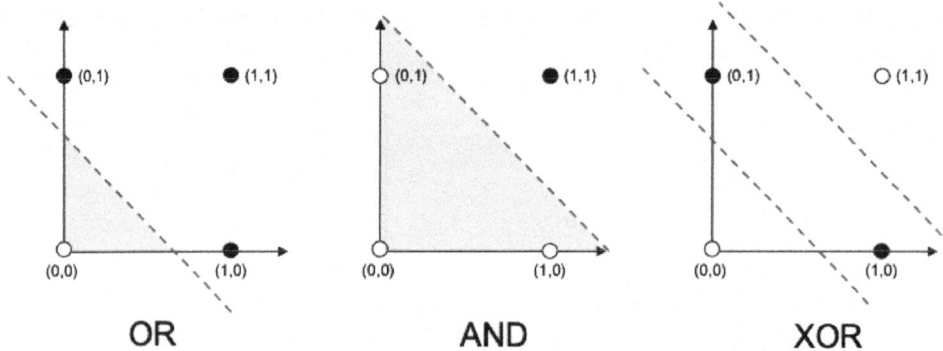

Figura 2.17. Comparación entre la función lógica OR, AND y XOR

Entonces, para que el perceptrón logre resolver la función XOR debe de cumplir los siguientes requisitos:

▶ Para la entrada (0,0) la salida debe ser igual a 0, esto es:

$$w_1 \cdot 0 + w_2 \cdot 0 + b < 0 \Rightarrow b < 0 \qquad (2.29)$$

▶ Para la entrada (0,1) la salida debe ser igual a 1, esto es:

$$w_1 \cdot 0 + w_2 \cdot 1 + b \geq 0 \Rightarrow w_2 + b \geq 0 \qquad (2.30)$$

▶ Para la entrada (1,0) la salida debe ser igual a 1, esto es:

$$w_1 \cdot 1 + w_2 \cdot 0 + b \geq 0 \Rightarrow w_1 + b \geq 0 \qquad (2.31)$$

▶ Para la entrada (1,1) la salida debe ser igual a 0, esto es:

$$w_1 \cdot 1 + w_2 \cdot 1 + b < 0 \Rightarrow w_1 + w_2 < 0 \qquad (2.32)$$

Sin embargo, al tratar de encontrar los valores de w_1, w_2 y b que satisfagan las 4 desigualdades, vemos que si $w_1 > 0$, $w_2 > 0$, y $b < 0$, entonces $w_1 + w_2 < -b \Rightarrow b < -(w_1 + w_2)$, pero también tenemos que $b < 0$, por lo que encontramos una contradicción, demostrando que no existe ningún conjunto de valores w_1, w_2 y b que satisfaga simultáneamente las 4 condiciones.

Este problema provocó una pérdida de interés académico en las redes neuronales artificiales durante más de una década, sin embargo, el perceptrón funcionó como un importante precedente para desarrollar mejores sistemas con la capacidad de resolver problemas mucho más complejos, y aunque sus limitaciones lo dejaron obsoleto, su practicidad impulso paradigmas como el aprendizaje profundo o el procesamiento del lenguaje natural.

2.6 ADALINE

Desarrollado por Bernard Widrow y Ted Hoff en 1960, ADALINE (Adaptative Linear Neuron) fue una de las primeras redes neuronales artificiales y una evolución del Perceptrón de Frank Rosenblatt[45]. A diferencia del perceptrón, que era binario, ADALINE utiliza una función de activación lineal y se enfoca en la minimización del error cuadrático medio mediante el algoritmo LMS (Least Mean Squares).

2.6.1 Construcción de un ADALINE

ADALINE es un modelo de una sola neurona con entrada X, pesos W, un sesgo b, y una función de activación lineal[46], en donde su salida se calcula como:

$$y = \sum_{i=1}^{n} w_i \cdot x_i + b = W^T X + b \tag{2.33}$$

en donde $X=[x_1, x_2, ..., x_n]$ es el vector de entrada, $W=[w_1, w_2, ..., w_n]$ es el vector de pesos sinápticos, b es el sesgo y finalmente y es la salida lineal, denotando que la entrada no pasa por una función de activación lineal como en el perceptrón.

ADALINE minimiza el Error Cuadrático Medio (MSE) entre la salida deseada (d) y la salida predicha (y):

$$E(W, b) = \frac{1}{2} \sum_{k=1}^{m} (d_k - y_k)^2 \tag{2.34}$$

donde m es el número de ejemplos de entrenamiento.

Para ajustar los pesos, ADALINE usa el método del descenso por gradiente sobre el error E. El objetivo es actualizar W y b en la dirección que reduzca el error, como se muestra a continuación:

$$\nabla E = \left[\frac{\partial E}{\partial w_1}, \frac{\partial E}{\partial w_2}, \dots, \frac{\partial E}{\partial w_n}, \frac{\partial E}{\partial b} \right] \tag{2.35}$$

En donde el cálculo de las derivadas parciales se realiza de la siguiente manera:

$$\frac{\partial E}{\partial w_i} = -\sum_{k=1}^{m}(d_k - y_k)x_{i,k} \tag{2.36}$$

$$\frac{\partial E}{\partial b} = -\sum_{k=1}^{m}(d_k - y_k) \tag{2.37}$$

Los pesos se actualizan iterativamente siguiendo la regla delta como se muestra en la siguiente ecuación:

$$w_i^{k+1} = w_i^k + \eta \cdot \sum_{k=1}^{m}(d_k - y_k) \cdot x_{i,k} \tag{2.38}$$

$$b^{k+1} = b^k + \eta \cdot \sum_{k=1}^{m}(d_k - y_k) \tag{2.39}$$

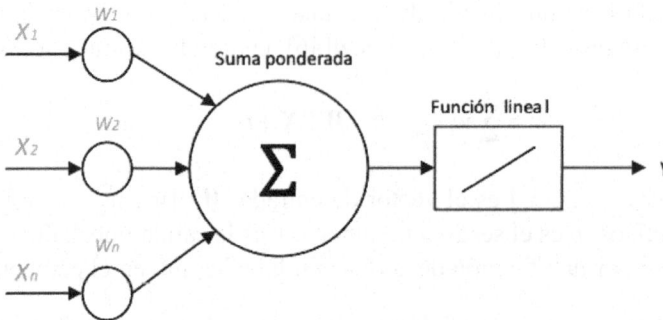

Figura 2.18. Modelo de ADALINE

El algoritmo de funcionamiento de ADALINE se define mediante la siguiente secuencia de pasos:

1. Se determinan pesos iniciales w_1, w_2, ..., w_n con valores aleatorios.

2. Se producen los valores de las entradas x_1, x_2, ..., x_n.

3. Se calcula la salida de la neurona (ecuación 36).

4. Se actualizan los pesos y bias mediante la regla delta (ecuación 41 y 42).

5. Repetir pasos 3 y 4 hasta alcanzar el criterio de paro determinado.

2.6.2 Implementación de ADALINE para regresión

El código 2.3 muestra la implementación de ADALINE para resolver un problema de regresión. Supongamos que estamos modelando cómo cambia la temperatura de un objeto caliente expuesto al aire ambiente, por lo que utilizamos la ley de enfriamiento de Newton la cual se expresa de la siguiente manera:

$$T(t) = T_{amb} + (T_0 - T_{amb}) \cdot e^{-kt} \qquad (2.40)$$

Donde T es la temperatura en grados Kelvin, t es el tiempo expresado en segundos, T_{amb} es la temperatura del ambiente, T_0 es la temperatura inicial y k es una constante de proporcionalidad.

Sin embargo, si el rango de tiempo es corto o el valor de k es pequeño, es posible aproximar la curva con una recta como la siguiente ecuación:

$$T(t) \approx -a \cdot t + T_0 \qquad (2.41)$$

en donde a es una constante de rapidez de enfriamiento.

Dada la aproximación lineal en la ecuación (44), es posible entrenar un ADALINE para que a partir de un conjunto de datos pueda crear un modelo con la capacidad de hacer predicciones.

Codigo 2.3

```python
import numpy as np
import matplotlib.pyplot as plt

#Se simulan datos de temperatura que desciende con el tiempo
np.random.seed(42)
t = np.linspace(0, 10, 50).reshape(-1, 1) #Tiempo en minutos
true_a = 0.8  #tasa de enfriamiento aproximada (°C/min)
true_b = 90   #temperatura inicial (°C)

#Temperatura simulada con ruido
T = -true_a * t + true_b + np.random.normal(0, 1, t.shape)

#Inicialización de pesos y sesgo
w = np.random.randn()
b = 0.0
```

```python
#Parámetros de entrenamiento
learning_rate = 0.01
epochs = 100

#Activación lineal
def activation(z):
    return z

#Entrenamiento con descenso de gradiente
for epoch in range(epochs):
    total_error = 0
    for i in range(len(t)):
        xi = t[i][0]
        yi = T[i][0]
        z = w * xi + b
        y_pred = activation(z)
        error = yi - y_pred

        #Actualización de parámetros
        w += learning_rate * error * xi
        b += learning_rate * error
        total_error += error**2

    if epoch % 10 == 0:
        print(f"Epoch {epoch}: Error cuadrático total = {total_error:.4f}")

#Resultados
print(f"\nModelo aprendido: T(t) ≈ {w:.4f}·t + {b:.4f}")

#Predicciones
T_pred = w * t + b

#Graficación de los datos.
plt.scatter(t, T, label="Datos de temperatura (con ruido)",
color='blue')
plt.plot(t, T_pred, label="Regresión ADALINE", color='red')
plt.xlabel("Tiempo (min)")
plt.ylabel("Temperatura (°C)")
plt.title("Modelo lineal del enfriamiento de un objeto")
plt.legend()
plt.grid(True)
plt.show()
```

En este ejemplo se configuro el modelo con una tasa de aprendizaje de 0.01 y un entrenamiento de 100 épocas, en donde al terminar de introducir todos los datos de entrenamiento, la ADALINE muestra el resultado de la regresión lineal como se muestra a continuación:

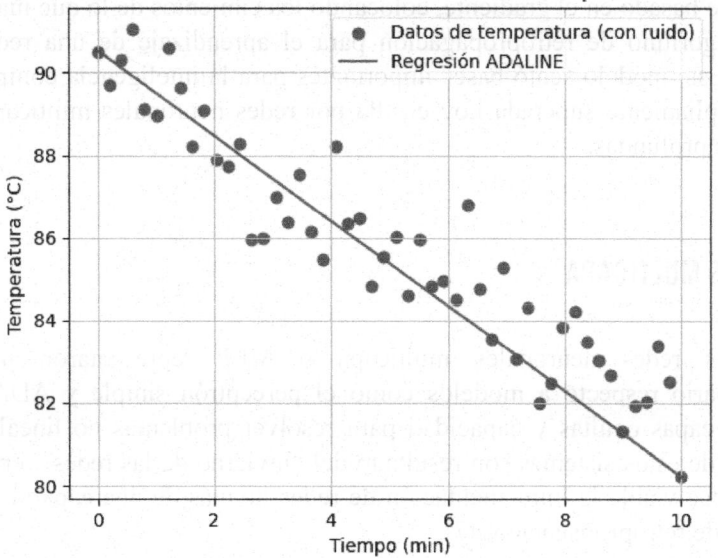

Figura 2.19. Modelo lineal de enfriamiento de un objeto mediante una ADALINE

2.6.3 Capacidades y limitaciones de ADALINE

A diferencia del perceptrón, ADALINE ajusta sus pesos basándose en el valor real de salida, no solo en la clasificación final, permitiendo una corrección más fina. ADALINE utiliza error cuadrático, por lo que se minimiza el error mediante descenso del gradiente, lo que tiene propiedades matemáticas bien definidas y estables. Además de esto, ADALINE es un modelo computacionalmente simple, por lo que tiene una implementación muy sencilla, adecuada para hardware básico y sistemas embebidos, así como una mayor estabilidad mediante una actualización suave de los pesos.

Sin embargo, al igual que el perceptrón, ADALINE solo puede resolver problemas linealmente separables, es decir, no puede aprender funciones lógicas como la XOR. Además, ADALINE no cuenta con una activación no lineal, es decir, no posee funciones como sigmoide o ReLU, por lo que su capacidad de modelado es limitada. Una desventaja que representa un reto en la implementación de ADALINE es la alta dependencia de la tasa de aprendizaje, ya que, si este factor se configura con malos valores, pueden impedir la convergencia o hacerla muy lenta.

A pesar de las diferentes propiedades que caracterizan a ADALINE, este es un modelo fundamental que introdujo conceptos como la minimización del MSE o el aprendizaje basado en el gradiente, colocando los cimientos de lo que más adelante sería el algoritmo de retropropagación para el aprendizaje de una red neuronal artificial. Este modelo sentó bases importantes para la inteligencia computacional, siendo ampliamente superada hoy en día por redes neuronales multicapa y redes neuronales profundas.

2.7 REDES MULTICAPA

Las redes neuronales multicapa o MLP representaron un avance revolucionario respecto a modelos como el perceptrón simple y ADALINE, al introducir capas ocultas y capacidad para resolver problemas no lineales[29]. El desarrollo de estos sistemas son resultado del "invierno de las redes", en donde en 1986 se hace viable la implementación de redes de más de una capa al integrar el algoritmo de retropropagación[47].

Las MLP tienen la capacidad de aprender funciones no lineales, ya que, gracias al teorema de aproximación universal, una MLP con al menos una capa oculta puede aproximar cualquier función continua[48], tomando ejemplos clásicos como la función lógica XOR, clasificación de patrones complejos y regresiones no lineales. Además, las MLP permitieron modelar relaciones jerárquicas en los datos, aumentando la capacidad de las RNA's para aplicaciones que van desde el reconocimiento de imágenes hasta el procesamiento de lenguaje natural y predicción de series temporales.

Sin embargo, a diferencia de modelos lineales simples las MLP son "cajas negras", es decir, es difícil entender como estas herramientas toman decisiones, por lo que su implementación requiere un proceso de ajuste más complejo. Además, las redes multicapa requieren una gran cantidad de datos y potencia computacional para poder entrenarse de manera adecuada.

2.7.1 Generalización

La generalización es la capacidad de una red neuronal para producir resultados correctos con datos nuevos, es decir, información no vista durante el entrenamiento. Un modelo que generaliza bien aprende los patrones reales del problema sin memorizar los datos, es decir, no necesita modificar sus parámetros para cada nuevo dato[49]. Para lograr que una red pueda generalizar, la implementación del modelo debe dividir los datos de entrada obtenidos en tres diferentes conjuntos con un propósito específico:

1. **Entrenamiento:** esta es la información destinada para ajustar los pesos de la red neuronal con el objetivo final de que la red **aprenda**. Se prevé reservar del 60% al 80% de los datos para esta etapa, en donde se ejecuta esta etapa en cada época.

2. **Validación:** este es el conjunto de datos destinados a ajustar los hiperparametros de la red y evitar problemas como el sobreajuste, para así lograr que la red **refine**. Se prevé reservar del 10% al 20% de los datos para esta etapa, en donde el modelo predice los datos de validación al final de cada época, registrando la perdida y precisión del sistema para ajustar o detener el entrenamiento.

3. **Prueba:** esta información es utilizada para evaluar el rendimiento final en datos no vistos, en donde el modelo se **examine**. Se prevé reservar del 10% al 20% de los datos para esta etapa, en donde la información arroja una estimación del rendimiento real en producción al evaluar el modelo final después del entrenamiento.

La información con la que se trabajará en el modelo debe ser utilizada exclusivamente en una de las tres etapas, es decir, la información utilizada en el entrenamiento no debe usarse también para la etapa de validación o la etapa de prueba. Si los datos no están bien separados puede llevar al que el modelo puede memorizar la información, por lo que el resultado de la prueba será demasiado optimista y existirá incertidumbre sobre si el modelo generalizará bien en datos nuevos.

2.7.1.1 SUBAJUSTE Y SOBREAJUSTE

El **subajuste** es un fenómeno en el cual el modelo no aprende lo suficiente del entrenamiento o es demasiado simple para abordar el problema planteado, por lo que tiene un alto error de entrenamiento y validación. Las causas más comunes de este fenómeno es el implementar un modelo muy pequeño o con pocas capas/ neuronas, asignar pocas épocas de entrenamiento, tener una tasa de aprendizaje mal ajustada o no haber configurado correctamente los hiperparámetros[50].

Existen diversas soluciones a este fenómeno, como lo pueden ser el aumentar la complejidad del modelo, entrenar durante más tiempo, incluir más variables del problema planteado y ajustar la tasa de aprendizaje.

Por otra parte, el **sobreajuste** es un fenómeno en el cual nuestro modelo aprende demasiado bien los datos, por lo que puede memorizar los datos, incluyendo el ruido y provocando poca diversidad en la información. Este problema se identifica al detectar un bajo error de entrenamiento, pero un alto error en la etapa de validación y pruebas[51].

Las causas más comunes de este fenómeno son el implementar un modelo muy complejo para pocos datos, asignar demasiadas épocas de entrenamiento, así como no utilizar regularización. Las soluciones que pueden aplicarse a un modelo con este problema son utilizar alguna técnica de regularización, detener la etapa de entrenamiento en una fase temprana, recolectar más información o reducir la complejidad del modelo.

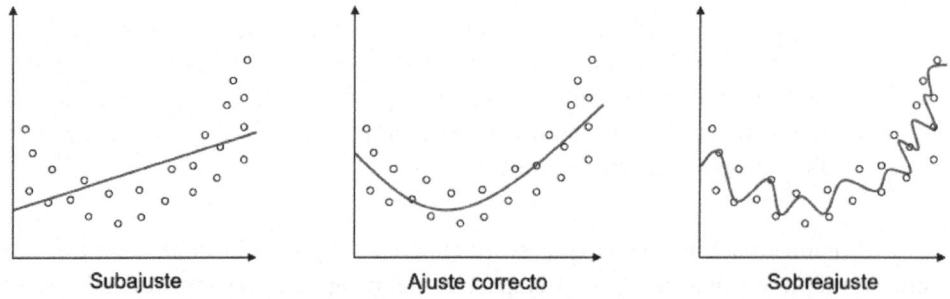

Subajuste   Ajuste correcto   Sobreajuste

Figura 2.20. Fenómenos de subajuste y sobrejuste

2.7.1.2 REGULARIZACIÓN

Existen diversas técnicas adicionales que ayudan a contrarrestar el subajuste y el sobreajuste que pueden ser implementadas en el modelo.

▶ L1 y L2: son técnicas que ayudan a regular los pesos, en donde L1 puede eliminar pesos, mientras que L2 penaliza grandes pesos para prevenir el sobreajuste.

▶ Dropout: esta técnica desactiva de manera aleatoria neuronas durante el entrenamiento, forzando a la red a no depender de neuronas específicas.

▶ Early Stopping: esta técnica detiene el entrenamiento cuando el error de validación empieza a aumentar, evitando el sobreentrenamiento.

Una red neuronal ideal aprende patrones relevantes del problema sin memorizar ruido, tiene bajo error de validación y prueba, no solo de entrenamiento, además de producir buenas predicciones en nuevos datos y ajustarse a la complejidad del problema sin sobredimensionarse, encontrando el balance entre la capacidad del modelo y la cantidad/calidad de los datos[52].

2.7.2 El Perceptrón multicapa

El perceptrón multicapa es la extensión del perceptrón simple, colocando diversas capas de perceptrones totalmente conectados entre sí[53]. Para poder construir un perceptrón multicapa de manera efectiva es necesario definir el problema que se tiene que abordar, describiendo si lo que se desea hacer es clasificación o regresión, el número de características de entrada y el número de clases o salidas que se necesitan predecir[54]. Una vez teniendo en cuenta las diferentes variables con las que trabajará la red, es necesario diseñar la arquitectura con las siguientes consideraciones:

- ▶ Capas ocultas: una cantidad menor suele ser suficiente para problemas simples, por lo que aumentar el número de capas ocultas le otorga a la red una mayor capacidad de abordar problemas complejos a costa de una mayor cantidad de recursos computacionales para su operación.

- ▶ Neuronas por capa: el número de perceptrones que contendrá capa depende de la complejidad de las variables a analizar.

- ▶ Función de activación: ReLU para capas ocultas, Softmax para salida de clasificación y Lineal para salida de regresión.

- ▶ Regularización: aplicar Dropout o L2 en caso de detectar un posible sobreajuste.

Una vez diseñada la arquitectura, se debe seleccionar la función de pérdida, utilizando el error cuadrático medio (MSE) para aplicaciones de regresión o entropía cruzada para aplicaciones de clasificación. Luego de esto, se debe escoger un optimizador para la función de pérdida, siendo el gradiente descendiente el método más utilizado.

Por último, una vez configurado el modelo es necesario definir las características del entorno en donde se entrenará la red, definiendo las épocas de entrenamiento y la tasa de aprendizaje, para después evaluar y ajustar la red y obtener resultados finales.

Entonces, el algoritmo que define los pasos para entrenar e implementar una MLP como lo es el perceptrón multicapa se muestra a continuación:

1. Pre-procesamiento de los datos: dividir la información entre las etapas de entrenamiento, validación y prueba.

2. Diseño de la arquitectura: considerar la estructura de la red, su tamaño y complejidad.

3. Seleccionar función de pérdida (MSE).

4. Implementar un optimizador (gradiente descendiente).

5. Entrenar la red (algoritmo de retropropagación).

6. Evaluación y ajuste del modelo.

2.7.2.1 ALGORITMO DE RETROPROPAGACIÓN

El algoritmo de retropropagación es el método predilecto para entrenar redes neuronales multicapa, ajustando sus pesos y sesgos con base en el error entre la salida deseada y la salida producida, además de utilizar una técnica de descenso del gradiente para minimizar una función de pérdida, como lo es por ejemplo el error cuadrático medio[10].

Antes del algoritmo de retropropagación, las redes neuronales eran difíciles de entrenar cuando tenían más de una capa. Este algoritmo permitió el entrenamiento eficiente de redes profundas al resolver cómo calcular el error en todas las capas ocultas, no solo en la de salida[55]. Es un algoritmo de diferenciación automática que propaga el error desde la capa de salida hacia las capas ocultas, calculando cómo cada peso contribuye al error total.

El proceso por el cual funciona el algoritmo de retropropagación se puede dividir en tres fases: la propagación hacia adelante, la retropropagación del error y la actualización de pesos, en ese orden.

Propagación hacia adelante: en esta fase se introduce una entrada x a la red. Después, se calcula la activación de cada neurona, capa por capa, desde la entrada hasta la salida. La salida final $\hat{y}$ se compara con la salida esperada y, usando una función de pérdida, como por ejemplo el error cuadrático medio o entropía cruzada.

Retropropagación del error: esta es la parte crucial del algoritmo, en donde se calcula el error de salida y se propaga hacia atrás. Se aplica la regla de la cadena para calcular cómo cambia el error con respecto a cada peso. Finalmente, se actualizan los pesos para reducir ese error.

El cálculo del error en la capa de salida se calcula de la siguiente manera:

$$\delta_i = \frac{\partial E}{\partial a_i} \cdot f'(z_i) \tag{2.42}$$

donde δ_i representa el error local en la neurona de salida i, E es la función de error, $f'(z_i)$ es la derivada de la función de activación y a_i es la salida activada de la neurona.

El cálculo del error hacia las capas ocultas se calcula de la siguiente manera:

$$\delta_j = f'(z_j) \cdot \sum_i w_{ij} \delta_i \tag{2.43}$$

donde δ_j es el error en la neurona de la capa oculta, calculándose a partir del error de las neuronas a las que se conecta de la capa siguiente.

Actualización de los pesos: cada peso se ajusta en la dirección opuesta al gradiente del error de la siguiente manera:

$$w^{k+1} = w^k - \eta \cdot \Delta E\left(w^k\right) \tag{2.44}$$

donde $\Delta E(w^k) = \delta_j \cdot a_i$ es el gradiente del error respecto a los pesos.

Para que el algoritmo de retropropagación pueda ser implementado de manera adecuada, se deben tener a consideración ciertos factores, como el que la función de activación debe ser diferenciable, como la función sigmoide, tanh o ReLU, además de tener una función de pérdida clara y diferenciable. Otros factores importantes son tener una tasa de aprendizaje bien ajustada y una inicialización adecuada de pesos.

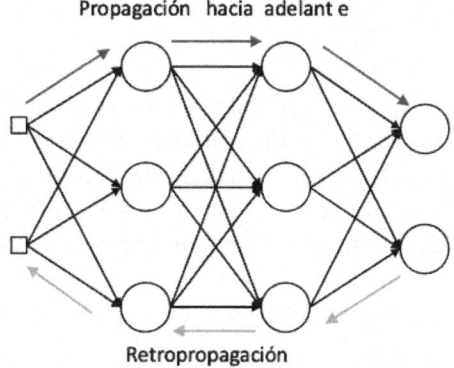

Figura 2.21. Retropropagación en una RNA

A pesar de ser un método escalable a redes profundas y ser matemáticamente sólido, sufre de distintos inconvenientes como atasco en mínimos locales, así como ser sensible a la inicialización de pesos.

2.7.2.2 ALGORITMO DE RETROPROPAGACIÓN CON MOMENTUM

El momentum es una técnica que acelera el aprendizaje y reduce las oscilaciones durante la actualización de los pesos[56]. Se inspira en la física, en donde un objeto que se mueve por un valle; el momentum le ayuda a continuar avanzando y superar pequeños obstáculos. Este cambio en la formulación del algoritmo de retropropagación ayuda a que, si el gradiente sigue la misma dirección, las actualizaciones son cada vez mayores, además de suavizar los cambios en los pesos en regiones planas o con ruido.

Al acumular impulso, el momentum puede provocar que la red supere pequeños valles del error, tendiendo menos a quedar estancado en mínimos locales y encontrar el punto óptimo local de la función de error. Además de esto, el momentum tiene la capacidad de amortiguar los cambios drásticos, evitando que el modelo se descontrole y tenga una mejor etapa de estabilización[57].

Para implementar el momentum en el algoritmo de retropropagación es necesario realizar ligeros cambios al cálculo de la variación mostrada en la ecuación (47), como se muestra a continuación:

$$\Delta w^k = \alpha \cdot \Delta w^{k-1} - \eta \cdot \Delta E\left(w^k\right) \qquad (2.45)$$

donde α es el coeficiente de momentum que va de $0<\alpha<1$ y Δw^{k-1} es la actualización previa. Finalmente, la actualización de los pesos mediante la retropropagación con momentum se realiza de la siguiente manera:

$$w^{k+1} = w^k + \Delta w^k \qquad (2.46)$$

Utilizar el algoritmo de retropropagación con momentum implica mejoras en el rendimiento, como lo es un sistema con un entrenamiento más rápido, un mejor trazado en regiones ruidosas, mayor capacidad de encontrar el punto óptimo en la función de error, tomando en cuenta el historial del gradiente y no solamente en gradiente actual. Esta técnica de entrenamiento para redes con múltiples capas es ampliamente utilizada y compatible con la mayoría de los frameworks modernos, mostrando mejoras en la convergencia a diferencia de su contraparte original, como se puede observar en la Figura 21.

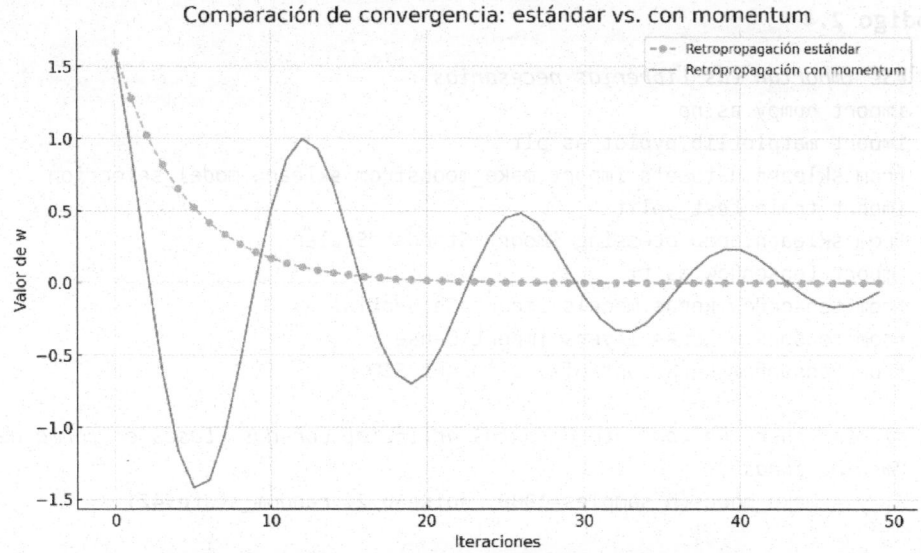

Figura 2.22. retropropagación con momentum vs sin momentum

2.7.2.3 IMPLEMENTACIÓN DE UN PERCEPTRÓN MULTICAPA PARA CLASIFICACIÓN

El código 2.4 muestra la implementación de una red perceptrón multicapa con retropropagación con momentum para resolver un problema de clasificación no lineal. Se utiliza un conjunto de datos generado artificialmente conocido como "moons" o "lunas", ya que las clases generadas por este conjunto de datos no son linealmente separables, como sucede con la función lógica XOR, por lo que este ejemplo pone a prueba la capacidad de generalización de una red neuronal robusta.

El conjunto "moons" contiene dos clases de puntos distribuidos en forma de dos medias lunas entrelazadas, en donde cada punto tiene dos características o coordenadas x y y, en las cuales se añade ruido aleatorio para crear un ambiente más realista y complejo. Para resolver este problema se implementa una red perceptrón con 10 neuronas en la capa de entrada con función de activación ReLU, 8 neuronas en la capa oculta con función de activación ReLU y una neurona de salida con función de activación sigmoide, ya que es un problema de clasificación binaria.

Debido a que la naturaleza del problema requiere una red neuronal más robusta y compleja que ejemplos anteriores, se hace uso de la librería **sklearn** para el preprocesamiento de los datos y *tensorflow* para la construcción y entrenamiento del modelo que se implementará.

Codigo 2.4

```python
#Se importan las librerias necesarias
import numpy as np
import matplotlib.pyplot as plt
from sklearn.datasets import make_moonsfrom sklearn.model_selection
import train_test_split
from sklearn.preprocessing import StandardScaler
import tensorflow as tf
from tensorflow.keras.models import Sequential
from tensorflow.keras.layers import Dense
from tensorflow.keras.optimizers import SGD


#1. Se genera un conjunto de datos artificial con dos clases en forma de
"medias lunas"
X, y = make_moons(n_samples=1000, noise=0.2, random_state=42)

#2. Se divide el conjunto en 3 partes 80% para entrenamiento
#   10% para validación y 10% para prueba
X_temp, X_test, y_temp, y_test = train_test_split(X, y, test_size=0.1,
random_state=42)
X_train, X_val, y_train, y_val = train_test_split(X_temp, y_temp, test_
size=0.1111, random_state=42)
# 0.1111 * 0.9 ≈ 0.10, así se mantiene 80/10/10%

#3. Se escalan los datos
scaler = StandardScaler()
X_train = scaler.fit_transform(X_train)
X_val   = scaler.transform(X_val)
X_test  = scaler.transform(X_test)

#4. Se define el modelo de la red neuronal artificial
model = Sequential([
    Dense(10, input_shape=(2,), activation='relu'),
    Dense(8, activation='relu'),
    Dense(1, activation='sigmoid')
])

#5. Definimos el optimizador: SGD con momentum
optimizer = SGD(learning_rate=0.01, momentum=0.9)

#6. Se compila el modelo
model.compile(optimizer=optimizer, loss='binary_crossentropy',
```

```
metrics=['accuracy'])

#7. Se entrena el modelo
history = model.fit(
    X_train, y_train,
    validation_data=(X_val, y_val),
    epochs=100,
    batch_size=32,
    verbose=1
)

#8. Se evalúa el modelo sobre el conjunto de prueba
test_loss, test_acc = model.evaluate(X_test, y_test)
print(f"\n Evaluación en conjunto de prueba: Accuracy = {test_acc:.4f},
Loss = {test_loss:.4f}")

#9. Se grafica el desempeño del modelo durante el entrenamiento
plt.figure(figsize=(12, 5))

#Gráfica de la pérdida por época
plt.subplot(1, 2, 1)
plt.plot(history.history['loss'], label='Entrenamiento')
plt.plot(history.history['val_loss'], label='Validación')
plt.xlabel('Épocas')
plt.ylabel('Pérdida')
plt.title('Curva de pérdida')
plt.legend()
plt.grid(True)

#Gráfica de la precisión por época
plt.subplot(1, 2, 2)
plt.plot(history.history['accuracy'], label='Entrenamiento')
plt.plot(history.history['val_accuracy'], label='Validación')
plt.xlabel('Épocas')
plt.ylabel('Precisión')
plt.title('Curva de exactitud')
plt.legend()
plt.grid(True)

plt.tight_layout()
plt.show()

#10. Se visualiza los datos originales sin escalar
plt.figure(figsize=(6, 5))
```

```python
plt.title("Datos originales")
plt.scatter(X[:, 0], X[:, 1], c=y, cmap=plt.cm.Set1, edgecolor='k')
plt.xlabel('X1')
plt.ylabel('X2')
plt.grid(True)
plt.show()

# 11. Se visualiza las predicciones del modelo
X_all = scaler.transform(X) #Se escalan todos los datos
y_pred_probs = model.predict(X_all).flatten() #Probabilidades predichas
y_pred = (y_pred_probs > 0.5).astype(int) #Se convierte a 0 o 1
plt.figure(figsize=(6, 5))
plt.title("Predicciones del modelo")
plt.scatter(X[:, 0], X[:, 1], c=y_pred, cmap=plt.cm.Set1,
edgecolor='k')
plt.xlabel('X1')
plt.ylabel('X2')
plt.grid(True)
plt.show()

#12. Se visualiza la frontera de decisión aprendida por la RNA
def plot_decision_boundary(model, X, y, scaler, title="Frontera de
decisión"):
    x_min, x_max = X[:, 0].min() - .5, X[:, 0].max() + .5
    y_min, y_max = X[:, 1].min() - .5, X[:, 1].max() + .5
    h = 0.01  # Resolución de la cuadrícula
    xx, yy = np.meshgrid(np.arange(x_min, x_max, h),
                         np.arange(y_min, y_max, h))
    grid = np.c_[xx.ravel(), yy.ravel()]
    grid_scaled = scaler.transform(grid)
    probs = model.predict(grid_scaled).reshape(xx.shape)#Predicciones
para cada punto
    plt.figure(figsize=(6, 5))
    plt.contourf(xx, yy, probs, levels=[0, 0.5, 1], cmap=plt.cm.RdBu,
alpha=0.6)
    plt.scatter(X[:, 0], X[:, 1], c=y, cmap=plt.cm.Set1, edgecolor='k')
    plt.title(title)
    plt.xlabel("X1")
    plt.ylabel("X2")
    plt.grid(True)
    plt.show()

#Se llama a la función para graficar la frontera de decisión
plot_decision_boundary(model, X, y, scaler)
```

Para este modelo se dividieron los datos en 80% entrenamiento, 10% validación y 10% para pruebas, en donde la etapa de entrenamiento se realiza por 100 épocas con un tamaño de lote de 32.

Para poder comprender el nivel de rendimiento del modelo entrenado es necesario obtener la curva de pérdida y la curva de exactitud. La curva de pérdida muestra la evolución de la función de pérdida tanto en el conjunto de entrenamiento como en el de validación a lo largo de las épocas, por lo que, si la curva de entrenamiento disminuye progresivamente, indica que el modelo está aprendiendo. Si la curva de validación también baja de forma parecida, indica que el modelo está generalizando bien, pero si en algún punto la pérdida de validación empieza a aumentar, mientras la de entrenamiento sigue bajando, es una señal de sobreajuste.

La curva de exactitud muestra la precisión del modelo en conjuntos de entrenamiento y validación. Si ambas curvas suben y se estabilizan en valores altos, indica que el modelo ha aprendido a clasificar correctamente. Si la precisión en validación es significativamente menor a la de entrenamiento, también puede ser señal de sobreajuste.

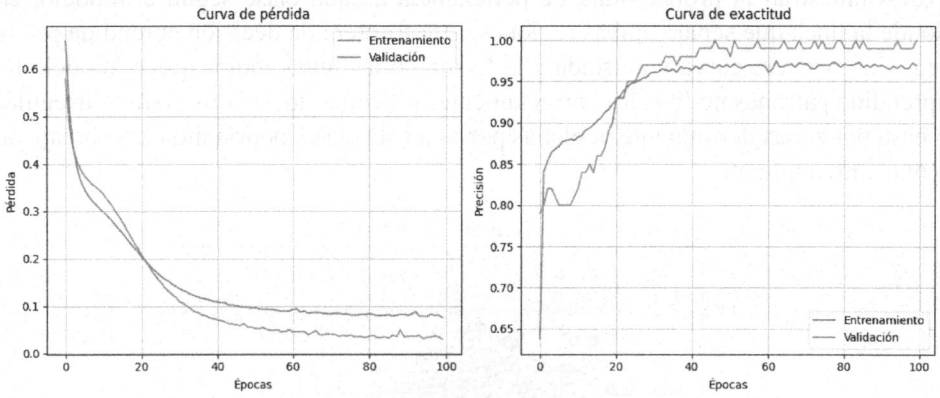

Figura 2.23. Curva de pérdida y exactitud del modelo implementado

En la Figura 24a se muestran los datos originales por medio de una dispersión de los puntos de datos generados antes de ser escalados, en donde los colores representan las dos clases binarias. En la Figura 24b, cada punto representa una entrada del conjunto original, pero ahora está coloreado según la clase predicha por el modelo entrenado. Si la mayoría de los puntos coinciden con su clase real según la Figura 24a, el modelo está funcionando correctamente, por lo que los puntos mal clasificados o con un color incorrecto indican los errores del modelo, mostrando la utilidad para detectar zonas de confusión, especialmente cerca de la frontera entre clases.

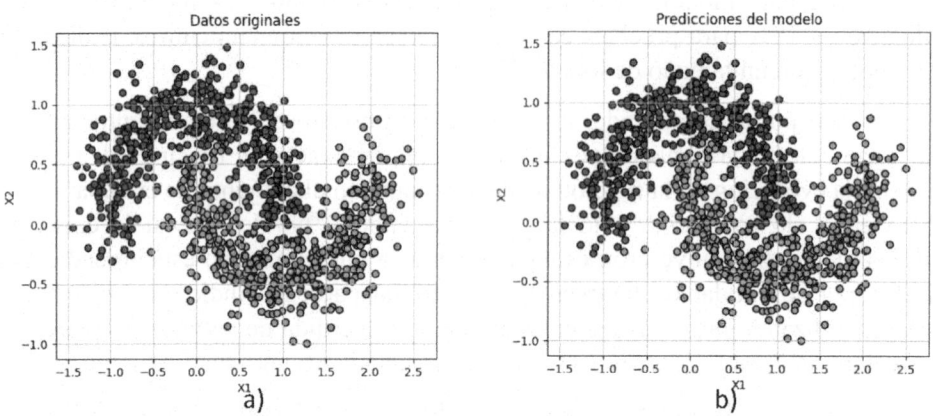

Figura 2.24. Comparación de los datos originales y las predicciones del modelo implementado

La frontera de decisión es una visualización continua de cómo el modelo divide el espacio de entrada entre las dos clases. En este caso, las regiones rojas y azules muestran la probabilidad de pertenencia a cada clase según el modelo, en donde la línea que separa ambas regiones es la frontera de decisión aprendida por la red. Una frontera curva y ajustada a la forma de las lunas indica que el modelo ha aprendido patrones no lineales correctamente, sin embargo, si la frontera es irregular o pasa por zonas densamente pobladas por una sola clase, podría indicar sobreajuste o mal entrenamiento.

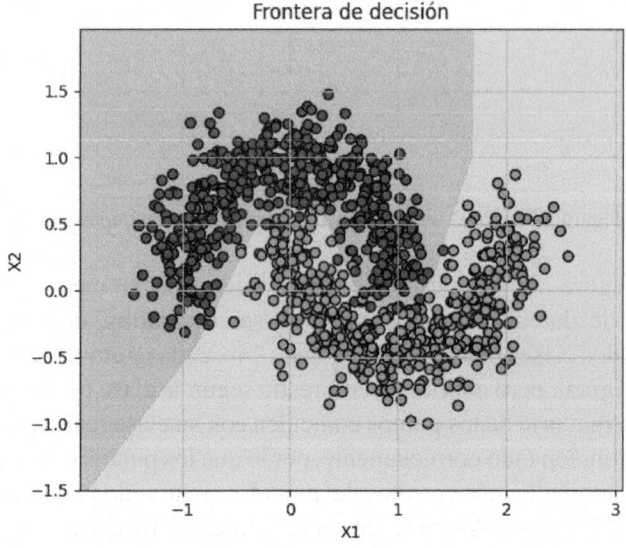

Figura 2.25. Frontera de decisión del modelo implementado

2.8 CLASIFICACIÓN DE IMÁGENES CON RNA'S

Las redes neuronales artificiales se han utilizado para resolver una gran diversidad de problemas del mundo real, ya que su versatilidad recae en la capacidad de las redes al abstraer la información proporcionada en datos manipulables. El conjunto de datos "Digits", o también conocido como "MNIST reducido" es un clásico en el aprendizaje automático y perfecto para explicar cómo las redes neuronales resuelven problemas de reconocimiento de patrones. Este conjunto de datos es un banco con 1,797 imágenes de dígitos escritos a mano del 0 al 9, en donde cada imagen posee una resolución de 8x8 pixeles, contando con 64 características en total y una escala de grises de 0 a 16.

Figura 2.26. jemplos de dígitos para entrenamiento de RNA's

La idea es tomar una gran cantidad de muestras etiquetadas de estas imágenes para poder entrenar la red neuronal, y a medida que se le presenten distintas configuraciones de cada número, la red sea capaz de asociar diversos patrones para aprender a clasificar elementos.

2.8.1 Arquitectura del modelo para el problema "digits"

Para diseñar el modelo de este problema hay que analizar las distintas variables en juego. Debido a que cada imagen tiene un tamaño de 8x8 pixeles, cada píxel será una característica de nuestro modelo, por lo que deberá haber 64 neuronas en la capa de entrada. El modelo tiene dos capas ocultas, en donde la primera capa oculta tiene el mismo número de neuronas que la capa de entrada, permitiendo capturar relaciones entre las características sin reducir la dimensionalidad, adaptando la función de activación ReLU, permitiendo una mejor propagación del gradiente y así mismo evitando problemas como el desvanecimiento. La segunda capa oculta es más pequeña con 32 neuronas para ayudar a reducir la complejidad del modelo y servir como una capa de abstracción para combinaciones de características no lineales. Finalmente, para la capa de salida se colocan 10 neuronas debido al número de clases posibles en la clasificación, utilizando la función de activación softmax, ya que las salidas se convierten en probabilidades que suman 1, siendo una técnica ventajosa para la clasificación multiclase.

Para este problema se utiliza como optimizador el gradiente descendiente, ya que es robusto y adecuado para problemas bien definidos como el presentado, aplicando también el algoritmo de retropropagación con momentum. Además, se asignaron 50 épocas para la etapa de entrenamiento, siendo suficientes para entrenar sin sobre ajustar un banco de datos relativamente pequeño y balanceado como lo es "digits". Se asignó un tamaño de lote de 32, siendo un valor común que balancea el ruido del gradiente y el tamaño de la memoria utilizada.

El conjunto de datos se ha dividido en un 80% para el entrenamiento, un 10% para validación y un 10% para prueba, ya que existe una cantidad razonable de datos que permiten medir de manera adecuada la generalización del sistema y evitar el sobreajuste. La arquitectura seleccionada es lo suficientemente profunda y robusta para capturar patrones no lineales como lo son los trazos de dígitos sin ser demasiado compleja, utilizando funciones de activación sencillas y prácticas para cada una de sus labores.

Codigo 2.5

```python
import numpy as np
import matplotlib.pyplot as plt
from sklearn.datasets import load_digits
from sklearn.model_selection import train_test_split
from sklearn.preprocessing import StandardScaler
from tensorflow.keras.models import Sequential
from tensorflow.keras.layers import Dense
from tensorflow.keras.optimizers import SGD
from tensorflow.keras.utils import to_categorical

# 1. Cargar el dataset Digits
digits = load_digits()
X = digits.data
y = digits.target

# 2. Codificar etiquetas en formato one-hot
```

```python
y_encoded = to_categorical(y, num_classes=10)

# 3. Dividir datos en entrenamiento (80%), validación (10%), prueba
(10%)
X_temp, X_test, y_temp, y_test = train_test_split(X, y_encoded, test_
size=0.1, random_state=42)
X_train, X_val, y_train, y_val = train_test_split(X_temp, y_temp, test_
size=0.1111, random_state=42)

# 4. Normalización de los datos
scaler = StandardScaler()
X_train = scaler.fit_transform(X_train)
X_val   = scaler.transform(X_val)
X_test  = scaler.transform(X_test)

# 5. Definir la arquitectura del modelo
model = Sequential([
    Dense(64, input_shape=(64,), activation='relu'),
    Dense(32, activation='relu'),
    Dense(10, activation='softmax')  # 10 clases (0-9)
])

# 6. Compilar el modelo con el gradiente y momentum
optimizer = SGD(learning_rate=0.01, momentum=0.9)
model.compile(optimizer=optimizer, loss='categorical_crossentropy',
metrics=['accuracy'])

# 7. Entrenar el modelo
history = model.fit(
    X_train, y_train,
    validation_data=(X_val, y_val),
    epochs=50,
    batch_size=32,
    verbose=1
)

# 8. Visualizar curvas de pérdida y precisión
plt.figure(figsize=(12, 5))

plt.subplot(1, 2, 1)
plt.plot(history.history['loss'], label='Entrenamiento')
```

```
plt.plot(history.history['val_loss'], label='Validación')
plt.title('Curva de pérdida')
plt.xlabel('Épocas')
plt.ylabel('Pérdida')
plt.legend()
plt.grid(True)

plt.subplot(1, 2, 2)
plt.plot(history.history['accuracy'], label='Entrenamiento')
plt.plot(history.history['val_accuracy'], label='Validación')
plt.title('Curva de precisión')
plt.xlabel('Épocas')
plt.ylabel('Precisión')
plt.legend()
plt.grid(True)
plt.tight_layout()
plt.show()

# 9. Visualización de predicciones en imágenes del set de prueba
predictions = model.predict(X_test)
predicted_classes = np.argmax(predictions, axis=1)
true_classes = np.argmax(y_test, axis=1)

# Mostrar los primeros 15 dígitos con su predicción
plt.figure(figsize=(10, 6))
for i in range(15):
    plt.subplot(3, 5, i+1)
    image = X_test[i].reshape(8, 8)  # Redimensionar al formato
original
    plt.imshow(image, cmap='gray')
    plt.title(f'Pred: {predicted_classes[i]}\nReal: {true_classes[i]}')
    plt.axis('off')

plt.tight_layout()
plt.show()
```

Para probar la robustez de nuestro modelo al momento de resolver problemas de clasificación de imágenes, se han añadido la curva de perdida y la curva de precisión, de modo que se logre analizar si la red tiene capacidad de aprender y generalizar de manera adecuada, como se puede ver en la Figura 27.

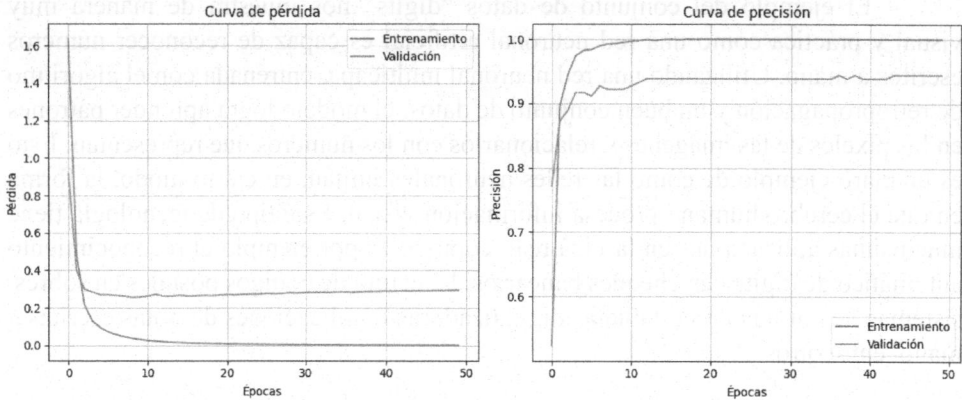

Figura 2.27. Curva de pérdida y curva de precisión del modelo empleado

Para verificar que el modelo efectivamente aprendió a reconocer ejemplos nunca vistos, se muestran 15 ejemplos de imágenes de prueba en donde el modelo demuestra la capacidad de abstraer y analizar la información proporcionada. En estos ejemplos vistos en la Figura 28 se muestra la imagen, así como la predicción realizada por el modelo y el valor real de la etiqueta.

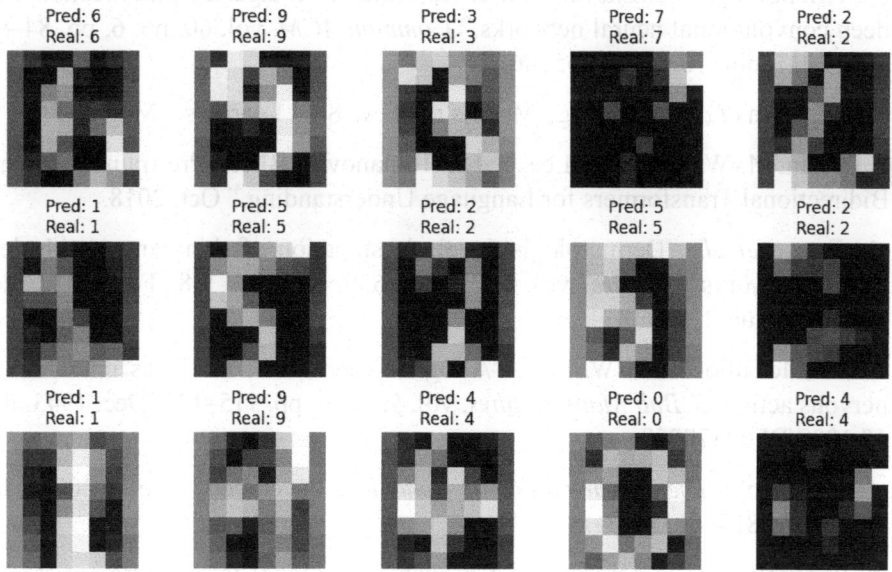

Figura 2.28. Datos de prueba para el modelo

El ejemplo del conjunto de datos "digits" nos muestra de manera muy visual y práctica cómo una red neuronal artificial es capaz de reconocer números escritos a mano. Utilizando una red neuronal multicapa, entrenada con el algoritmo de retropropagación y un buen conjunto de datos, el modelo logra aprender patrones en los píxeles de las imágenes y relacionarlos con los números que representan. Esto es un claro ejemplo de cómo las redes neuronales imitan, en cierto modo, la forma en que el cerebro humano procesa información visual. Este tipo de tecnología tiene muchísimas aplicaciones en la vida real, como lo es por ejemplo el reconocimiento automático de dígitos en cheques bancarios, la lectura de códigos postales en sobres, sistemas de entrada como tabletas digitalizadoras o aplicaciones de notas escritas a mano, entre otros.

En resumen, este ejercicio demuestra cómo, con los datos adecuados y una arquitectura bien diseñada, las redes neuronales pueden aprender a interpretar información visual compleja y ofrecer soluciones muy útiles en el mundo real.

2.9 REFERENCIAS

[1] M. H. Hassoun, *Fundamentals of artificial neural networks*. MIT press, 1995.

[2] A. Krizhevsky, I. Sutskever, and G. E. Hinton, "ImageNet classification with deep convolutional neural networks," *Commun ACM*, vol. 60, no. 6, pp. 84–90, May 2017, doi: 10.1145/3065386.

[3] T. B. Brown *et al.*, "Language Models are Few-Shot Learners," May 2020.

[4] J. Devlin, M.-W. Chang, K. Lee, and K. Toutanova, "BERT: Pre-training of Deep Bidirectional Transformers for Language Understanding," Oct. 2018.

[5] A. Esteva *et al.*, "Dermatologist level classification of skin cancer with deep neural networks," *Nature*, vol. 542, no. 7639, pp. 115–118, Feb. 2017, doi: 10.1038/nature21056.

[6] W. S. McCulloch and W. Pitts, "A logical calculus of the ideas immanent in nervous activity," *Bull Math Biophys*, vol. 5, no. 4, pp. 115–133, Dec. 1943, doi: 10.1007/BF02478259.

[7] D. O. Hebb, *The Organization of Behavior*. Psychology Press, 2005. doi: 10.4324/9781410612403.

[8] F. Rosenblatt, "The perceptron: A probabilistic model for information storage and organization in the brain.," *Psychol Rev*, vol. 65, no. 6, pp. 386–408, 1958, doi: 10.1037/h0042519.

[9] M. Marvin and A. P. Seymour, "Perceptrons," *Cambridge, MA: MIT Press*, vol. 6, no. 318–362, p. 7, 1969.

[10] D. E. Rumelhart, G. E. Hinton, and R. J. Williams, "Learning representations by back-propagating errors," *Nature*, vol. 323, no. 6088, pp. 533–536, Oct. 1986, doi: 10.1038/323533a0.

[11] J. J. Hopfield, "Neural networks and physical systems with emergent collective computational abilities.," *Proceedings of the National Academy of Sciences*, vol. 79, no. 8, pp. 2554–2558, Apr. 1982, doi: 10.1073/pnas.79.8.2554.

[12] A. Krizhevsky, I. Sutskever, and G. E. Hinton, "ImageNet classification with deep convolutional neural networks," *Commun ACM*, vol. 60, no. 6, pp. 84–90, May 2017, doi: 10.1145/3065386.

[13] Y. LeCun, Y. Bengio, and G. Hinton, "Deep learning," *Nature*, vol. 521, no. 7553, pp. 436–444, May 2015, doi: 10.1038/nature14539.

[14] Z. Zhang, "A gentle introduction to artificial neural networks," *Ann Transl Med*, vol. 4, no. 19, pp. 370–370, Oct. 2016, doi: 10.21037/atm.2016.06.20.

[15] H. Mt, H. B. Demuth, and B. MH, "Neural network design," *Neural Network Design,: 1st edition PWS Publishing Company of International Thomson Publishing Inc*, 1996.

[16] T. B. Brown *et al.*, "Language Models are Few-Shot Learners," May 2020.

[17] J. Schmidhuber, "Deep learning in neural networks: An overview," *Neural Networks*, vol. 61, pp. 85–117, Jan. 2015, doi: 10.1016/j.neunet.2014.09.003.

[18] Y. Bengio, A. Courville, and P. Vincent, "Representation Learning: A Review and New Perspectives," *IEEE Trans Pattern Anal Mach Intell*, vol. 35, no. 8, pp. 1798–1828, Aug. 2013, doi: 10.1109/TPAMI.2013.50.

[19] F. Chollet, "Deep Learning With Python Manning Publications Company," 2017, *Manning Publications Company*.

[20] I. Goodfellow, Y. Bengio, A. Courville, and Y. Bengio, *Deep learning*, vol. 1, no. 2. MIT press Cambridge, 2016.

[21] M. A. Nielsen, *Neural networks and deep learning*, vol. 25. Determination press San Francisco, CA, USA, 2015.

[22] *Pattern Recognition and Machine Learning*. Springer New York, 2006. doi: 10.1007/978-0-387-45528-0.

[23] V. Nair and G. E. Hinton, "Rectified linear units improve restricted boltzmann machines," in *Proceedings of the 27th international conference on machine learning (ICML-10)*, 2010, pp. 807–814.

[24] Y. LeCun, L. Bottou, G. B. Orr, and K.-R. Müller, "Efficient BackProp," 1998, pp. 9–50. doi: 10.1007/3-540-49430-8_2.

[25] J. S. Bridle, "Probabilistic Interpretation of Feedforward Classification Network Outputs, with Relationships to Statistical Pattern Recognition," in *Neurocomputing*, Berlin, Heidelberg: Springer Berlin Heidelberg, 1990, pp. 227–236. doi: 10.1007/978-3-642-76153-9_28.

[26] A. L. Maas, A. Y. Hannun, A. Y. Ng, and others, "Rectifier nonlinearities improve neural network acoustic models," in *Proc. icml*, 2013, p. 3.

[27] D.-A. Clevert, T. Unterthiner, and S. Hochreiter, "Fast and Accurate Deep Network Learning by Exponential Linear Units (ELUs)," Nov. 2015.

[28] K. Hornik, "Approximation capabilities of multilayer feedforward networks," *Neural Networks*, vol. 4, no. 2, pp. 251–257, 1991, doi: 10.1016/0893-6080(91)90009-T.

[29] D. E. Rumelhart, G. E. Hinton, and R. J. Williams, "Learning representations by back-propagating errors," *Nature*, vol. 323, no. 6088, pp. 533–536, Oct. 1986, doi: 10.1038/323533a0.

[30] S. Hochreiter and J. Schmidhuber, "Long Short-Term Memory," *Neural Comput*, vol. 9, no. 8, pp. 1735–1780, Nov. 1997, doi: 10.1162/neco.1997.9.8.1735.

[31] M. Minsky and S. A. Papert, *Perceptrons: An Introduction to Computational Geometry*. The MIT Press, 2017. doi: 10.7551/mitpress/11301.001.0001.

[32] K. Hornik, "Approximation capabilities of multilayer feedforward networks," *Neural Networks*, vol. 4, no. 2, pp. 251–257, 1991, doi: 10.1016/0893-6080(91)90009-T.

[33] P. Cunningham, M. Cord, and S. J. Delany, "Supervised Learning," in *Machine Learning Techniques for Multimedia*, Berlin, Heidelberg: Springer Berlin Heidelberg, pp. 21–49. doi: 10.1007/978-3-540-75171-7_2.

[34] L. Waikhom and R. Patgiri, "A survey of graph neural networks in various learning paradigms: methods, applications, and challenges," *Artif Intell Rev*, vol. 56, no. 7, pp. 6295–6364, Jul. 2023, doi: 10.1007/s10462-022-10321-2.

[35] R. S. Sutton, A. G. Barto, and others, *Reinforcement learning: An introduction*, vol. 1, no. 1. MIT press Cambridge, 1998.

[36] S. J. Pan and Q. Yang, "A Survey on Transfer Learning," *IEEE Trans Knowl Data Eng*, vol. 22, no. 10, pp. 1345–1359, Oct. 2010, doi: 10.1109/TKDE.2009.191.

[37] F. Attneave, M. B., and D. O. Hebb, "The Organization of Behavior; A Neuropsychological Theory," *Am J Psychol*, vol. 63, no. 4, p. 633, Oct. 1950, doi: 10.2307/1418888.

[38] E. Oja, "Simplified neuron model as a principal component analyzer," *J Math Biol*, vol. 15, no. 3, pp. 267–273, Nov. 1982, doi: 10.1007/BF00275687.

[39] S. Hochreiter and J. Schmidhuber, "Long Short-Term Memory," *Neural Comput*, vol. 9, no. 8, pp. 1735–1780, Nov. 1997, doi: 10.1162/neco.1997.9.8.1735.

[40] D. E. Rumelhart and D. Zipser, "Feature Discovery by Competitive Learning," *Cogn Sci*, vol. 9, no. 1, pp. 75–112, Jan. 1985, doi: 10.1207/s15516709cog0901_5.

[41] D. H. Ackley, G. E. Hinton, and T. J. Sejnowski, "A Learning Algorithm for Boltzmann Machines," *Cogn Sci*, vol. 9, no. 1, pp. 147–169, Jan. 1985, doi: 10.1207/s15516709cog0901_7.

[42] F. Rosenblatt, "The Perceptron: A Probabilistic Model for Information Storage and Organization (1958)," in *Ideas That Created the Future*, The MIT Press, 2021, pp. 183–190. doi: 10.7551/mitpress/12274.003.0020.

[43] K.-L. Du, C.-S. Leung, W. H. Mow, and M. N. S. Swamy, "Perceptron: Learning, Generalization, Model Selection, Fault Tolerance, and Role in the Deep Learning Era," *Mathematics*, vol. 10, no. 24, p. 4730, Dec. 2022, doi: 10.3390/math10244730.

[44] J. Inoue and H. Nishimori, "On-Line AdaTron Learning of Unlearnable Rules," Mar. 1997, doi: 10.1103/PhysRevE.55.4544.

[45] B. Widrow and M. A. Lehr, "30 years of adaptive neural networks: perceptron, Madaline, and backpropagation," *Proceedings of the IEEE*, vol. 78, no. 9, pp. 1415–1442, 1990, doi: 10.1109/5.58323.

[46] I. N. da Silva, D. Hernane Spatti, R. Andrade Flauzino, L. H. B. Liboni, and S. F. dos Reis Alves, "The ADALINE Network and Delta Rule," in *Artificial Neural Networks*, Cham: Springer International Publishing, 2017, pp. 41–54. doi: 10.1007/978-3-319-43162-8_4.

[47] A. Toosi, A. G. Bottino, B. Saboury, E. Siegel, and A. Rahmim, "A Brief History of AI: How to Prevent Another Winter (A Critical Review)," *PET Clin*, vol. 16, no. 4, pp. 449–469, Oct. 2021, doi: 10.1016/j.cpet.2021.07.001.

[48] G. Cybenko, "Approximation by superpositions of a sigmoidal function," *Mathematics of Control, Signals, and Systems*, vol. 2, no. 4, pp. 303–314, Dec. 1989, doi: 10.1007/BF02551274.

[49] C. Zhang, S. Bengio, M. Hardt, B. Recht, and O. Vinyals, "Understanding deep learning requires rethinking generalization," Nov. 2016.

[50] B. Ghojogh and M. Crowley, "The Theory Behind Overfitting, Cross Validation, Regularization, Bagging, and Boosting: Tutorial," May 2019.

[51] C. F. G. dos Santos and J. P. Papa, "Avoiding Overfitting: A Survey on Regularization Methods for Convolutional Neural Networks," Jan. 2022, doi: 10.1145/3510413.

[52] Y. Tian and Y. Zhang, "A comprehensive survey on regularization strategies in machine learning," *Information Fusion*, vol. 80, pp. 146–166, Apr. 2022, doi: 10.1016/j.inffus.2021.11.005.

[53] M. W. Gardner and S. R. Dorling, "Artificial neural networks (the multilayer perceptron)—a review of applications in the atmospheric sciences," *Atmos Environ*, vol. 32, no. 14–15, pp. 2627–2636, Aug. 1998, doi: 10.1016/S1352-2310(97)00447-0.

[54] K. Hornik, M. Stinchcombe, and H. White, "Multilayer feedforward networks are universal approximators," *Neural Networks*, vol. 2, no. 5, pp. 359–366, Jan. 1989, doi: 10.1016/0893-6080(89)90020-8.

[55] A. Yáñez, S. Barro, and A. Bugarin, "Backpropagation multilayer perceptron: A modular implementation," in *Artificial Neural Networks*, Berlin/Heidelberg: Springer-Verlag, pp. 285–295. doi: 10.1007/BFb0035905.

[56] X.-H. Yu, "Acceleration of backpropagation learning using optimised learning rate and momentum," *Electron Lett*, vol. 29, no. 14, pp. 1288–1290, Jul. 1993, doi: 10.1049/el:19930860.

[57] H. Shao, D. Xu, and G. Zheng, "Convergence of a Batch Gradient Algorithm with Adaptive Momentum for Neural Networks," *Neural Process Lett*, vol. 34, no. 3, pp. 221–228, Dec. 2011, doi: 10.1007/s11063-011-9193-x.

3

ALGORITMOS METAHEURÍSTICOS

A lo largo de la vida, las personas enfrentan decisiones importantes, como la compra de una casa, un vehículo o bienes materiales, así como la elección de una profesión, una pareja o incluso un lugar para vivir. En cada decisión, solemos inclinarnos por la mejor opción posible, aunque somos conscientes de nuestras limitaciones y restricciones. Por ello, no siempre elegimos la alternativa ideal en todos los aspectos, sino aquella que consideramos óptima según nuestras prioridades y recursos. Por ejemplo, aunque una casa espaciosa y bien ubicada parezca la mejor elección, podríamos sacrificar el tamaño por una mejor ubicación o viceversa, dependiendo de nuestras circunstancias. En esencia, no siempre elegimos la opción "perfecta", sino la más adecuada dentro de nuestras condiciones. Este proceso de buscar la mejor alternativa posible dentro de ciertas restricciones se conoce como "Optimización".

Los algoritmos metaheurísticos son herramientas genéricas de optimización capaces de resolver problemas complejos con espacios de búsqueda extremadamente amplios. Estos métodos reducen el tamaño efectivo del espacio explorado mediante estrategias de optimización eficientes. En general, permiten encontrar soluciones de manera más rápida y robusta. En comparación con otros algoritmos heurísticos, las técnicas metaheurísticas destacan por su simplicidad en el diseño e implementación. Los métodos metaheurísticos forman parte del campo de la optimización dentro de la inteligencia computacional y las matemáticas aplicadas. En los últimos 15 años, han experimentado un notable desarrollo, dando lugar a enfoques que integran diversas disciplinas, como la inteligencia artificial, la física, las matemáticas y las ingenierías. La mayoría de los algoritmos metaheurísticos se inspiran en fenómenos naturales y físicos, los cuales, a cierto nivel de abstracción, pueden interpretarse como modelos de optimización.

3.1 INTRODUCCIÓN

La optimización, una rama de las matemáticas, se centra en este proceso de toma de decisiones [1]. Otra forma de definir la optimización es como el proceso de determinar qué costo está dispuesto a asumir un individuo o qué sacrificios está preparado para hacer con el fin de obtener ciertos beneficios. En matemáticas, se aplica un concepto similar: cada resultado suele implicar un costo, representado por una variable que refleja el equilibrio necesario para alcanzar un objetivo deseado. Este costo no es necesariamente negativo; más bien, representa el esfuerzo, los recursos o las concesiones requeridas para lograr el resultado esperado. Esta disciplina ha cobrado relevancia al facilitar la búsqueda de soluciones que cumplan con el mayor número posible de requisitos. Por ello, la optimización está presente en numerosos aspectos de la vida cotidiana [2], desde la organización de agendas personales y la mejora de sistemas económicos y estrategias de juego hasta la optimización del sistema de salud de un país.

Desde una perspectiva matemática, la optimización se basa en encontrar la "mejor solución" a un problema, considerando una serie de restricciones dentro de un espacio de búsqueda definido por una función objetivo. Esta función es una representación matemática de una variable que se desea optimizar y que depende de otras variables de entrada, así como de las limitaciones bajo las cuales debe resolverse el problema. En general, este tipo de problemas se expresan mediante la siguiente ecuación, que permite determinar el mínimo o máximo de la función.

$$\underset{x \in X}{Maximizar\ f(x)} \ or \ \underset{x \in X}{Minimizar\ f(x)} \tag{3.1}$$

Donde $f(x)$ representa la función objetivo a minimizar o maximizar según se requiera. Este valor representa aquello que se desea optimizar y se encuentra definida en una o más variables. La variable x representa el vector de variables decisivas, es decir, representa las decisiones que deben de tomarse en el problema. Por último, x representa el espacio de búsqueda donde se encuentran todas las posibles soluciones que cumplen las restricciones impuestas por el problema. Por lo tanto, un problema de optimización puede formularse como un proceso en el que se busca encontrar el valor óptimo x^* que minimice o maximice la función objetivo.

Dentro del campo de la optimización y de los métodos de optimización se encuentra una variedad de conceptos que son necesarios comprender con el propósito de lograr de manera eficiente el proceso de resolución de un problema. Algunos de estos conceptos son los límites del espacio de búsqueda, los óptimos locales y el óptimo global. Dicho esto, el primer concepto se refiere a que el espacio de búsqueda se encuentra delimitado por un límite inferior *lb* y un límite superior *ub* de cada una de las variables de decision. Para los siguientes conceptos se puede observar la metáfora de la región montañosa [3], pues en este escenario, cada pico representa un óptimo local, ya que no existen puntos más altos en su entorno cercano. Sin embargo, solo el pico más alto de la montaña se considera el óptimo global. Identificar este último puede ser un reto, pues en muchos problemas de optimización, el verdadero desafío radica en encontrar ese óptimo global debido a la presencia de múltiples óptimos locales dentro del espacio de búsqueda. Además, cada problema de optimización puede tener un enfoque diferente dependiendo de la problemática a resolver, esto a pesar de poder ser catalogados en la misma categoría, pues cada problema puede contar con sus propias restricciones. A continuación, en la siguiente figura se puede observar un resumen de la diversidad de los problemas de optimización:

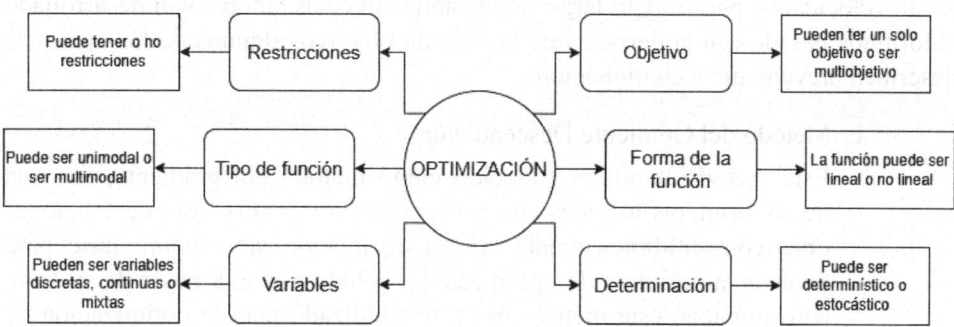

Figura 3.1 Clasificación de los Problemas de Optimización

En la figura anterior se presenta la clasificación de los problemas de optimización dependiendo de las características de este mismo. Sin embargo, en la literatura, existen dos tipos de familias de algoritmos los cuales destacan por su uso en algoritmos de optimización para la solución de problemas, siendo estos los métodos clásicos [4] y los métodos metaheurísticos [5].

En el caso de los métodos clásicos de optimización, estos hacen uso de la gradiente de la función objetivo *f(x)* para la generación de nuevas soluciones candidatas para el problema a resolver. Mientras que, en el caso de los métodos metaheurísticos, estos no necesitan información funcional de la derivada para la búsqueda del vector de decision que minimiza o maximiza la función objetivo. Sin embargo, es necesario implementar un conjunto de reglas heurísticas que dirigen el proceso de búsqueda, las cuales se basan en distintos fenómenos presentes en la ciencia, física o en la sociedad.

3.2 OPTIMIZACIÓN CLÁSICA

La función objetivo puede ser no lineal con respecto a las variables de decisión, lo que añade un nivel de complejidad al problema. Para enfrentar esta dificultad, los métodos de optimización emplean procesos iterativos diseñados para explorar el espacio de búsqueda de manera eficiente. Los métodos clásicos utilizan el gradiente de la función para generar nuevas soluciones candidatas. Debido a las características operativas de los algoritmos de optimización clásica, es necesario que la función objetivo cumpla con dos requisitos fundamentales: debe ser dos veces diferenciable y unimodal [6]. Estas propiedades con las que trabajan los métodos clásicos les otorgan diversas ventajas, como la capacidad de reducir un problema de n dimensiones a uno unidimensional. Otra ventaja es que, al contar con una mayor cantidad de información en este tipo de problemas, se puede alcanzar la convergencia a una velocidad superior. A lo largo de los años, diversos autores han desarrollado algoritmos basados en la derivada de la función objetivo, algunos de los cuales se describen brevemente a continuación.

1. Método del Gradiente Descendiente

   Este método, también conocido como método del gradiente, fue una de las primeras técnicas empleadas para la minimización de funciones objetivo-multidimensionales [7]. Este método sirve como base para diversos algoritmos de optimización, debido a que, a pesar de su lenta convergencia, este método es el más utilizado para la optimización de funciones no lineales.

   De acuerdo con este método, a partir de un punto inicial x_0, el vector de decision es modificado de manera iterativa hasta que, tras completar un número máximo de iteraciones MAX_{iter}, se pueda obtener la solución x^* de forma aproximada. La siguiente ecuación define como se realiza esta modificación iterativa:

   $$x_{k+1} = x_k + \alpha g\left(f\left(x\right)\right) \tag{3.2}$$

   Donde K representa la iteración actual, a representa el tamaño del paso de búsqueda y el término $g(f(x))$ representa el gradiente de la función objetivo $f(x)$. Un detalle que podemos resaltar es que la gradiente de la función objetivo en un punto x indica la dirección en la que el punto máximo se encuentra, por lo tanto, en el caso de minimización es la dirección contraria.

2. Método Newtoniano

   En este método, la dirección descendente puede ser determinado utilizando la segunda derivada de la función objetivo $f(x)$ [8]. De este modo, si se analiza la función tomando como punto inicial el valor x_0, esta puede aproximarse mediante una función cuadrática. Por lo tanto, debido a su forma cuadrática con respecto de x, es posible encontrar el punto mínimo aplicando el método tradicional de diferenciación. Este procedimiento se encuentra resumido en la siguiente ecuación:

$$g\big(f(x)\big) + H\big(f(x)\big)(x - x_0) = 0 \tag{3.3}$$

Donde el término $H\big(f(x)\big)$ representa la matriz Hessiana, la cual consiste en la segunda derivada parcial de la función. Este valor también puede ser obtenido de manera iterativa como se muestra en la siguiente ecuación:

$$x_{k+1} = x_k - \|H^{-1}g\| \tag{3.4}$$

Donde el término $\|H^{-1}g\|$ representa la magnitud también conocida como el paso de Newton. Su dirección representa la dirección de Newton.

Si bien estos métodos clásicos han demostrado ser útiles para resolver problemas unimodales y dos veces diferenciables, también presentan varias desventajas, ya que dependen de la derivada. En algunos casos, el cálculo de esta puede ser computacionalmente costoso, lo que hace que ciertos problemas no puedan resolverse mediante estos métodos. Sin embargo, aun así, son considerados buenas opciones para resolver problemáticas como los ejemplos a continuación:

Ejemplo: un granjero tiene **200mts** de cerca y quiere construir un **corral rectangular adyacente** a una pared, por lo tanto, solo necesita cercar tres lados del rectángulo. El objetivo para este problema es el **maximizar** el área del corral. Para apreciar mejor este problema, en la siguiente figura se puede observar una representación de la cerca con las variables X e Y representando las dimensiones:

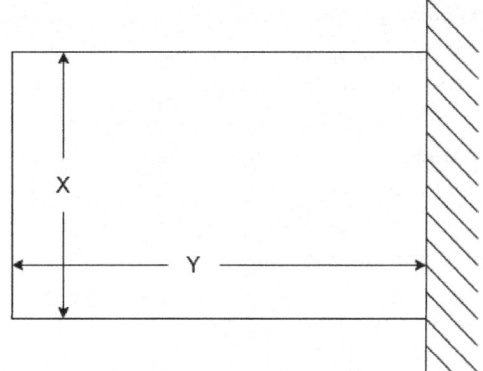

Figura 3.2 Representación del área donde se va a construir la cerca

Para resolver este problema es necesario analizarlo empezando por el hecho de que tiene dos variables, siendo estos x que representa el lado paralelo a la pared e y que representa los lados perpendiculares a la pared. El problema cuenta con una restricción, siendo este la longitud total de la cerca de 200mts, dando como la siguiente ecuación:

$$x + 2y = 200 \tag{3.5}$$

Despejando la variable y, obtenemos la siguiente ecuación:

$$y = \frac{200 - x}{2} \tag{3.6}$$

Ahora, la ecuación para resolver el área de un rectángulo está definida de la siguiente forma:

$$A = x * y \tag{3.7}$$

Por lo tanto, al reemplazar y en la ecuación anterior, obtenemos la siguiente ecuación, siendo esta la función objetivo a resolver en este problema:

$$f(x) = x * \frac{200 - x}{2} = 100x - \frac{x^2}{2} \tag{3.8}$$

Ahora con todas las ecuaciones definidas, es posible realizar un código de programación en Python para resolver este problema. El código 3.1 resuelve el problema descrito utilizando el método del gradiente descendiente:

Código 3.1 Maximizar área por el método del gradiente

```python
import numpy as np

#Parametros
x = 10            #Punto inicial
alfa = 0.1        #Tasa de aprendizaje
max_iter = 50     #Número de iteraciones

#Gradiente Descendiente
for i in range(max_iter)
    grad = 100-x      #Derivada de la función objetivo
    x = x+alfa*grad   #Actualizacion de x

#Calculo final de "y" y del área máxima
Y = (200-x)/2
print(f"Dimensiones optimas: x={x:.3f},y={y:.3f}")
print(f"Area maxima: {100*x-x**2/2:.3f}")
```

Con este código se busca maximizar el área del corral ajustando el valor de x en cada iteración. En el punto óptimo se puede observar que la solución es $x=100$ e $y=50$, obteniendo así un área máxima de 5000mts respetando las restricciones que se presentan en el problema.

Por otro lado, el método Newtoniano también puede ser utilizado para resolver este problema con la diferencia de que este método trabaja con la siguiente formula:

$$x_{k+1} = x_k - \frac{f'(x)}{f''(x)} \tag{3.9}$$

Por lo tanto, para resolver el problema de la cerca del granjero, podemos utilizar la misma función objetivo obtenida previamente. Sin embargo, la ecuación anterior indica que, para este proceso es necesario el calcular la primera y segunda derivada de la función objetivo, las cuales se presentan a continuación:

$$f'(x) = 100 - x \tag{3.10}$$

$$f''(x) = -1 \tag{3.11}$$

Ahora que contamos con la información necesaria para resolver el problema por este método, el siguiente código resuelve el problema por el método Newtoniano:

Código 3.2 Maximizar área por el método Newtoniano

```python
import numpy as np

#Parametros iniciales
x = 10            #Punto inicial
max_iter = 10     #Número de iteraciones

#Newtoniano
for i in range(max_iter)
    x_nuevo = x-(100-x)/-1 #Aplicacion formula de Newton
    x = x_nuevo            #Actualizacion de x

#Calculo final de "y" y del area máxima
Y = (200-x)/2
print(f"Dimensiones optimas: x={x:.3f},y={y:.3f}")
print(f"Area maxima: {100*x-x**2/2:.3f}")
```

Después de realizar este ejercicio con ambos métodos podemos observar que, debido a la naturaleza parabólica de la función objetivo, el método Newtoniano converge más rápido a la solución óptima que el método del gradiente. Esto se debe a que, desde la primera iteración, el método Newtoniano utiliza tanto la pendiente de la primera derivada como la curvatura de la segunda derivada para acercarse al óptimo. En otras palabras, este método presenta dos ventajas clave en comparación con el método del gradiente: la velocidad de convergencia y la adaptabilidad ya que el método Newtoniano se ajusta de acuerdo con la curvatura de la función.

En conclusión, los métodos clásicos son fáciles de aplicar cuando el problema de optimización lo permite, ya que, con la información adecuada, es posible resolverlo sin mayor dificultad. Sin embargo, el ejercicio presentado en este ejemplo se considera simple y básico, pues no todos los problemas de optimización cumplen con las condiciones aquí demostradas, especialmente el requisito de ser dos veces diferenciables. Por esta razón, los métodos metaheurísticos se emplean para abordar problemas de optimización más complejos y, por ello, son ampliamente mencionados en la literatura.

3.3 ESQUEMA CLÁSICO

Un algoritmo metaheurístico [9] es un método general para la resolución de problemas de optimización que utiliza la función objetivo de manera eficiente y abstracta, sin profundizar en sus propiedades matemáticas. En otras palabras, estos métodos tratan la función objetivo como una "caja negra" y no requieren información detallada sobre ella [10]. Los métodos metaheurísticos extraen información de la estructura del problema a partir de las soluciones evaluadas previamente. Esto les permite mejorar la calidad de las futuras soluciones, optimizando el proceso de búsqueda de manera progresiva.

Los algoritmos metaheurísticos se consideran técnicas libres de derivadas, ya que no requieren que la función objetivo sea dos veces diferenciable o unimodal [11]. Estas estrategias integran técnicas de optimización capaces de abordar distintos tipos de desafíos, incluidos problemas no convexos, no lineales o multimodales, al mismo tiempo que manejan restricciones tanto lineales como no lineales y variables de decisión continuas o discretas. Gracias a esto, los algoritmos metaheurísticos pueden comprender y resolver problemas complejos sujetos a diversas restricciones y estructuras de variables.

Estos algoritmos metaheurísticos se definen, en términos generales, como una estrategia de búsqueda que busca imitar comportamientos observados en sistemas biológicos, físicos o sociales. Estos métodos están diseñados para explorar y explotar el espacio de búsqueda de manera eficiente, inspirándose con frecuencia en procesos como la evolución, el comportamiento de los animales cuando juntan comida, la física y matemáticas que se presenta en los sistemas que nos rodean como la fuerza gravitacional de los planetas, etc. Para poder llevar a cabo este proceso de optimización, es necesario el seguir una serie de componentes clave con el propósito de permitir que las soluciones candidatas se muevan a través del espacio de búsqueda mientras refinan las mejores opciones y evitan las zonas menos promisorias. Estos componentes claves son la inicialización, la selección y los operadores.

Inicialización.- Este componente es considerado crucial debido a que establece una población inicial o un conjunto de soluciones candidato con la que el algoritmo metaheurístico estará trabajando. En muchos algoritmos metaheurísticos, este proceso suele incluir un grado de aleatoriedad; es decir, algunos métodos permiten que la población inicial se genere de manera uniformemente distribuida en puntos aleatorios dentro del espacio de búsqueda. Donde cada individuo de la población (mayormente conocidos como "partículas" o "agentes de búsqueda") actuará como un vector d- dimensional que representa una solución a un problema de optimización.

En esta etapa es necesario el indicar cuales son los límites bajo los cuales cada una de las partículas de la población operará sobre el espacio de búsqueda definido para el problema de optimización. Estos límites están definidos mediante el límite inferior l_b y el límite superior u_b. Estos límites definen el espacio de búsqueda del problema en cuestión. Una vez que se especifican estos límites, es necesario el crear la población inicial, la cual se genera bajo la siguiente ecuación:

$$X = l_b + r(0,1)*(u_b - l_b) \tag{3.12}$$

donde $r(0,1)$ representa un vector de números aleatorios dentro del intervalo uniformemente distribuido $(0,1)$.

Sin embargo, dado que esta etapa es fundamental para el desempeño del algoritmo, optimizarla puede mejorar significativamente el rendimiento del método de optimización. Por ello, existen métodos específicamente a mejorar la inicialización, las cuales tienen como propósito el aprovechar la información del espacio de búsqueda para generar la población inicial en regiones prometedoras, lo que facilita una mejor exploración y reduce los problemas derivados de la aleatoriedad. Esto contribuye a evitar zonas de estancamiento y mejora la convergencia del algoritmo. A continuación, se describirá un método de inicialización desarrollado con el propósito de evitar las consecuencias de una inicialización aleatoria.

EL **método de inicialización de GIBBS** [12] es una metodología creada a partir del muestro de GIBBS [13] [14], siendo este muestreo un proceso estadístico para generar secuencias de muestras a partir de la distribución conjunta de múltiples variables. La inicialización se centra en una distribución Gaussiana de d dimensiones como base para el proceso de muestro de la población. El objetivo principal es asegurar que la distribución Gaussiana cubra plenamente el espacio de búsqueda de d dimensiones que define la función objetivo $f(x)$. Este método de inicialización produce de manera sistemática todas las n posiciones de la población $\{x_1, x_2, x_3, ..., x_n\}$ de manera que estén bien distribuidas en todo el espacio de búsqueda, evitando la aglomeración de partículas en diversas regiones. Para la inicialización de las partículas, el método propuesto considera como valor medio el punto central del espacio de búsqueda por cada de las d dimensiones. Cada valor μ_i de μ es calculado de la siguiente manera:

$$\mu_i = \frac{P_{i,ub} - P_{i,lb}}{2} \tag{3.13}$$

donde $P_{i,ub}$ y $P_{i,lb}$ representan los limites superiores e inferiores de la dimensión i. La desviación estándar σ_i de σ de cada dimensión es calculado de la siguiente manera:

$$\sigma_i = \left| \frac{P_{i,ub} - P_{i,lb}}{3} \right| \tag{3.14}$$

La razón detrás de establecer la desviación estándar en un tercio del rango completo es garantizar que las muestras estén dispersas en todo el rango de la variable. Finalmente, la función de probabilidad $P_{i,t}$ que relaciona el valor asumido para la variable i de la muestra actual t con la variable anterior i-1 y la muestra anterior t-1 se define de la siguiente manera:

$$P_{i,t} = N\left(\frac{\mu_i + \sigma_i}{\sigma_{i-1} * x_{i-1,t-1}}, \ \sqrt{\frac{1 - \sigma_i}{\sigma_{i-1}}} \right) \tag{3.15}$$

Esta inicialización de partículas iniciales busca un único objetivo: la generación de posiciones no correlacionadas que, en conjunto, formen un patrón semicircular. Esto se logra respetando las propiedades de la distribución gaussiana.

Además del método de inicialización de GIBBS, existen otros métodos de inicialización. El método de inicialización basado en oposición introducido por Rahnamayan [15] que genera dos poblaciones iniciales: una creada a través de un proceso aleatorio y la otra a través de los valores de oposición espacial de la primera población. Además, tenemos el método de aleatoriedad adaptativa propuesto por Pan [16], que garantiza que las soluciones candidatas se distribuyan uniformemente en el espacio de búsqueda añadiendo una nueva solución a la población solo si está lo suficientemente distante de las soluciones existentes. Finalmente, Mohamad Faiz introdujo un método de inicialización basado en secuencias caóticas [17], que reemplaza procesos aleatorios con mapas caóticos para producir una población inicial con mayor diversidad, mejorando aún más las capacidades exploratorias del algoritmo.

Selección.- El propósito principal de este componente se basa en el principio de supervivencia, donde los individuos más fuertes, al poseer mejores aptitudes, tienen mayores probabilidades de sobrevivir. En contraste, aquellos con menos habilidades de adaptación enfrentan menores posibilidades de supervivencia. Al llevar este concepto a los algoritmos metaheurísticos, aquellas partículas con los mejores valores evaluadas en la función objetivo dentro del espacio de búsqueda tendrán una mayor probabilidad de permanecer iguales mientras que el resto de las partículas serán modificadas con el propósito de mejorar su posición dentro del espacio de búsqueda y con ello su valor al ser evaluada en la función objetivo. Con el paso del tiempo, varios mecanismos de selección han sido propuestos. A continuación, se describirán con detalle los métodos de selección mayormente utilizados en la literatura:

La **Selección Probabilística** se refiere al proceso de elegir un elemento dentro de un conjunto de opciones, asignando mayores probabilidades de selección a aquellos con mejor calidad. De esta forma, los elementos de menor calidad tienen menos posibilidades de ser seleccionados en comparación con los de mayor desempeño.

Llevar este concepto a los métodos heurísticos hace referencia al hecho de que frecuentemente se debe elegir una solución candidata x_i de una población P de soluciones, donde $i=1,2,3,...,N$ siendo N el número máximo de candidatos. Dicha elección debe considerar la calidad, mayormente conocido como el fitness, de las soluciones candidatas $f(x_i)$, de tal forma que las soluciones con un mejor valor de fitness tengan una mayor probabilidad de selección. La probabilidad de escoger la solución x_i entre las demás soluciones candidatas se calcula de la siguiente manera:

$$P_i = \frac{f(x_i)}{\sum_{n=1}^{N} f(x_n)} \tag{3.16}$$

Asimismo, es importante considerar la probabilidad acumulativa P^A de la solución x_i. Dicha probabilidad se calcula de la siguiente manera:

$$P_i^A = \sum_{n=1}^{i} P_n \tag{3.17}$$

Una vez calculadas todas las probabilidades P_i y P_i^A de todas las soluciones candidatas de la población P, el proceso de selección puede ser descrito de la siguiente manera: primero es necesario el generar un número aleatorio r de manera uniforme $U[0,1]$ para después, de manera iterativa, un proceso de comparación se lleva a cabo, donde empezando por la primera solución se observa si $P_1{}^A>r$. Si la condición no se cumple, se realiza con la siguiente solución. Este proceso continúa hasta que la probabilidad acumulativa $P_1{}^A$ cumpla con el requerimiento siendo la solución x_i la solución seleccionada.

La **Selección Proporcional** se basa en el valor de la función objetivo asociado a cada una de las soluciones candidatas que representan el problema. Dentro de este tipo de selección se encuentra el método de la ruleta, el sobrante estocástico, entre otros.

El método de la ruleta involucra a todos los individuos de la población, asignando a cada uno una probabilidad de selección proporcional a su valor en la función objetivo. Esto permite identificar cuáles de las posibles soluciones tienen mayor probabilidad de ser elegidas para la siguiente etapa del algoritmo. Para calcular esta proporción probabilística en el método de la ruleta, se siguen los siguientes pasos:

1. Se calcula el valor de la función objetivo para cada individuo en la población.

2. Se suman los valores obtenidos por todos los individuos en la función objetivo.

$$A = \sum_{i=1}^{N} f(x_i) \tag{3.18}$$

3. A cada individuo se le asigna una probabilidad proporcional a su valor respecto al total, dividiendo su valor de aptitud entre la suma total.

$$p_i = \frac{f(x_i)}{A} \tag{3.19}$$

4. A cada individuo se le asigna una probabilidad acumulada.

$$q_i = \sum_{j=1}^{i} p_j \tag{3.20}$$

5. Se genera un número aleatorio r, siendo uniformemente distribuido.

6. Se selecciona la solución candidata si esta cumple que $q_i>r$.

7. Se repiten los pasos 2-6 hasta completar la cantidad de soluciones candidatas.

El método del sobrante estocástico consiste en asignar copias de las soluciones candidatas a la siguiente generación con base en su valor esperado, el cual se calcula mediante la siguiente ecuación:

$$v_i = \frac{f(x_i)}{\dfrac{A}{N}} \tag{3.21}$$

Para el cálculo del sobrante estocástico se siguen los siguientes pasos:

1. Indicar el número de soluciones que se seleccionaran y asignarles un número que servirá para identificarlos.

2. Calcular el valor esperado v_i por cada una de las soluciones previamente identificadas.

3. Separar la parte entera y decimal del valor esperado v_i.

4. La parte entera representa el número de veces que se copia cada solución previamente identificada y aplicar el método de la ruleta las veces restantes para cumplir con la cantidad del paso 1.

5. Generar una población considerando dos posibilidades: sin reemplazo y con reemplazo.

Dependiendo del enfoque, estas últimas dos posibilidades para seleccionar el resto de las soluciones restantes en caso de que hagan falta para completar el número seleccionado en el Paso 1. El mecanismo sin reemplazo seleccionara la cantidad de soluciones de manera aleatoria para completar la población y en el mecanismo con reemplazo utiliza el método de la ruleta las veces restantes para completar la población.

La **Selección por Torneo** utiliza directamente el valor obtenido de la evaluación de la función objetivo logrando una competencia más directa. Para la implementación de este método se describen los pasos a seguir a continuación para lograr una competencia donde la solución más apta sea la seleccionada:

1. Seleccionar de manera aleatoria N individuos de la población.

2. Elegir al individuo bajo dos posibles opciones: el individuo con mejor evaluación en la función objetivo o generar un número aleatorio r, y verificar que dicho valor aleatorio sea menor a un número establecido s. En esta última opción, si la condición se cumple se elige al individuo con mejor evaluación en la función objetivo, si no se cumple entonces se elige al individuo con la peor evaluación en la función objetivo.

De este modo se puede lograr una selección diversa, pues se puede realizar de una manera más directa tomando a la mejor opción entre los individuos de la población o una manera menos directa al estar tomando a la mejor opción y a la peor opción conforme el avance de las iteraciones, logrando una diversidad de soluciones candidatas a través de una tendencia probabilística en aumento.

La **Selección por Rangos** asigna una jerarquía a cada solución candidata en función de su desempeño en la evaluación de la función objetivo. Su objetivo es ordenar a las soluciones y asignar probabilidades de selección según su rango. El individuo con mejor desempeño recibe el rango 1, y así sucesivamente hasta el menos apto. Este enfoque ayuda a evitar que individuos con valores extremadamente altos dominen la selección. Los pasos que sigue este método son los siguientes:

1. Ordenar la población según las evaluaciones de la función objetivo conforme a cada solución mientras se le asigna un rango, siendo 1 el más apto.

2. Calcular el valor esperado v_i conforme a la siguiente ecuación:

$$v_i = m + (M - m) * \left(\frac{rg_i - 1}{N - 1} \right) \tag{3.22}$$

donde rg representa el rango de la solución, M y m representan los valores 1.1 y 0.9 respectivamente. Siendo estos valores constantes para resolver problemas de ingeniería, logrando ser considerados como parámetros de ajuste.

3. Ejecutar cualquier método de selección proporcional.

Operadores.- Este componente clave es aquel que le da su comportamiento "único" al algoritmo metaheurístico. Los operadores son aquellos que describen el comportamiento de las soluciones candidatas, es decir, los operadores detallan matemáticamente el proceso de modificación de las soluciones candidatas con el propósito de acercarse a la mejor solución posible dentro del espacio de búsqueda. Los operadores toman la primera población creada a partir de la inicialización y de manera iterativa la alteran de modo que la selección escoja aquellos individuos de la población que tengan mejores valores de acuerdo con su evaluación en la función objetivo.

Un método metaheurístico típico consta de operadores dependiendo de su clasificación, pues es común ver algoritmos que están en la misma categoría y que comparten los mismos tipos de operadores. Por ejemplo, los algoritmos "evolutivos" suelen manejar dos operadores llamados "cruzamiento (crossover)" y "mutación" con el propósito de crear diversidad en la población al mismo tiempo que mantienen información en común.

3.4 ALGORITMOS CLÁSICOS

Dentro de los métodos metaheurísticos existen diversas clasificaciones. Algunos se basan en poblaciones, mientras que otros siguen una trayectoria, y dentro de estas categorías existen más subdivisiones. Sin embargo, no hay una unificación general entre todos los tipos de algoritmos. Los algoritmos poblacionales emplean múltiples puntos iniciales para evaluar la función objetivo y generar nuevas soluciones candidatas [18]. Por otro lado, los algoritmos bio-inspirados, también llamados algoritmos inspirados en la naturaleza se basan en el comportamiento y la evolución de los seres vivos y los fenómenos naturales [19]. Los algoritmos basados en trayectoria operan con una única solución en cada momento y se limitan a búsquedas locales [20]. En tanto, los algoritmos basados en enjambres utilizan partículas o agentes simples que interactúan entre sí y con su entorno local [21]. A pesar de estas clasificaciones, no existe una visión unificada entre los investigadores, lo que lleva a cierta ambigüedad en la categorización de algunos algoritmos. Por ejemplo, algunos autores consideran como algoritmos de enjambre a aquellos poblacionales que presentan un modelo de comportamiento grupal. En la siguiente figura se presenta un breve resumen de los algoritmos más conocidos según su clasificación.

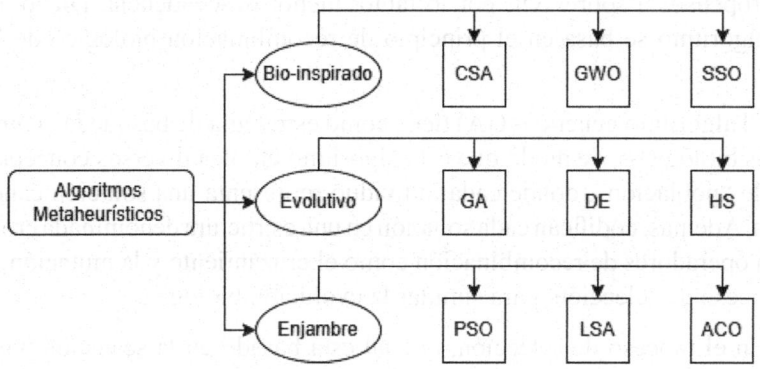

Figura 3.3 Clasificación de los Algoritmos Metaheurísticos

Entre los algoritmos metaheurísticos mencionados en la figura anterior se encuentran el Algoritmo Genético (GA) [22], el Algoritmo Evolución Diferencial (DE) [23], el Algoritmo Optimización por Enjambre de Partículas (PSO) [24], el Algoritmo Optimización por Colonia de Hormigas (ACO) [25], el Algoritmo de Búsqueda de Cuervos (CSA) [26], el Optimizador del Lobo Gris (GWO) [27], el Algoritmo Optimización de la Araña Social (SSO) [28], entre otros. Sin embargo, a pesar de la enorme cantidad de algoritmos metaheurísticos existentes, no se cuenta aún con la existencia de un algoritmo que solucione todas las problemáticas existentes como lo menciona el teorema de "no free lunch" [29], esto debido a que cada uno de los algoritmos cuenta con características propias y diferentes que favorecen a la solución de un tipo de desafíos, por ende, existe una gran variedad de metodologías de optimización. A continuación, se hablará sobre 4 algoritmos que han tenido impacto en la literatura, desde un poco de su historia y funcionamiento, hasta un ejemplo en código para poder aplicar estos algoritmos.

3.4.1 Algoritmo Genético (GA)

En la década de 1960, John H. Holland introdujo los algoritmos genéticos como métodos inspirados en los principios de reproducción y evolución de los organismos vivos [22]. El resultado fue el Algoritmo Genético (GA). Aunque inicialmente fueron concebidos con un propósito distinto, en la década de 1970 comenzaron a aplicarse a la resolución de problemas de optimización.

Estos algoritmos conforman una familia de modelos inspirados en el proceso de evolución, funcionando como sistemas adaptativos basados en la genética de los organismos vivos. La evolución favorece a los individuos más fuertes, ya que tienen mayores probabilidades de sobrevivir, y con ello tener descendencia, al obtener más recursos, como alimento y agua. Del lado contrario, los individuos más débiles son menos propensos a sobrevivir, por lo tanto, menor descendencia. Dicho esto, este tipo de algoritmo se basa en el principio de recombinación biológico de los seres vivos.

El algoritmo genético (GA) tiene como estrategia de búsqueda el replicar los principios biológicos, de modo que este algoritmo emplea diversos conceptos, entre ellos el de "población", donde cada individuo representa una solución candidata al problema. Además, codifican cada solución en una estructura denominada cromosoma y aplican operadores de recombinación como el cruzamiento y la mutación, después de un proceso de selección, para simular la evolución biológica.

En el proceso de selección, el cual está basado en la selección natural, los individuos más aptos tendrán una mayor probabilidad de ser seleccionados. Por lo tanto, el GA utiliza el valor que representa el cromosoma evaluado en la función objetivo, es decir, los cromosomas más aptos son aquellos que representan una mejor evaluación en la función objetivo.

Por otra parte, en el cruzamiento, dos o más cromosomas progenitores que fueron seleccionados, combinan su información genética para generar nuevos cromosomas hijos con una mezcla de sus características (comúnmente se trata de utilizar dos padres y generar dos hijos). Este proceso de cruzamiento no necesariamente se limita a dos padres; en efecto, la recombinación puede involucrar a más de dos individuos en la generación de uno o varios hijos. La principal ventaja de esta estrategia es que las soluciones resultantes pueden distribuirse de manera más amplia en el espacio de búsqueda, lo que favorece una mejor exploración por parte del algoritmo.

Por último, la mutación implica tener rasgos característicos mientras mantiene genética de los padres, esto se logra introduciendo modificaciones en los cromosomas hijos, promoviendo la diversidad dentro de la población. Así, se generan soluciones que heredan rasgos de los padres, pero también desarrollan características propias, lo que favorece la exploración del espacio de soluciones. El operador de mutación aporta una estrategia de búsqueda poderosa, ya que permite a los algoritmos genéticos mejorar notablemente la fase de explotación. A través de este proceso, la estructura de los cromosomas puede modificarse, otorgando a cada individuo rasgos únicos. Este mecanismo favorece el proceso de optimización, ya que, si los padres presentan un buen valor de fitness, los hijos podrían representar soluciones aún mejores. No obstante, también existe la posibilidad de que las nuevas soluciones sean menos eficaces. Esta situación refleja su analogía biológica: aunque los padres sean aptos para un entorno determinado, no hay garantía de que sus descendientes lo sean en mayor medida.

Los algoritmos genéticos (GA) son métodos de búsqueda estocásticos que incorporan elementos aleatorios para superar las limitaciones de los métodos de optimización tradicionales, incluidos aquellos que dependen del cálculo del gradiente [30]. No obstante, es importante destacar que su funcionamiento general se basa en la abstracción de procesos biológicos como la selección, el cruzamiento y la mutación. Estas operaciones permiten explorar y explotar el espacio de búsqueda de forma eficiente, inspirándose en los mecanismos de la evolución natural. La implementación de un algoritmo genético (GA) puede representarse bajo dos enfoques: uno orientado a la minimización y otro a la maximización. En el primer caso, el GA busca la solución que, al ser evaluada en la función objetivo, produzca el valor más bajo posible. En el segundo, el algoritmo está diseñado para encontrar la solución que genere el valor más alto dentro del conjunto de posibles soluciones evaluadas. Ambos enfoques dependen del objetivo específico del problema de optimización a resolver.

Para traducir computacionalmente las ideas fundamentales de los algoritmos genéticos (GA), el proceso evolutivo puede describirse en una serie de etapas.

1. Se inicializa de manera aleatoria una población inicial de soluciones, las cuales son representadas como cromosomas. Cada cromosoma se interpreta como una posición en un espacio de búsqueda de d-dimensiones.

2. A partir de la población existente, se seleccionan dos cromosomas para actuar como padres, generalmente con base en su valor de aptitud o *fitness*.

3. Los cromosomas padres se recombinan para generar nuevos cromosomas hijos, mezclando su información genética por medio del operador de cruzamiento.

4. Los cromosomas hijos generados se modifican mediante el operador de mutación, introduciendo variaciones que les otorgan características propias. Como resultado, los hijos conservan parte de la información de los padres, pero también presentan rasgos únicos.

Estas etapas se repiten en un ciclo evolutivo hasta alcanzar un criterio de parada, como un número máximo de generaciones o una solución con calidad aceptable. A continuación, se describe cada una de las etapas mencionadas anteriormente iniciando con una descripción acerca de la estructura de la población con la que trabaja este algoritmo.

3.4.1.1 PROCESO DE OPTIMIZACIÓN DEL ALGORITMO GENÉTICO (GA)

Para el proceso de optimización del GA se requiere de un conjunto de N vectores soluciones (conocidos como cromosomas) que evolucionaran a través del proceso iterativo. Es por esta razón que se define una población de cromosomas X compuesta por un conjunto de variables de decisión $\{x_1, x_2, x_3, ..., x_N\}$ donde cada vector de parámetros x_i representa una posición en un espacio vectorial d-dimensional $\{x_1, x_2, x_3, ..., x_d\}$ que define el espacio de búsqueda del problema a resolver. Las variables de decisión también se pueden definir como vectores de parámetros. Cada una de las variables de decisión será modificado mediante los operadores del algoritmo, siendo la selección, el cruzamiento y la mutación. Estos operadores se ejecutarán en cada una de las iteraciones, esto quiere decir que cada uno de los operadores se evaluarán a través de una estructura repetitiva hasta que la condición de criterio de paro se cumpla, siendo este dato aquel que el usuario haya definido para llevar a cabo el proceso de optimización, siendo comúnmente un número máximo de iteraciones.

Para cada una de las etapas del GA, el valor para cada uno de los cromosomas será dada en base a la evaluación de dicho cromosoma en la función objetivo que se haya establecido. Siendo esto el fitness $f(x_i)$ de la partícula x_i. Si el problema planteado para resolver se trata de un problema de minimización, cuanto menor sea el valor obtenido de la evaluación $f(x_i)$ mejor es la solución. En caso de que el problema se trate de un problema de maximización, entonces cuando mayor sea el valor de la evaluación $f(x_i)$ mejor será la solución.

En la etapa de **inicialización** se debe de indicar los límites bajo los cuales cada uno de los cromosomas de la población operará sobre el espacio de búsqueda definido para el problema de optimización. Estos límites están definidos mediante el límite superior $ub=[ub_1, ub_2, ub_3, ..., ub_d]$ y el límite inferior $lb=[lb_1, lb_2, lb_3, ..., lb_d]$. Una vez definidos los limites del problema, cada uno de los cromosomas se genera de acuerdo con la inicialización aleatoria descrita en la siguiente ecuación:

$$X = lb + rand(0,1)*(ub - lb) \tag{3.23}$$

donde *rand*(0,1) denota un vector de números aleatorios dentro del intervalo uniformemente distribuido (0,1).

En la etapa de la **selección** se tiene como objetivo seleccionar aquellos cromosomas que presentan una mejor solución, para que funjan como cromosomas padres que posteriormente serán recombinados. Para el caso del GA se implementará el método de selección basado en el método de la ruleta de acuerdo con las ecuaciones 3.18-3.21 mencionados anteriormente.

La etapa de **cruzamiento** en el algoritmo genético representa una abstracción del proceso biológico de recombinación genética presente en los seres vivos. En este proceso, se seleccionan cromosomas padres y se aplica un mecanismo de recombinación que da lugar a cromosomas hijos, los cuales heredan información genética de sus progenitores. Para llevar a cabo esta recombinación, el GA implementa un procedimiento en el que solo una parte de los vectores solución, que representan a los cromosomas padres, se transfiere al vector solución correspondiente a los cromosomas hijos. Este proceso opera sobre al menos dos cromosomas padres.

Con el propósito de simplificar este proceso y apoyar en su entendimiento, se presenta las siguientes figuras. Considerando dos cromosomas padres (F_1 y F_2) con una dimensionalidad (cantidad de variables de decisión) de 5 elementos, F_1 y F_2 tendrán los siguientes valores:

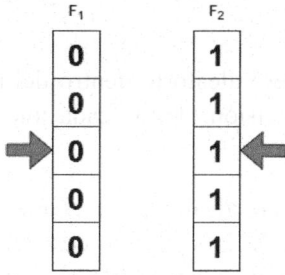

Figura 3.4 Estructura de los cromosomas padres

Si tomamos en consideración un punto de cruce en la tercera casilla (posición donde se encuentran las flechas) de cada uno de los vectores padre F_1 y F_2 y siguiendo el operador de cruzamiento más sencillo, se producirán dos nuevas soluciones S_1 y S_2 representando a los cromosomas hijos, que serán el resultado del proceso de recombinación genético de los padres. Obteniendo el siguiente resultado:

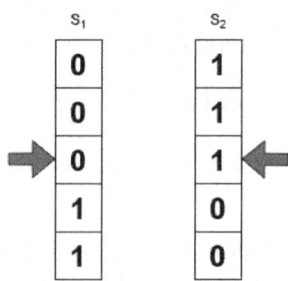

Figura 3.5 Estructura de los cromosomas hijos

De este modo podemos observar que en el caso del primer hijo S_1 este contiene los primeros valores de F_1 y los últimos de F_2, dando una dominancia a los genes del primer padre, mientras que en el caso del segundo hijo S_2 podemos observar que contiene los primeros valores de F_2 y los últimos de F_1, dando una dominancia a los genes del segundo padre. Esta combinación da como resultado dos vectores de solución diferentes donde cada una de las soluciones puede presentar un mejor valor en la evaluación en la función objetivo.

En la etapa de **mutación** se busca que el cromosoma hijo contenga su propia información genética. Este operador modifica el material genético de los padres obtenido durante la etapa de cruzamiento, es decir, consiste en modificar los vectores de las variables de decisión de cada cromosoma hijo para que tengan sus propios atributos. Consideremos los cromosomas hijos mostrados en la Figura 3.5 para este ejemplo. El operador de mutación consiste en modificar algunas variables de decisión por medio de un parámetro llamado tasa de mutación (p_m). El procedimiento se lleva a cabo de la siguiente manera:

1. Se genera un número aleatorio dentro del rango (0,1) para cada una de las variables de decisión, donde cada uno de estos números aleatorios actuaran como p_m.

2. Se genera otro número aleatorio r en el intervalo (0,1), y por cada variable de decisión se evalúa la siguiente condición: Si $p_m \leq r$ no se realizará ninguna modificación en la variable de decisión, y en caso contrario si $p_m > r$ si se realizará una modificación en dicha variable de decisión.

Como ejemplo, si en el primer hijo S_1 generado se considera que la primera variable de decisión tiene un $p_m = 0.7$ y el número aleatorio $r = 0.2$, el resultado de la mutación para el primer hijo S_1 es el siguiente:

En seguido se realizan los operadores de selección, cruzamiento y mutación hasta finalmente haber cumplido con el criterio de paro, comúnmente establecido en un número máximo de iteraciones, dando como resultado la mejor solución encontrada por el proceso de optimización.

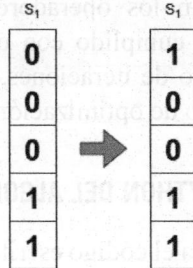

Figura 3.6 Resultado de la mutación del primer hijo

En la siguiente figura se ilustra un diagrama de flujo que describe el proceso de optimización implementado por la estrategia de búsqueda del algoritmo GA. En este diagrama podemos observar que el algoritmo comienza con la inicialización del conjunto de cromosomas utilizadas como población, generada dentro de los límites establecidos.

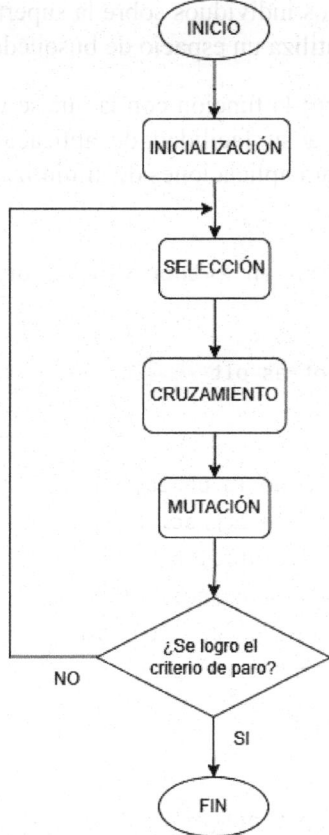

Figura 3.7 Diagrama de Flujo del GA

Acto seguido, se realizan los operadores de selección, cruzamiento y mutación hasta finalmente haber cumplido con el criterio de paro, comúnmente establecido en un número máximo de iteraciones, dando como resultado la mejor solución encontrada por el proceso de optimización.

3.4.1.2 IMPLEMENTACIÓN EN PYTHON DEL ALGORITMO GENÉTICO (GA)

En el código 3.3 se muestra el código escrito en el lenguaje de programación Python del algoritmo genético (GA). En el código, el algoritmo es implementado siguiendo los siguientes alineamientos:

▼ **Parámetros de trabajo:** se establece el valor numérico en el parámetro $p_m=0.1$, utilizando una población de 50 individuos ($N=50$) y el criterio de paro utilizado para detener el proceso iterativo es establecido en 1000 iteraciones ($Niter=1000$). Finalmente, para que el usuario pueda percibir mejor el proceso de optimización, en cada iteración se grafica el movimiento de los individuos sobre la superficie de la función objetivo, por lo tanto, se utiliza un espacio de búsqueda bidimensional ($d=2$).

▼ **Función objetivo:** la función con la que se va a trabajar será la función "Peaks" debido a su facilidad de aplicación y que puede ser usada perfectamente para aplicaciones de minimización y maximización.

Código 3.3 Implementación en Python del algoritmo GA

```python
import numpy as np
import matplotlib.pyplot as plt


#Parametros
N = 50              #Tamaño de la población
Niter = 1000        #Número de iteraciones
pm = 0.1            #Tasa de mutación
lb, ub = -3, 3      # Rango de búsqueda
k = 0               #Controlador de iteración
t_size = 3          #Tamaño del torneo


#Funcion Peaks
def peaks(x,y):
    return 3*(1-x)**2*np.exp(-(x**2)) - (y+1)**2 \
10*(x/5 - x**3 - y**5)*np.exp(-x**2 - y**2) \
```

```
1/3*np.exp(-(x+1)**2 - y**2)

#Inicializamos la Población
X = np.random.uniform(lb, ub, size=(N, 2))

#Malla para los contornos
x_vals = np.linspace(lb, ub, 400)
y_vals = np.linspace(lb, ub, 400)
X_grid, Y_grid = np.meshgrid(x_vals, y_vals)
Z = peaks(X_grid, Y_grid)

#Funcion del Torneo
def torneo(X, fitness, t_size):
    cand = np.random.choice(len(X),size=t_size,replace=False)
    best = cand[np.argmin(fitness[cand])]
    return X[best]

#Proceso iterativo
while k < Niter
    fig, ax = plt.subplots()
    ax.set_title(f"Iteración {k}")
    ax.set_xlim(lb, ub)
    ax.set_ylim(lb, ub)

    #Contorno
    c=ax.contour(X_grid,Y_grid,Z,levels=30,cmap='plasma')
    ax.clabel(c, inline=True, fontsize=8)
    #Evaluar y seleccionar
    fitness = peaks(X[:,0], X[:,1])

    # Mostrar población
    ax.scatter(X[:,0],X[:,1],color='red',edgecolor='black',s=40)

    #Cruzamiento y mutación
    nuevos = []
    while len(nuevos) < N:
        padre1 = torneo(X, fitness, t_size)
        padre2 = torneo(X, fitness, t_size)
```

```
        alpha = np.random.rand()
        hijo = alpha*padre1+(1-alpha)*padre2

        if np.random.rand() < pm:
            hijo += np.random.normal(0, 0.1, size=2)
            hijo = np.clip(hijo, lb, ub)


        nuevos.append(hijo)

    X = np.array(nuevos)
    k += 1
    plt.show()
    plt.pause(0.1)

#Resultado final
fitness = peaks(X[:, 0], X[:, 1])
idx_best = np.argmin(fitness)
mejor = X[idx_best]
mejor_fitness = fitness[idx_best]
print("RESULTADO FINAL")
print(f"Mejor individuo: {mejor}")
print(f"Fitness: {mejor_fitness}")
```

En el código 3.3 podemos observar la inicialización aleatoria de la población, una selección por torneo, el operador de cruzamiento de los padres y el operador de mutación del hijo.

3.4.2 Evolución Diferencial (DE)

En 1995, Kenneth Price resolvió un problema de polinomios mediante el uso del algoritmo Recocido Genético [31], sin embargo, aun cuando no logro encontrar la solución a dicho problema pudo observar que dicho algoritmo no cumplía con los requisitos para ser una técnica de optimización, pues no tenía una fuerte capacidad de exploración, una rápida convergencia y no era fácil de implementar. Fue entonces que dos años después, en 1997, Kenneth Price y Rainer Storn desarrollaron un nuevo enfoque basado en la algebra vectorial en combinación con los principios de las técnicas evolutivas. Este nuevo enfoque dio como resultado el algoritmo evolutivo conocido como Evolución Diferencial (DE) (conocido mayormente en inglés como Differential Evolution) [23].

De manera similar a otras metodologías metaheurísticas, el algoritmo DE tiene un comportamiento iterativo y trabaja con un conjunto de operadores para lograr la exploración y explotación de resultados a través del espacio de búsqueda. Dichos operadores son la inicialización, la mutación, el cruce y la selección. En el proceso de inicialización, una población genera vectores de variables de decisión sobre los límites del espacio de búsqueda. Por su parte, un punto crítico de este algoritmo metaheurístico es su operador de mutación, llamado mutación diferencial, el cual tiene como propósito generar vectores de variables de decisión mediante la adición de una diferencia ponderada entre dos individuos de la población con un tercer individuo, logrando un rendimiento superior comparado con otros algoritmos metaheurísticos e inclusive una convergencia consistente en las pruebas de rendimiento. El proceso de cruce intercambia información entre los individuos para mejorar la diversidad y por medio de una selección elitista se busca preservar los mejores individuos. Para apoyar a entender mejor este proceso de optimización del algoritmo DE se muestra la siguiente figura, donde se puede ver la distribución de 7 puntos sobre la superficie de la función Peaks en dos dimensiones. Primero se calcula la diferencia entre dos individuos aleatorios, siendo los individuos 3 y 4 los elegidos. Se consideran los vectores x_{r1} y x_{r2} como los vectores de estos puntos correspondientemente.

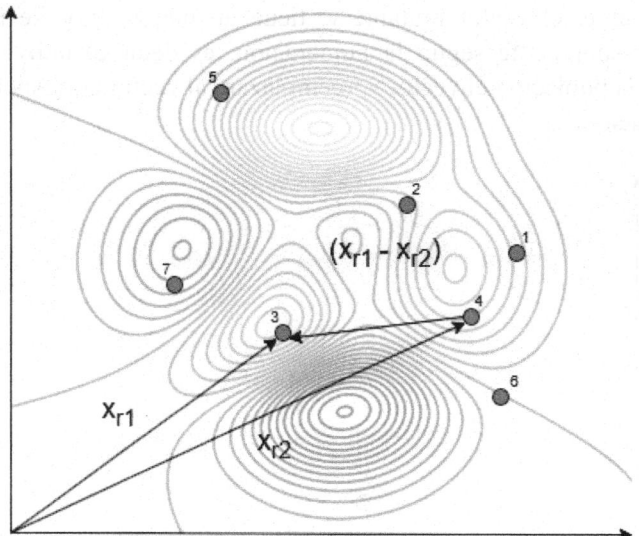

Figura 3.8 Diferencia entre dos vectores aleatorios

Acto seguido, la diferencia calculada es escalada y sumada a un tercer vector x_{r3} tomado de manera aleatoria, siendo elegido el individuo 6, donde con el uso de un factor de escalamiento (F), se indica la proporción de la diferencia que será añadida a este tercer vector x_{r3}. Dando como resultado un cuarto vector, el vector mutante v_1.

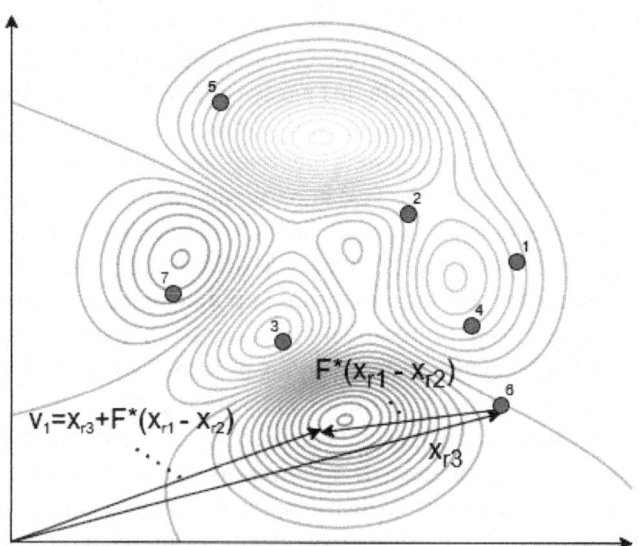

Figura 3.9 Vector mutante obtenido de la adición entre el tercer vector aleatorio
del y el factor de escalamiento por la diferencia de vectores

Finalmente, el vector mutante v_1 tiene un mejor valor de fitness que el individuo correspondiente según la numeración, es decir el individuo 1, dando lugar a que en la población el vector v_1 reemplazará al vector correspondiente en las siguientes iteraciones.

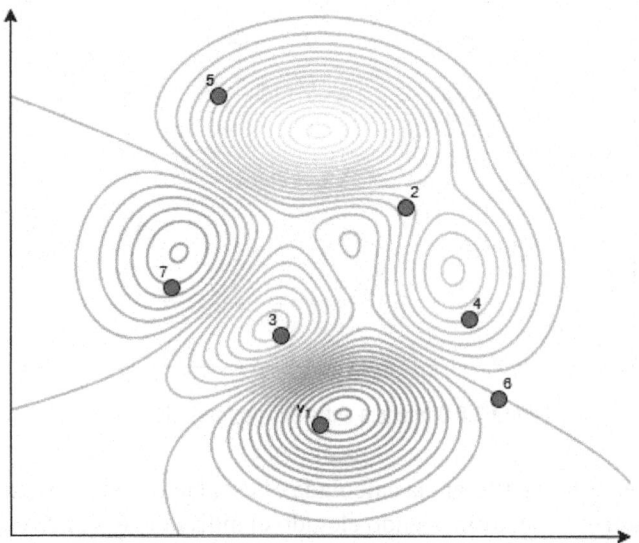

Figura 3.10 Vector mutante forma parte de la población, reemplazando al vector correspondiente

El algoritmo DE es considerado un pilar de los algoritmos metaheurísticos ya que con su conjunto de operadores evita caer en soluciones que pretender ser optimas, conocidas como falsos positivos. Además de permitir un balance entre los conceptos de exploración y explotación, pues su mutación explora zonas del espacio de búsqueda que no han sido tomadas en cuenta y su cruce permite aumentar la diversidad de cada uno de los individuos de la población, ofreciendo la opción de que el resultado global sea localizado. Gracias a estos logros el algoritmo DE fue utilizado para probarse en competencias especializadas como el Congreso de Computo Evolutivo (CEC) [32] [33].

Del mismo modo que otros procedimientos metaheurísticos, el algoritmo DE repite en un ciclo evolutivo hasta alcanzar un criterio de parada, como un número máximo de generaciones o una solución con calidad aceptable. A continuación, se describe cada una de las etapas mencionadas anteriormente iniciando con una descripción acerca de la estructura de la población con la que trabaja este algoritmo.

3.4.2.1 PROCESO DE OPTIMIZACIÓN DEL ALGORITMO EVOLUCIÓN DIFERENCIAL (DE)

Para este proceso de optimización llevada por el algoritmo DE, es necesario un conjunto de N vectores de variables de decisión cuyos espacios iniciales están definidos sobre un espacio d-dimensional. La población, representada con la variable X, está compuesta por un grupo de vectores de variables de decisión $x_1, x_2, x_3, ..., x_N$ donde cada variable de decisión x_i representa una solución dentro del espacio de búsqueda d-dimensional $x_1, x_2, x_3, ..., x_d$. Cada una de estas variables será manipulada por las etapas de mutación, cruce y selección durante una serie de iteraciones k con la intención de buscar la solución óptima global.

Para cada una de las etapas del algoritmo DE, el valor para cada una de las variables de decisión será dada en base a la evaluación de dicha variable en la función objetivo establecida. Siendo esto el fitness $f(x)$ de la partícula x_i. Para lograr un óptimo rendimiento, el algoritmo DE busca mantener la población con los mejores individuos, por medio de una selección elitista que apoye el mejor rendimiento de las etapas de cruce y mutación.

La etapa de **inicialización** comienza con la especificación de los límites del espacio de búsqueda del problema a resolver. Estos vectores iniciales representan los límites superiores e inferiores para cada una de las d dimensiones del problema, también conocidos como restricciones de caja. El límite superior es representado por la variable u_b, mientras que el límite inferior es representado por la variable l_b. De este modo los vectores de límites pueden ser representados como $u_{b1}, u_{b2}, u_{b3}, ...$

,u_{bd} con sus respectivas variables. Una vez especificados los límites del espacio de búsqueda, se realiza un mecanismo para generar números aleatorios con distribución uniforme, asignando un valor a cada posición de cada uno de los individuos dentro de la población dentro del rango establecidos por los límites. La **inicialización** es generada a partir de la siguiente ecuación:

$$X = l_b + r(0,1) * (u_b - l_b)$$
(3.24)

donde $r(0,1)$ representa un vector de números aleatorios uniformemente distribuidos dentro del rango $(0,1)$.

A diferencia de otros algoritmos evolutivos, la siguiente etapa del algoritmo DE es la etapa de la **mutación** que tiene el objetivo de recombinar elementos de la población para producir una versión modificada de estos. Este operador, conocido como mutación diferencial, basa su funcionamiento en la diferencia entre dos distintos vectores de variables de decisión en la población y por medio del intercambio de información dirigir la estrategia de búsqueda del algoritmo hacia la solución óptima global.

El modelo común de la mutación diferencial añade la diferencia escalada entre dos vectores aleatorios a un tercer vector, produciendo un cuarto vector conocido como vector mutante v. Este vector mutante v es el resultado de una combinación entre tres vectores. La mutación diferencial es conocida como **Mutación rand/1** y puede expresarse matemáticamente de la siguiente manera:

$$v = \left(x_{r3} + F * (x_{r1} - x_{r2}) \right)$$
(3.25)

donde x_{r1}, x_{r2} y x_{r3} representan los vectores de variables de decisión seleccionados de manera aleatoria respetando que $r_1 \neq r_2 \neq r_3$, mientras que F representa el valor de escalamiento o peso diferencial, el cual permite controlar la proporción de variación con respecto a la diferencia entre vectores, siendo $F \in [0,2]$.. Dicho valor es utilizado para controlar el proceso, pues si es cercano a cero, existirá una convergencia rápida, y en caso contrario, será una convergencia aún más lenta. Este valor es ajustado por el usuario, el cual determinara el mejor valor según la aplicación requerida.

Dentro de la literatura publicada acerca de este algoritmo, se han desarrollado diversas estrategias de modificaciones como hibridaciones o mejoras. Sin embargo, un factor a destacar es que la mayoría de dichas modificaciones son centradas a esta etapa de mutación. A continuación, se describen otras estrategias de mutación los cuales toman una población X donde cada vector de variable de decisión fue inicializado de manera aleatoria y uniformemente distribuida en el espacio de búsqueda. La primera modificación es la **Mutación best/1** expresada matemáticamente de la siguiente forma:

$$v = \left(x_{best} + F * \left(x_{r1} - x_{r2} \right) \right) \tag{3.26}$$

donde las variables x_{r1} y x_{r2} representan los individuos seleccionados en la población de manera aleatoria considerando que sean diferentes entre sí. Por otro lado, la variable x_{best} representa al mejor individuo, siendo este aquel individuo cuyo valor al ser evaluado en la función objetivo sea el mejor dentro de la población en la iteración k. Esta modificación presenta la ventaja de una convergencia rápida al hacer uso del mejor individuo, sin embargo, posee la desventaja de una menor diversidad al hacer que el resto de la población sea atraída a los óptimos.

La siguiente modificación es la modificación **Mutación rand/2**, la cual fue desarrollada para altas dimensiones con el uso de cinco vectores en lugar de dos. Esta modificación puede expresarse de la siguiente manera:

$$v = \left(x_{r5} + F * \left(x_{r1} - x_{r2} \right) + F * \left(x_{r3} - x_{r4} \right) \right) \tag{3.27}$$

donde $x_{r1}, x_{r2}, x_{r3}, x_{r4}$, y x_{r5} representa a los cinco vectores seleccionados aleatoriamente siendo $r_1 \neq r_2 \neq r_3 \neq r_4 \neq r_5$. Dado que el vector mutante v es creado a partir de cinco individuos, la comunicación se vuelve más extensa en este modelo.

Otra modificación utilizada es la **Mutación best/2**, la cual fue generada bajo un concepto similar a la modificación anterior combinándola con el mejor individuo. Esta modificación puede formularse de la siguiente forma:

$$v = \left(x_{best} + F * \left(x_{r1} - x_{r2} \right) + F * \left(x_{r3} - x_{r4} \right) \right) \tag{3.28}$$

donde ahora se utilizan cuatro vectores de la población, siendo estos representados por las variables x_{r1}, x_{r2}, x_{r3} y x_{r4}. Mientras que la variable x_{best} representa al mejor individuo de la población. Esta modificación mantiene una convergencia rápida al mismo tiempo que logra mantener un buen grado de diversidad entre sus soluciones candidatas.

Para finalizar tenemos la **Mutación current-to-best/1**, donde se tiene como propósito el tener un mejor balance entre la convergencia y la diversidad de las soluciones. Esta modificación puede ser descrita de acuerdo con la siguiente ecuación:

$$v = \left(x_i + F * \left(x_{best} - x_i \right) + F * \left(x_{r1} - x_{r2} \right) \right) \tag{3.29}$$

donde la variable x_i es el individuo actual sobre el cual se está efectuando la operación de mutación. Además, se hace uso de dos individuos más, representados por las variables x_{r1} y x_{r2} siendo que $r_1 \neq r_2 \neq i$ y el mejor individuo actual dentro de la población representado por x_{best}. Esta modificación mantiene un balance debido a que los dos individuos proporcionan un grado de diversidad para las soluciones, mientras que el uso del mejor individuo junto con el individuo actual proporciona una convergencia rápida hacia el óptimo global del problema a resolver.

La operación de **cruce** tiene como objetivo el proporcionar una mayor diversidad a cada una de las variables de decisión. Para lograr esta operación es necesario el vector mutante v y el individuo x_i, donde serán sometidos a una recombinación de elemento a elemento entre los vectores, generando un vector de prueba u Dicha operación es calculada bajo el siguiente esquema:

$$u = u_j \begin{cases} v_{i,j} \to si \ j = j_{rand} \ o \ rand\,(0,1) \le CR \\ x_{i,j} \to caso\ contrario \end{cases} \quad (3.30)$$

donde j_{rand} representa una de las posiciones del vector i-ésimo. Del mismo modo, $rand(0,1)$ es un valor aleatorio uniformemente distribuido en el rango $(0,1)$. La variable CR representa el parámetro de cruce, el cual toma valores dentro del rengo $(0,1)$ y determina la cantidad de elementos que el vector mutante v contribuye al vector de prueba u. Este proceso se lleva a cabo intercambiando posiciones entre el vector x_i y el vector mutante v, donde por medio del parámetro CR se indica cuales posiciones del vector v se utilizarán para la generación del vector u, y cuales serán generadas a partir del vector x_i. En otras palabras, si el valor generado por $rand(0,1)$ es menor o igual que el valor de CR, entonces la posición del vector de prueba u es heredado del vector v, en caso contrario, el vector de prueba u es heredado del vector del individuo x_i.

Por último, la etapa de **selección** tiene como propósito mantener a los individuos que presentan las mejores soluciones dentro de la población durante el proceso de optimización del algoritmo. Para esto se evalúa si el vector u generado anteriormente cumple con un criterio de selección elitista donde toma los valores calculados del fitness del vector de prueba u y del fitness del individuo correspondiente x_i y en base a la regla elitista toma una decisión. Si el fitness del vector de prueba $f(u)$ presenta un mejor valor que el fitness del individuo correspondiente $f(x_i)$, entonces el vector u pasara a tomar lugar dentro de la población, reemplazando al vector x_i. En caso contrario, el vector x_i permanecerá dentro de la población hasta la siguiente iteración donde se realizará el procedimiento nuevamente. Esta selección elitista puede expresarse conforme a la siguiente ecuación:

$$x_i = \begin{cases} u \to si \ f(u) \le f(x_i) \\ x_i \to en\ caso\ contrario \end{cases} \quad (3.31)$$

donde $f()$ representa la función objetivo del problema a optimizar.

En la siguiente figura se presenta un diagrama de flujo el cual muestra el proceso de optimización realizado por la estrategia de búsqueda del algoritmo DE. En este diagrama podemos observar que el algoritmo comienza con el operador de inicialización para generar la primera población $X=\{x_1,x_2,x_3,...,x_N\}$ dentro de los límites establecidos, para después realizar las siguientes operaciones correspondientes a este algoritmo.

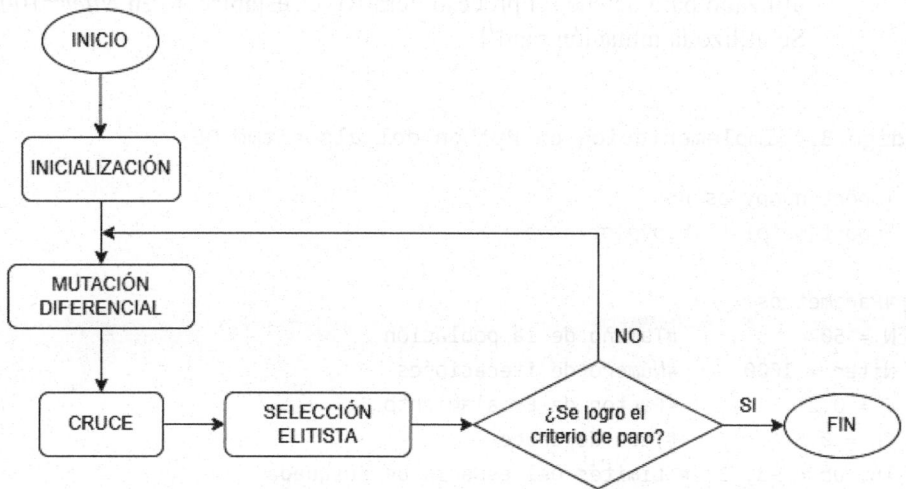

Figura 3.11 Diagrama de Flujo del algoritmo DE

Acto seguido, se realizan los operadores de mutación siendo comúnmente la Mutación rand/1, el cruce y por último la selección elitista hasta finalmente cumplir con el criterio de paro, comúnmente establecido en un número máximo de iteraciones, dando como resultado la mejor solución obtenida.

3.4.2.2 IMPLEMENTACIÓN EN PYTHON DEL ALGORITMO EVOLUCIÓN DIFERENCIAL (DE)

En el Código 3.4 se presenta la implementación del algoritmo de Evolución Diferencial (DE) utilizando el lenguaje de programación Python. Esta implementación se desarrolla bajo los siguientes lineamientos:

▷ **Función objetivo:** se emplea la función *Peaks*, seleccionada por su facilidad de uso y su versatilidad, ya que puede aplicarse tanto a problemas de minimización como de maximización.

▷ **Visualización del proceso:** para facilitar al usuario la comprensión del comportamiento del algoritmo, se grafica en cada iteración el desplazamiento de los individuos sobre la superficie de la función objetivo. Por esta razón, se utiliza un espacio de búsqueda bidimensional ($d=2$), lo que permite observar de forma clara el progreso de la población hacia la solución óptima.

▶ **Parámetros:** se establece el factor de escalamiento $F=0.2$ y un parámetro de cruce $CR=0.5$, utilizando una población de $N=50$ y el criterio de paro utilizado para detener el proceso iterativo es establecido en $Niter=1000$. Se utilizo la mutación rand/1.

Código 3.4 Implementación en Python del algoritmo DE

```python
import numpy as np
import matplotlib.pyplot as plt


#Parametros
N = 50              #Tamaño de la población
Niter = 1000        #Número de iteraciones
F = 0.2             #Factor de Escalamiento
CR = 0.5            #Tasa de Cruce
lb, ub = -3, 3      # Limites del espacio de búsqueda
k = 0               #Controlador de iteración
#Definición de la Función peaks
def peaks(x,y):
    return 3*(1-x)**2*np.exp(-(x**2)) - (y+1)**2 \
10*(x/5 - x**3 - y**5)*np.exp(-x**2 - y**2) \
1/3*np.exp(-(x+1)**2 - y**2)


#Inicializamos la Población
X = np.random.uniform(lb, ub, size=(N, 2))



#Malla para los contornos
x_vals = np.linspace(lb, ub, 400)
y_vals = np.linspace(lb, ub, 400)
X_grid, Y_grid = np.meshgrid(x_vals, y_vals)
Z = peaks(X_grid, Y_grid)


#Proceso Iterativo
while k < Niter
```

```python
    fig, ax = plt.subplots()
    ax.set_title(f"Iteración {k}")
    ax.set_xlim(lb, ub)
    ax.set_ylim(lb, ub)

    #Contorno y Mostrar población
    c=ax.contour(X_grid,Y_grid,Z,levels=30,cmap='plasma')
    ax.clabel(c, inline=True, fontsize=8)
   ax.scatter(X[:,0],X[:,1],color='red',edgecolor='black',s=40)
    ax.axis('off')

    #Evaluar la Población
    fitness = peaks(X[:, 0], X[:, 1])
    nueva_poblacion = []

    for i in range(N):
        #Selección de 3 individuos diferentes a i
        idxs = [idx for idx in range(N) if idx != i]
        a, b, c = X[np.random.choice(idxs, 3, replace=False)]

        #Mutación Diferencial
        v = a + F * (b - c)

        #Cruce
        u = np.copy(X[i])
        jrand = np.random.randint(2)
        for j in range(2):
            if np.random.rand() < CR or j == jrand:
                u[j] = v[j]

        #Verificación de limites
        u = np.clip(u, lb, ub)

        # Selección Elitista
        if peaks(u[0], u[1]) < fitness[i]:
            nueva_poblacion.append(u)
        else:
            nueva_poblacion.append(X[i])

    X = np.array(nueva_poblacion)
    k += 1
```

```
    plt.show()
    plt.pause(0.1)

#Resultado final
fitness = peaks(X[:, 0], X[:, 1])
idx_best = np.argmin(fitness)
mejor = X[idx_best]
mejor_fitness = fitness[idx_best]
print("RESULTADO FINAL")
print(f"Mejor individuo: {mejor}")
print(f"Fitness: {mejor_fitness}")
```

En el código 3.4 podemos observar la inicialización aleatoria de la población, y junto al proceso iterativo tenemos una evaluación de la población en la función objetivo. Después, tenemos la selección de los tres individuos aleatorios para realizar las operaciones de mutación diferencial, cruce y una selección elitista, con el propósito de mantener las mejores posiciones en la población y realizar una convergencia constante hacia la solución óptima del problema de optimización. Este proceso se repite hasta completar el criterio de paro y finalmente nos indica cual fue el mejor individuo de la población y su fitness en la función objetivo.

3.4.3 Optimización por Enjambre de Partículas (PSO)

El algoritmo llamado Optimizador por Enjambre de Partículas (PSO) [24] (conocido mayormente por su nombre en inglés Particle Swarm Optimization) surgió en el año de 1995, teniendo un alto impacto en la literatura e investigaciones de los algoritmos metaheurísticos de aquella época. Este metaheurístico fue propuesto por James Kennedy y Russel Eberhart tomando como inspiración el comportamiento colectivo que se presentan en ciertos grupos de animales, esto debido a que en algunos sistemas se presenta cierto nivel de inteligencia colectiva.

Este tipo de comportamiento suele frecuentarse en aquellos animales donde sus instintos se ven diferentes cuando están en solitario a cuando están en un grupo ya que tienden a distribuir ciertas actividades como la protección de los depredadores, teniendo por ejemplo los peces, quienes en solitario tienen diferentes estrategias de supervivencia a comparación de cuando están en un banco de peces, donde adoptan estrategias como formar remolinos cuando se encuentran con depredadores para aumentar las posibilidades de supervivencia. En estos sistemas la inteligencia no nacen de un individuo en particular, sino que nacen de un pensamiento en común que tienen todos los individuos del grupo, el sobrevivir un día más.

La probabilidad de sobrevivir ante un depredador es mucho mayor cuando se está en un grupo a comparación de cuando se encuentran solos, sin embargo, no es la única actividad que se ve beneficiada cuando se trabaja en equipo pues la recolección de alimentos o detección de zonas seguras puede ser más eficaz cuando se trabaja de manera colectiva. Además, esto se aplica para ambos grupos tanto depredadores como para las presas, pues, aunque ciertos animales busquen sobrevivir ante un ataque, también existen depredadores que van de cacería en grupo, aumentando así las probabilidades de atrapar a la presa. Por lo tanto, en el reino animal es común ver comportamientos colectivos con el propósito de sobrevivir.

El algoritmo PSO se basa en ese comportamiento colectivo con el propósito de mejorar su eficacia individual y colectiva de las partículas de su población. En la búsqueda de un objetivo común, el intercambio de información entre los miembros del enjambre que participan en el proceso es un factor clave. Si un individuo emplea ciertas estrategias sin obtener buenos resultados, puede comunicar esta experiencia al grupo, lo que permite que otros miembros ajusten sus propias estrategias y exploren alternativas más prometedoras. De esta forma, cada individuo toma decisiones basándose tanto en sus propias experiencias exitosas como en aquellas que han demostrado ser efectivas para otros miembros de la población. Este comportamiento refleja un equilibrio entre la influencia local, basada en el conocimiento personal, y la influencia social derivada del aprendizaje colectivo, lo que favorece una búsqueda más eficiente y orientada hacia el objetivo.

Del mismo modo que otros métodos metaheurísticos, el algoritmo PSO tiene un comportamiento iterativo y trabaja con un conjunto de operadores para lograr la exploración y explotación de resultados a través del espacio de búsqueda. Dichos operadores son la inicialización, la determinación de la velocidad y el movimiento de las partículas. En el proceso de inicialización, un enjambre de partículas se genera sobre los límites del espacio de búsqueda. Por su parte, la determinación de la velocidad tiene como propósito el proponer con que velocidad v_i se mueve cada partícula x_i dentro del espacio de búsqueda conforme a la información colectiva, siendo usualmente la información de la mejor partícula global y mejor partícula local. El operador de movimiento ajusta la nueva posición de las partículas x_i, de acuerdo con la velocidad v de cada una de ellas, con el propósito de actualizar el enjambre y por medio de una memoria elitista se busca preservar las mejores partículas en la memoria.

Todo este procedimiento se repite hasta cumplir con un criterio de paro. A continuación, se describe cada una de las etapas mencionadas anteriormente iniciando con una descripción acerca de la estructura de la población con la que trabaja este algoritmo.

3.4.3.1 PROCESO DE OPTIMIZACIÓN DEL ALGORITMO OPTIMIZACIÓN POR ENJAMBRE DE PARTÍCULAS (PSO)

Para el proceso de búsqueda presentado en este algoritmo es necesario construir un enjambre de partículas X con el propósito de simular el comportamiento colectivo de N individuos. Cada individuo del enjambre será representado por una partícula x_i, de modo que el enjambre pueda ser representado como $X=\{x_1, x_2, x_3, \dots, x_N\}$. Cada una de estas partículas será manipulada por las etapas de determinación de la velocidad y el movimiento de las partículas durante una serie de k iteraciones con la intención de buscar la mejor solución.

En el transcurso del PSO, las partículas intercambian información acerca de sus procesos de búsqueda, sin importar si son buenas o malas, todo tipo de información se comparte. En esta interacción las partículas se mueven en el espacio de búsqueda a cierta velocidad considerando la información obtenida de manera colectiva. De este modo, el movimiento de las partículas a través del espacio de búsqueda está ligado a la información individual obtenida, siendo este la influencia local, y la información de otras partículas dentro del enjambre, siendo la influencia colectiva dentro del algoritmo. De este modo, las soluciones obtenidas son refinadas con la evolución de las partículas pues en cada iteración, estas mismas partículas son sometidas a una modificación relacionada con la dinámica de movimiento influenciado de manera local y global.

En el operador de **inicialización**, el enjambre X conformado por N partículas de modo que $X=\{x_1, x_2, x_3, \dots, x_N\}$ es construido como población inicial del proceso. Cada partícula inicial x_i es conformada por un vector d-dimensional, de modo que $x_i=\{x_{i,1}, x_{i,2}, x_{i,3}, \dots, x_{i,d}\}$ y esta se construye dentro de los límites superior u_b e inferior l_b del espacio de búsqueda d-dimensional. Dichos límites son establecidos por el problema de optimización a resolver, y en ocasiones pueden ser diferentes para cada una de las dimensiones. La ecuación que define el operador de inicialización es la siguiente:

$$X = l_b + r\left(u_b - l_b\right) \tag{3.32}$$

donde r es un valor aleatorio uniformemente distribuido correspondiente al intervalo $(0,1)$.

En la **determinación de la velocidad** cada partícula se mueve en el espacio de búsqueda a una velocidad v_i. Esta velocidad requiere tener un valor inicial, donde usualmente, la velocidad inicial asignada a un valor de cero de tal forma que $v_i=0$. Debido a esto, en las futuras iteraciones, las nuevas velocidades se calculan de acuerdo con la mejor partícula global g, siendo esta la partícula con el mejor valor de fitness dentro de todo el enjambre, y a la mejor partícula local p_i, la cual es la información del mejor valor obtenido de cada partícula x_i obtenida hasta el momento.

El cálculo de esta velocidad es determinado con base a estas dos variables, sin embargo, la influencia que tienen estos valores sobre la velocidad puede ser alterada mediante diferentes factores conocidos como las constantes cognitiva y social. La constante cognitiva c_1 afecta la influencia local p_i, mientras que la constante social c_2 afecta la influencia global g. Este cálculo de la nueva velocidad v_i^{k+1} puede ser representado por la siguiente ecuación:

$$v_i^{k+1} = v_i^k + c_1 * \left(r_1^k * \left(p_i^k - x_i^k \right) \right) + c_2 * \left(r_2^k * \left(g^k - x_i^k \right) \right) \tag{3.33}$$

donde el factor k representa la iteración actual, v_i^k representa la velocidad actual de la partícula. Por último, r_1^k y r_2^k son vectores aleatorios d-dimensionales donde sus valores son uniformemente distribuidos del intervalo $(0,1)$. Las constantes suelen tener un valor asignado $c_1=1$ y $c_2=1$, sin embargo, es recomendable que estos valores se ajusten dependiendo de los problemas a resolver debido a su impacto en la eficacia del proceso de búsqueda de este algoritmo. Además, un factor importante es que la mayoría de las modificaciones y mejoras presentadas al algoritmo PSO se presentan en esta operación, entre las modificaciones existentes se tiene que la velocidad inicial puede ser asignada de manera aleatoria.

La etapa de **movimiento** de las partículas tiene como propósito el asignar una nueva posición a la partícula x_i por medio de la velocidad calculada anteriormente, para poder explorar nuevas regiones dentro del espacio de búsqueda. De este modo, cada iteración k se modifica la posición de cada partícula del enjambre x_i^{k+1} de acuerdo con la siguiente ecuación:

$$x_i^{k+1} = x_i^k + v_i^{k+1} \tag{3.34}$$

donde v_i^{k+1} es la nueva velocidad de la partícula x_i^k. Una vez obtenido las nuevas posiciones x_i^{k+1} de cada una de las partículas, estas son evaluadas en la función objetivo $f(x_i^{k+1})$ con el fin de almacenar en la memoria elitista la mejor partícula del enjambre, y al mismo tiempo, actualizar las influencias locales p_i de cada partícula en caso de que este nuevo valor de fitness sea mejor que el evaluado anteriormente.

En la siguiente figura se presenta un diagrama de flujo, demostrando el proceso de optimización que se lleva a cabo por la estrategia de búsqueda del algoritmo PSO. En dicho diagrama podemos observar que el algoritmo comienza con el operador de inicialización para generar la primera población enjambre $X=\{x_1, x_2, x_3, ..., x_N\}$ dentro de los límites del espacio de búsqueda establecidos, para después realizar las siguientes operaciones necesarias para poder realizar el proceso de optimización de este algoritmo.

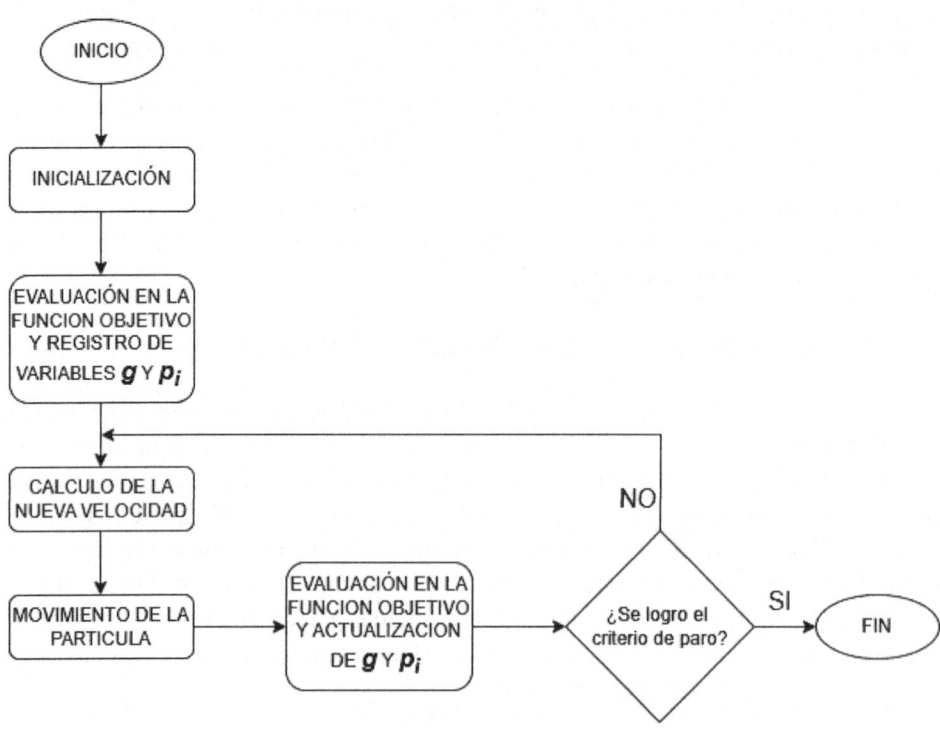

Figura 3.12 Diagrama de Flujo del algoritmo PSO

Posteriormente se realiza la primera evaluación de los individuos del enjambre en la función objetivo y se registran los valores de las variables correspondientes. Después, los operadores del cálculo de la velocidad y el movimiento de cada partícula x_i, para volver a evaluar en la función objetivo y actualizar los valores de las variables en caso de ser necesario. Finalmente se comprueba si el criterio de paro ha sido cumplido, comúnmente establecido en un número máximo de iteraciones, dando como resultado la mejor solución obtenida.

3.4.3.2 IMPLEMENTACIÓN EN PYTHON DEL ALGORITMO OPTIMIZACIÓN POR ENJAMBRE DE PARTÍCULAS (PSO)

En el código 3.5 se muestra el código escrito en el lenguaje de programación Python del algoritmo Optimización por Enjambre de Partículas (PSO). En el código, el algoritmo es implementado siguiendo los siguientes alineamientos:

▸ **Función objetivo:** la función con la que se va a trabajar será la función "Peaks" debido a su facilidad de aplicación y que puede ser usada perfectamente para aplicaciones de minimización y maximización.

▶ **Parámetros de operación:** el enjambre contara con un total de 50 partículas siendo $N=50$, el criterio de paro fue establecido como $Niter=1000$, las velocidades iniciales $v_i=0$, la constante cognitiva tiene un valor de $c_i=2$ y la constante social tiene un valor de $c_2=2$. El calculo de velocidad utilizado es el mismo que la ecuación 3.31.

▶ **Visualización del proceso:** como apoyo para una mejor comprensión del comportamiento del proceso de optimización, en cada iteración se grafica el desplazamiento de las partículas sobre la superficie de la función objetivo. Por esta razón, se utilizó un espacio bidimensional ($d=2$), para observar claramente el proceso de búsqueda de la solución óptima. La mejor partícula va a ser destacada del resto del enjambre.

Código 3.5 Implementación en Python del algoritmo PSO

```python
import numpy as np
import matplotlib.pyplot as plt


#Parametros
N = 50              #Tamaño de la población
Niter = 1000        #Número de iteraciones
c1 = 2              #Constante cognitiva
c2 = 2              #Constante social
rango = [-3,3]      #Limites del espacio de búsqueda
k = 0               #Controlador de iteración
#Definición de la Función objetivo
def peaks(x,y):
    return 3*(1-x)**2*np.exp(-(x**2)) - (y+1)**2 \
10*(x/5 - x**3 - y**5)*np.exp(-x**2 - y**2) \
1/3*np.exp(-(x+1)**2 - y**2)


#Inicialización
X = np.random.uniform(lb, ub, size=(N, 2))
V = np.zeros((N, 2))      #Velocidades iniciales en cero


#Mejor Posición de la partícula
pbest = np.copy(X)
pbest_fitness = peaks(X[:, 0], X[:, 1])


#Mejor global inicial
gbest_idx = np.argmin(pbest_fitness)
```

```python
gbest = np.copy(pbest[gbest_idx])

#Malla para las gráficas
x_vals = np.linspace(lb, ub, 400)
y_vals = np.linspace(lb, ub, 400)
X_grid, Y_grid = np.meshgrid(x_vals, y_vals)
Z = peaks(X_grid, Y_grid)

#Proceso iterativo
while k < Niter
    fig, ax = plt.subplots()
#Malla para los contornos
x_vals = np.linspace(lb, ub, 400)
y_vals = np.linspace(lb, ub, 400)
X_grid, Y_grid = np.meshgrid(x_vals, y_vals)
Z = peaks(X_grid, Y_grid)

#Proceso Iterativo
while k < Niter
    fig, ax = plt.subplots()
    ax.set_title(f"Iteración {k}")
    ax.set_xlim(lb, ub)
    ax.set_ylim(lb, ub)
    ax.contour(X_grid, Y_grid, Z, levels=30, cmap='plasma')
    ax.scatter(X[:,0],X[:,1],color='cyan',
               edgecolor='black',s=40)
    ax.scatter(gbest[0],gbest[1],color='red',edgecolor='black',
               s=100,marker='X', label='gbest')
    ax.legend(loc='upper right')
    ax.axis('off')

    #Evaluar partículas del enjambre
    fitness = peaks(X[:, 0], X[:, 1])

    #Actualizar pbest
    mejoro = fitness < pbest_fitness
    pbest[mejoro] = X[mejoro]
    pbest_fitness[mejoro] = fitness[mejoro]

    #Actualizar gbest
    gbest_idx = np.argmin(pbest_fitness)
```

```
    gbest = np.copy(pbest[gbest_idx])

    #Cálculo de velocidades y nuevas posiciones
    r1 = np.random.rand(N, 2)
    r2 = np.random.rand(N, 2)
    V = V + c1 * r1 * (pbest - X) + c2 * r2 * (gbest - X)
    X = X + V
    X = np.clip(X, lb, ub)


    k += 1
    plt.show()
    plt.pause(0.1)

#Resultado final
gbest_fitness = peaks(gbest[0], gbest[1])
print("Resultado Final")
print(f"Mejor partícula: {gbest}")
print(f"Fitness: {gbest_fitness}")
```

En el código 3.5 podemos observar la inicialización aleatoria del enjambre junto con la inicialización de las velocidades, las mejores posiciones de las partículas y la mejor partícula global. Después da comienzo el proceso iterativo donde, a diferencia de los códigos anteriores, tenemos unas líneas de código que permiten resaltar a la mejor partícula a través del proceso. Además, tenemos la evaluación del enjambre junto con las actualizaciones correspondientes de las mejores posiciones y la mejor partícula global. Una vez hechas las actualizaciones, se calculan las velocidades de cada partícula junto a las nuevas posiciones correspondientes. Este proceso se repite hasta completar el criterio de paro y finalmente nos indica cual fue la mejor partícula y su fitness en la función objetivo.

3.4.4 Optimizador de la Araña Social (SSO)

El algoritmo Optimizador de la Araña Social (SSO) [28], conocido en inglés como Social Spider Optimization fue introducido en el año 2013 por el investigador Erik Cuevas, contribuyendo a la literatura e investigaciones de los métodos metaheurísticos basados en la inteligencia de enjambre. Este algoritmo metaheurístico toma como inspiración el comportamiento cooperativo de las arañas sociales, donde dependiendo del género de la araña, este tiene un rol determinado en la colonia cooperativa. En otras palabras, según el género de la araña, este tiene un comportamiento diferente simulado por operadores diferentes.

Este tipo de comportamiento suele presentarse en diversas especies de animales, donde dentro de las manadas o colonias se pueden observar diversos comportamientos dependiendo del nivel de autoridad de cada individuo o del género de cada uno, por ejemplo, en los lobos se maneja una jerarquía donde la autoridad determina quienes salen de cacería y quienes cuidan a las crías sin importar el género del animal, mientras que este comportamiento en otros animales suele verse mayormente afectados por el género del animal donde las hembras poseen un rol especifico y los machos otro [34].

Este último comportamiento de actividades por género también se puede presenciar en las arañas sociales donde cada miembro, según su género, realiza diversas tareas, como la depredación, el apareamiento, el diseño de redes y la interacción social [35]. La red es una parte importante de la colonia, ya que sirve como entorno común para todos los miembros y también como canal de comunicación entre ellos, donde se comparte información importante mediante pequeñas vibraciones. Esta información, considerada como conocimiento local, es utilizada por cada miembro para su comportamiento cooperativo, influyendo en el comportamiento social de la colonia [36].

La estrategia de búsqueda del algoritmo SSO se basa en la simulación del comportamiento cooperativo de estas arañas sociales por medio de los operadores de **inicialización**, **cooperativos** y **reproducción**. Esto con el propósito de mantener un equilibrio para la exploración y explotación mediante los comportamientos sociales que realizan cada una de las arañas según su género. En este algoritmo, los individuos de la población simulan un grupo de arañas sociales que interactúan entre sí, basados en las estrategias colectivas de la colonia. Dependiendo del género, macho o hembra, cada individuo es conducido por un conjunto de diferentes operadores evolutivos que imitan diferentes comportamientos cooperativos. Un dato importante es que se ha presenciado que la cantidad de individuos machos en una colonia no supera el 30% de la población total.

Las arañas hembra tienden a tener un comportamiento enfocado en socializar con la colonia, buscando atracción hacia otra araña. Esta atracción es desarrollada de acuerdo con las vibraciones percibidas en la red, debido a que las vibraciones están relacionadas al peso y la distancia de la araña que las provoca. Por lo tanto, una araña más grande produce vibraciones más fuertes, lo que la vuelve un miembro fuerte e importante de la colonia. La decisión final que toma la araña hembra de verse atraída hacia otra araña depende de otros factores como el ciclo reproductivo, la curiosidad y otros fenómenos de la colonia [37]. Por otro lado, las arañas macho tienden a tener un comportamiento enfocado en la reproducción, donde las arañas macho dominantes suelen dominar los recursos de la colonia. Las arañas macho dominantes suelen ser de mayor tamaño y son atraídos por la hembra más cercana, mientras que los no dominantes tienden a concentrarse en puntos cercanos a los dominantes como una estrategia de tomar ventaja de los recursos desperdiciados por estos.

Otro factor importante que toma el algoritmo SSO es la interpretación de las vibraciones a través de la red, donde por medio de la red comunal se intercambia diversa información como el tamaño de la presa capturada, las características de las otras arañas que forman parte de la colonia, etc. Esta información viaja como pequeñas vibraciones logrando un impacto crítico para el comportamiento social de la colonia. La intensidad de las vibraciones depende del tamaño y la distancia de la araña que las transmite hacia la colonia.

El algoritmo SSO busca simular este comportamiento a través de un ciclo iterativo hasta cumplir con un criterio de paro. A continuación, se describe cada una de las etapas que conforman al SSO, iniciando con una descripción acerca de la estructura de la población con la que trabaja este algoritmo.

3.4.4.1 PROCESO DE OPTIMIZACIÓN DEL ALGORITMO OPTIMIZADOR DE LA ARAÑA SOCIAL (SSO)

Para este proceso de optimización llevada por el algoritmo SSO, se considera al espacio de búsqueda como la red comunal de la colonia, así como cada individuo de la población representa la posición de una araña en esta red comunal. Además, cada araña recibe un peso dependiendo del valor de fitness que posee al ser evaluada en la función objetivo. Un detalle importante es que la población X de N individuos posee un sesgo altamente femenino, por lo tanto, el número de arañas hembra N_f es generada aleatoriamente dentro de un rango del 60-90% de la población entera. Esta cantidad de arañas N_f puede ser calculada de acuerdo con la siguiente ecuación:

$$N_f = floor\left[(0.9 - rand * 0.25) * N\right]$$
(3.35)

donde *rand* es un número aleatorio entre el rango [0,1] y la función *floor* representa el número entero más cercano. Por otro lado, el número de arañas macho N_m es calculado conforme a la siguiente expresión:

$$N_m = N - N_f$$
(3.36)

De este modo la población compuesta de N individuos, tiene dos subgrupos: f y m. El subgrupo f representa a las arañas hembra tal que $f = \{x_1, x_2, x_3, \ldots, x_{Nf}\}$ y el subgrupo m representa a las arañas macho tal que $m = \{x_1, x_2, x_3, \ldots, x_{Nm}\}$.

Además, cada individuo tiene un peso w_i el cual representa la calidad de la solución que corresponde a la araña x_i, sin importar el género, de la población X.

Este peso evalúa la capacidad de la araña para realizar con mejor desempeño las actividades. El peso w_i es evaluado de la siguiente forma:

$$w_i = \frac{peor_i - f(x_i)}{peor_i - mejor_i} \tag{3.37}$$

donde $f(x_i)$ representa el valor de fitness obtenido por el individuo x_i en la función objetivo. Y los valores $mejor_i$ y $peor_i$ son definidos de la siguiente manera (considerando un problema a minimizar):

$$mejor_i = \min_{k=(1,2,3,\ldots,N)} f(x_i) \tag{3.38}$$

$$peor_i = \max_{k=(1,2,3,\ldots,N)} f(x_i) \tag{3.39}$$

En el operador de **vibración** se tiene como objetivo el transmitir información a través de los individuos de la colonia. Estas vibraciones dependen del peso y la distancia de la araña que las está generando. Dado que la distancia es relativa entre el individuo que las provoca y el individuo que las recibe, los miembros colocados cerca del individuo que las provoca perciben fuertes vibraciones en comparación a aquellos miembros que están localizados más lejos. Para reproducir este proceso, las vibraciones percibidas por el individuo x_i de la información transmitida por el individuo x_j es modelado de acuerdo con la siguiente ecuación:

$$Vib_{i,j} = w_j * e^{-d_{i,j}^2} \tag{3.40}$$

donde $d_{i,j}$ representa la distancia Euclidiana entre la araña x_i y la araña x_j, de modo que:

$$d_{i,j} = \|x_i - x_j\| \tag{3.41}$$

De este modo, es posible computar las vibraciones percibidas por cualquier par de individuos en la colonia. Además, el algoritmo SSO considera tres situaciones especiales:

▶ Vibraciones $Vibc_i$ son percibidas por el individuo x_i, conteniendo información transmitida por el individuo c, siendo x_c un individuo que posee dos importantes características: es el individuo más cercano a x_i y posee un peso mayor a este siendo $w_c > w_i$. Esta vibración puede ser calculada de la siguiente manera:

$$Vibc_i = w_c * e^{-d_{i,c}^2} \tag{3.42}$$

▼ Vibraciones $Vibb_i$ son aquellas vibraciones transmitidas por el individuo b y son percibidas por el miembro x_i, siendo x_b el individuo con el mejor peso (mejor valor de fitness) de toda la colonia X. De este modo la vibración puede ser representada como:

$$Vibb_i = w_b * e^{-d_{i,b}^2} \qquad (3.43)$$

▼ Vibraciones $Vibf_i$ son aquellas percibidas por el individuo x_i y son transmitidas por el individuo f. Siendo x_f la hembra más cercana del individuo x_i. Este tipo de vibraciones puede ser calculado de acuerdo con la siguiente ecuación:

$$Vibf_i = w_f * e^{-d_{i,f}^2} \qquad (3.44)$$

En la etapa de **inicialización** se tiene como objetivo el generar de manera aleatoria una población. El algoritmo inicia un conjunto X de N individuos o arañas. Cada araña x_i, sin importar si es x_f o x_m, representa un vector d-dimensional conteniendo posibles soluciones candidatas al problema a optimizar. Además, cada araña es generada dentro de los límites superior l_s e inferior l_i del espacio de búsqueda d-dimensional. De modo que esta etapa se genera de acuerdo con el siguiente modelo:

$$X = l_i + rand(0,1) * (l_s - l_i) \qquad (3.45)$$

donde la función $rand(0,1)$ proporciona un número aleatorio dentro del rango $(0,1)$.

Los operadores **cooperativos** son aquellos que proporcionan la interacción que tendrán las arañas en la colonia dependiendo del género de este. Iniciando con las arañas hembra, estas presentan una atracción o disgusto hacia otras sin importar el género, dependiendo de las vibraciones percibidas. Para poder simular este comportamiento de las arañas hembra, este operador considera el cambio de la posición de la araña hembra x_i en cada iteración. Este cambio en la posición, el cual puede ser atracción o repulsión, considera tres factores: el primero involucra el cambio de acuerdo con el individuo más cercano con mayor peso y que produzca las vibraciones $Vibc_i$, el segundo considera el cambio de acuerdo con el mejor individuo de la colonia X que produzca la vibración $Vibb_i$, por último, el tercer factor considera un movimiento aleatorio.

Debido a que este movimiento depende de diversos factores, la selección de la operación a realizar es por medio de una decisión estocástica. Para ello se utilizan dos valores: un umbral de operación PF y un número aleatorio r_m uniformemente distribuido dentro del rango $[0,1]$. Si el valor de r_m es menor que el umbral PF entonces se realiza un movimiento de atracción, caso contrario se realiza un movimiento de repulsión. Este operador puede describirse mediante la siguiente ecuación:

$$x_{i,f}^{k+1} = \begin{cases} x_{i,f}^k + \alpha * Vibc_i * \left(x_c - x_{i,f}^k\right) + \beta * Vibb_i * \left(x_b - x_{i,f}^k\right) + \delta * \left(rand - .5\right) \to r_m < PF \\ x_{i,f}^k - \alpha * Vibc_i * \left(x_c - x_{i,f}^k\right) - \beta * Vibb_i * \left(x_b - x_{i,f}^k\right) + \delta * \left(rand - .5\right) \to r_m > PF \end{cases} \tag{3.46}$$

donde α, β y δ representan números aleatorios dentro del rango $[0,1]$ y k representa la iteración en la que se presenta.

Por otro lado, las arañas macho se dividen en dos clases: dominantes y no dominantes. Las dominantes suelen presentan un mejor fitness (determinado por el peso) en comparación de los no dominantes. Los machos dominantes son atraídos por las hembras cercanas en la red comunal, mientras que los machos no dominantes suelen concentrarse en el centro de la población como estrategia para conseguir recursos desperdiciados por el resto. Para poder emular este comportamiento, las arañas macho serán divididas en dominantes D y no dominantes ND de acuerdo con su posición con respecto al individuo medio. De este modo, los individuos con un peso por encima del valor medio entre las arañas macho se consideran dominantes D y en caso contrario serán ND.

En orden de poder simular este comportamiento en el algoritmo SSO, la población de arañas macho es ordenada según su peso (fitness) en un orden decreciente. Además, el individuo cuyo peso w_{Nf+m}, se encuentre en el medio es considerado la araña macho medio. Dado que los índices de la población masculina con respecto a la población total aumentan con el número de arañas hembra, el peso medio está indexado por w_{Nf+m}. Este proceso de cambio de posición para las arañas macho puede ser representado con la siguiente formula:

$$x_{i,m}^{k+1} = \begin{cases} x_{i,m}^k + \alpha * Vibf_i * \left(x_f - x_{i,m}^k\right) + \delta * \left(rand - 0.5\right) \to w_{N_f+i} > w_{N_f+m} \\ x_{i,m}^k + \alpha * \left(\dfrac{\sum_{h=1}^{N_m} x_h^k * w_{N_f+h}}{\sum_{h=1}^{N_m} w_{N_f+h}} - x_{i,m}^k\right) \to w_{N_f+i} \leq w_{N_f+m} \end{cases} \tag{3.47}$$

donde $\dfrac{\sum_{h=1}^{N_m} x_h^k * w_{N_f+h}}{\sum_{h=1}^{N_m} w_{N_f+h}} - x_{i,m}^k$ representa la media ponderada de la población masculina.

Por último, el operador de **reproducción** tiene como objetivo el simular el proceso de apareamiento entre una araña macho dominante y las arañas hembra. Bajo estas circunstancias cuando una araña macho dominante x_g (donde $g \in D$) localiza un conjunto de arañas hembra E^g en un rango especifico r (considerado el rango de apareamiento), este se aparea, formando una nueva cría x_{new} considerando todos los elementos del conjunto T^g el cual surge de la unión $E^g \cup x_g$. Es importante destacar que si el conjunto T^g esta vacío, entonces el proceso de apareamiento no se realiza. El rango de apareamiento r depende del tamaño del espacio de búsqueda y es computado de acuerdo con el siguiente modelo:

$$r = \frac{\sum_{j=1}^{d}(l_s - l_i)}{2 * d} \tag{3.48}$$

donde d son las dimensiones, l_s y l_i son los limites superior e inferior respectivamente.

En el proceso de reproducción, el peso de cada araña involucrada (elementos de T^g) define la probabilidad de influencia de cada individuo en una nueva generación de crías. Las arañas con un mayor peso tienen una mayor influencia mientras que las de menor peso tienen menos influencia. La probabilidad de influencia P_{si} de cada araña es definida de la siguiente manera:

$$P_{si} = \frac{w_i}{\sum_{j \in T^k} w_j} \tag{3.49}$$

donde $i \in T^g$ y T^k representa el conjunto de hembras cercanas al macho dominante i. Por lo tanto, podemos actualizar la ecuación al siguiente modelo:

$$P_{si} = \frac{w_i}{\sum_{j=1}^{N_f} w_j} \tag{3.50}$$

Una vez que la nueva araña haya sido generada, esta es comparada contra la peor araña de la colonia, es decir, el peso w_{new} de la araña nueva x_{new} es comparada con el peso w_{peor} de la peor araña en la colonia. Siendo $w_{peor} = max(w)$. Por medio de una selección elitista, si la nueva araña es mejor que la peor araña, entonces la nueva sustituye a la peor en la colonia y la nueva araña tomara su género e índice. En caso contrario, la nueva araña es descartada y la colonia se mantiene igual. De este modo se asegura mantener la tasa original entre machos y hembras de la población X.

A continuación, se presenta un diagrama de flujo, demostrando el proceso de optimización que se lleva a cabo por algoritmo SSO. En dicho diagrama podemos observar que el algoritmo comienza realizando la inicialización para generar la primera colonia $X = \{x_1, x_2, x_3, ..., x_N\}$ dentro de los límites del espacio de búsqueda establecidos. Después, asigna la cantidad de arañas hembra N_f y la cantidad de arañas macho N_m según la colonia de N individuos. Además, asigna los pesos w_i a partir de los fitness de cada una de las arañas.

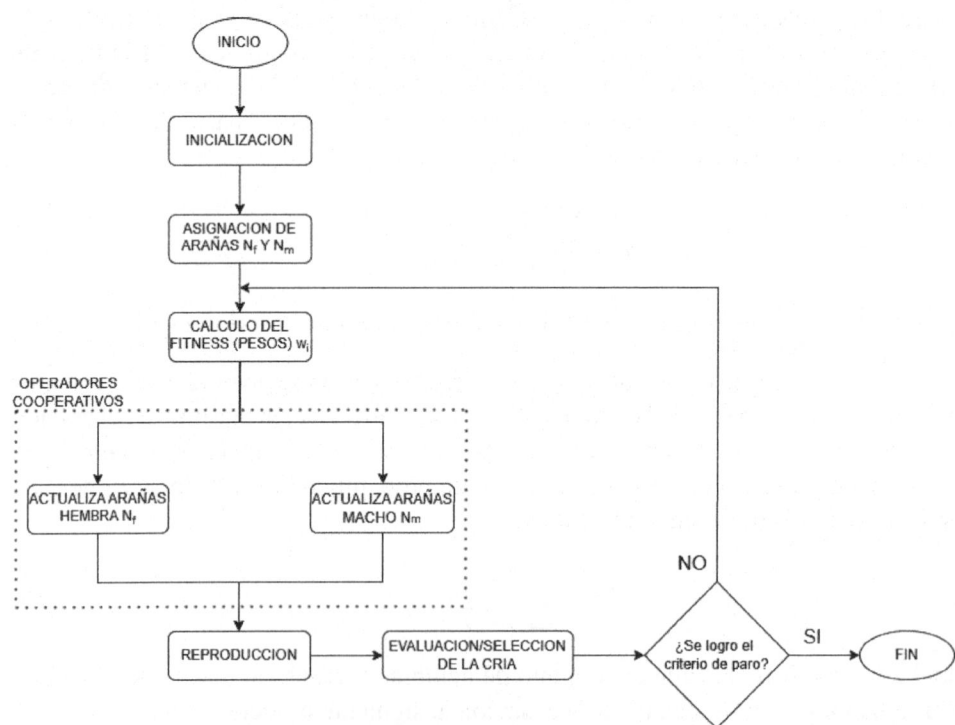

Figura 3.13 Diagrama de Flujo del algoritmo SSO

Posteriormente se inicia el proceso iterativo donde se realizan los operadores cooperativos que determinan el comportamiento de las arañas macho N_m y hembra N_f, donde se actualiza las posiciones de cada uno de ellos. Después, se realiza el operador de reproducción donde el objetivo es generar una nueva cría x_{new} que será evaluada y por medio de una selección elitista se decidirá si forma parte de la población X o si es descartada. Finalmente se comprueba si el criterio de paro *Niter* ha sido cumplido, si ha sido cumplido entonces se muestra el resultado siendo la mejor solución obtenida.

3.4.4.2 IMPLEMENTACIÓN EN PYTHON DEL ALGORITMO OPTIMIZADOR DE LA ARAÑA SOCIAL (SSO)

En el Código 3.6 se muestra la implementación del algoritmo Optimizador de las Arañas Sociales (SSO) por medio del lenguaje de programación Python. Esta implementación se desarrolla bajo las siguientes circunstancias:

▶ **Parámetros:** se establece una colonia de $N=50$ y el criterio de paro es establecido en $Niter=1000$. Se ajustó que el número de hembras N_f sea el 70% de la colonia.

▶ **Visualización:** para una comprensión del proceso de optimización del algoritmo, en cada iteración se grafica el desplazamiento de las arañas sobre la función objetivo. Para lograr esto se utiliza un espacio de búsqueda bidimensional, es decir $d=2$, lo que permite entender mejor el avance de la colonia hacia la solución óptima.

▶ **Función objetivo:** se emplea la función *Peaks*, pues tiene la cualidad de poder aplicarse a problemas de minimización y de maximización.

Código 3.6 Implementación en Python del algoritmo SSO

```python
import numpy as np
import matplotlib.pyplot as plt

#Parametros
N = 50              #Tamaño de la población
Niter = 1000        #Número de iteraciones
lb, ub = -3, 3      #Limites del espacio de búsqueda
k = 0               #Controlador de iteraciones
#Definición de la Función objetivo
def peaks(x,y):
    return 3*(1-x)**2*np.exp(-(x**2)) - (y+1)**2 \
10*(x/5 - x**3 - y**5)*np.exp(-x**2 - y**2) \
1/3*np.exp(-(x+1)**2 - y**2)
#Inicialización
X = np.random.uniform(lb, ub, (N, 2))
fitness = peaks(X[:, 0], X[:, 1])
w = (np.max(fitness)-fitness)/(np.max(fitness)-np.min(fitness))

#Guardar mejor global
best_idx = np.argmin(fitness)
best_global = np.copy(X[best_idx])
best_fitness = fitness[best_idx]

#División
porcentaje_hembras = 0.70
n_hembras = int(N * porcentaje_hembras)
n_machos = N - n_hembras
```

```python
H = X[:n_hembras]
M = X[n_hembras:]
fitness_H = fitness[:n_hembras]
fitness_M = fitness[n_hembras:]
w_H = w[:n_hembras]
w_M = w[n_hembras:]
#Malla para visualización
x = np.linspace(lb, ub, 400)
y = np.linspace(lb, ub, 400)
Xgrid, Ygrid = np.meshgrid(x, y)
Z = peaks(Xgrid, Ygrid)

#Iteraciones
while k < Niter:
    clear_output(wait=True)
    fig, ax = plt.subplots()
    ax.set_title(f"SSO (min) - Iteración {k+1}")
    ax.set_xlim(lb, ub)
    ax.set_ylim(lb, ub)
    ax.contour(Xgrid,Ygrid,Z,levels=30,cmap='viridis')
    ax.scatter(H[:, 0], H[:, 1],color='orange',label='Hembras')
    ax.scatter(M[:, 0], M[:, 1],color='blue',label='Machos')
    ax.scatter(best_global[0],best_global[1],
               color='red',marker='x',s=100,label='Mejor')
    ax.legend(loc='upper right')
    ax.axis('off')

    #Movimiento de hembras
    for i in range(n_hembras):
        j = np.random.randint(n_hembras)
        if w_H[j] > w_H[i]:
            H[i]+=np.random.rand()*(H[j]-H[i])
        else:
            H[i]+=np.random.rand()*(np.random.uniform(lb,ub,2)-H[i])
        H[i] = np.clip(H[i], lb, ub)

    #Clasificación de machos
    mitad = n_machos // 2
    idx = np.argsort(fitness_M)
    dominantes = M[idx[:mitad]]
    subordinados = M[idx[mitad:]]

    for i in range(mitad):
```

```python
        if n_hembras > 0:
            h_idx = np.random.randint(n_hembras)
            dominantes[i]+=np.random.rand()*(H[h_idx]-dominantes[i])
        dominantes[i] = np.clip(dominantes[i], lb, ub)

    for i in range(n_machos - mitad):
        r = np.random.randint(n_machos)
        subordinados[i]+=np.random.rand()*(M[r]-subordinados[i])
        subordinados[i] = np.clip(subordinados[i], lb, ub)


    M = np.vstack((dominantes, subordinados))

    #Apareamiento
    for i in range(mitad):
        h_indices=np.random.choice(n_hembras,size=3,replace=False)
        for h_idx in h_indices:
            wi = w_H[h_idx]
            wj_sum = np.sum(w_H[h_indices])
            psi = wi / wj_sum if wj_sum != 0 else 0
            if np.random.rand() < psi:
                offspring = (H[h_idx] + dominantes[i]) / 2
                offspring = np.clip(offspring, lb, ub)
                fit_off = peaks(offspring[0], offspring[1])
                if fit_off < np.max(fitness):
                    replace_idx = np.argmax(fitness)
                    X[replace_idx] = offspring
                    fitness[replace_idx] = fit_off

    #Actualizaciones
    X = np.vstack((H, M))
    fitness = peaks(X[:, 0], X[:, 1])
    w = np.max(fitness)-fitness)/(np.max(fitness)-np.min(fitness))
    H = X[:n_hembras]
    M = X[n_hembras:]
    fitness_H = fitness[:n_hembras]
    fitness_M = fitness[n_hembras:]
    w_H = w[:n_hembras]
    w_M = w[n_hembras:]

    #Elitismo: actualizar mejor global solo si mejora
    if np.min(fitness) < best_fitness:
        best_idx = np.argmin(fitness)
        best_global = np.copy(X[best_idx])
```

```
        best_fitness = fitness[best_idx]

    k = k+1
    plt.show()
    plt.pause(0.1)

# Resultado final
print(f"Mejor individuo: {best_global}")
print(f"Fitness: {best_fitness}")
```

En el código 3.6 podemos observar la inicialización aleatoria de la colonia inicial junto con la evaluación inicial y la asignación de los pesos a cada araña. Acto seguido separa las arañas según su género. Después da comienzo el proceso iterativo donde lo primero que se realiza son los operadores cooperativos, pues se modifica la posición de las arañas hembra y también las arañas macho, solo que estas últimas primero se clasifican en dominantes y no dominantes. Además, tenemos el proceso de reproducción donde se busca crear nuevas crías para la colonia y con ello una selección elitista para verificar si la colonia será modificada o permanecerá igual. Del mismo modo que se realizan todas las actualizaciones necesarias para la siguiente iteración. Todo este proceso está en un ciclo repetitivo hasta completar el criterio de paro indicado por el usuario y finalmente devuelve el resultado de la mejor partícula y su fitness en la función objetivo.

3.5 APLICACIONES Y EJEMPLOS EN PYTHON

Los problemas de optimización consisten en encontrar la mejor solución posible dentro de un conjunto de alternativas, ya sea maximizando o minimizando una determinada función objetivo. Diversas ramas de la ingeniería enfrentan este tipo de desafíos, ya sea en tareas de planificación, investigación de operaciones o en el diseño de sistemas y componentes. Desde esta perspectiva, surge un interés significativo por parte de la comunidad en el desarrollo de técnicas de optimización eficaces que permitan abordar y resolver estas problemáticas de manera eficiente y precisa.

En esta sección se presentan diversos códigos, relacionados con la implementación de algunos de los algoritmos metaheurísticos mencionados en la sección anterior. En estos casos, el funcionamiento de cada uno de los algoritmos se analiza junto con un problema de diseño de ingeniería, un problema estructural, etc. Además, se describe como el algoritmo en cuestión puede ser usado para resolver el problema de optimización.

El problema de diseño de un tanque a presión [38] es un problema clásico de optimización en ingeniería mecánica, donde se tiene como objetivo el minimizar el costo de fabricación de un tanque a presión cilíndrico con un cabezal semiesférico, sujeto a ciertas restricciones físicas y de diseño. La función objetivo a optimizar es el costo de los materiales para construir dicho tanque, dada por la siguiente ecuación:

$$min\, f(x) = 0.6224x_1x_3x_4 + 1.7781x_2x_3^2 + 3.1661x_1^2x_4 + 19.84x_1^2x_3 \tag{3.51}$$

donde cada término representa una parte del tanque, pues los primeros representan las áreas y longitudes del cilindro y cabezal, mientras que los dos últimos representan los costos por el grosor del material. El diseño está definido por cuatro variables: x_1 es el espesor del cabezal, x_2 es el espesor del cuerpo, x_3 es el radio interno del tanque y x_4 es la longitud del cuerpo cilíndrico.

Este problema de ingeniería cuenta con las siguientes restricciones: se busca que el tanque tenga al menos un volumen de 129600 cm^3, por lo tanto:

$$V = \pi x_3^2 x_4 + \frac{4}{3}\pi x_3^3 \geq 129600 \tag{3.52}$$

Además, los grosores no deben ser menores a 0.0625 cm y tanto el radio como la altura deben de ser mayores o iguales a 10 cm, de modo que:

$$x_1, x_2 \geq 0.0625$$
$$x_3, x_4 \geq 10 \tag{3.53}$$

En la siguiente figura se ilustra de manera gráfica un ejemplo de este problema de optimización además de las variables de diseño para el problema del tanque a presión.

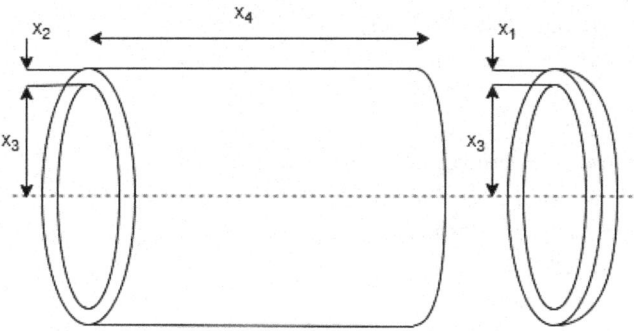

Figura 3.14 Variables de diseño del problema del Tanque a presión

La simulación de la resolución de este problema de ingeniería utilizando el algoritmo DE se muestra en el código 3.7.

Código 3.7 Tanque a Presión con el algoritmo DE en Python

```python
import numpy as np

#Parámetros
N = 50                      # Tamaño de la población
Niter = 1000                # Número de iteraciones
F = 0.2                     # Factor de escalamiento
CR = 0.5                    # Tasa de cruce
dim = 4                     # Número de variables
k = 0                       # Iterador

#Límites de cada variable [x1, x2, x3, x4]
lb = np.array([0.0625, 0.0625, 10.0, 10.0]) #Limites superiores
ub = np.array([10.0, 10.0, 200.0, 200.0])   #Limites inferiors

#Función objetivo con penalización por restricciones
def cost_function(x):
    x1, x2, x3, x4 = x
    V = np.pi * x3**2 * x4 + (4/3) * np.pi * x3**3
    penalty = 0
    if V < 129600:
        penalty += 1e6 * (129600 - V)
    cost = (0.6224 * x1 * x3 * x4 +
            1.7781 * x2 * x3**2 +
            3.1661 * x1**2 * x4 +
            19.84 * x1**2 * x3)
    return cost + penalty

#Inicialización
X = np.random.uniform(lb, ub, (N, dim))
fitness = np.array([cost_function(ind) for ind in X])
best_idx = np.argmin(fitness)
best = X[best_idx]
best_fit = fitness[best_idx]

#Proceso iterativo
while k < Niter:
```

```
    for i in range(N):
        # Mutación: elegir a,  b, c distintos de i
        idxs = [j for j in range(N) if j != i]
        a, b, c = X[np.random.choice(idxs, 3, replace=False)]
        v = np.clip(a + F * (b - c), lb, ub)

        #Cruce
        u = np.copy(X[i])
        jrand = np.random.randint(dim)
        for i in range(dim):
            if np.random.rand() < CR or i == jrand:
                u[i] = v[i]

        #Evaluación y selección
        fu = cost_function(u)
        if fu < fitness[i]:
            X[i] = u
            fitness[i] = fu
            if fu < best_fit:
                best = u
                best_fit = fu
    k = k+1
# Resultado final
print("Mejor solución encontrada:")
print(f"x1 = {best[0]:.4f}")
print(f"x2 = {best[1]:.4f}")
print(f"x3 = {best[2]:.4f}")
print(f"x4 = {best[3]:.4f}")
print(f"Costo total = {best_fit:.4f}")
```

El problema de diseño óptimo de una viga de acero rectangular [39] es un problema de optimización estructural mecánico donde el objetivo es minimizar el área de una sección transversal mientras se cumplen diversas restricciones estructurales. La función objetivo a optimizar es el área de la sección dada establecida bajo el siguiente modelo:

$$min f(x) = b * h \qquad (3.54)$$

donde las dos variables b representan la base de la sección en cm y h representa la altura de la sección también en cm. El diseño está definido por los siguientes parámetros: el momento flector máximo M debe ser igual a $25000N*cm$, el esfuerzo máximo permitido σ_{max} es igual a $1400kg/cm^2$ y el área mínima que debe tener la sección transversal A_{min} debe ser igual a $50cm^2$. Además, este problema cuenta con las siguientes restricciones: se busca que el esfuerzo de flexión no supere al esfuerzo máximo σ_{max}, de modo que sea representado de la siguiente manera:

$$\sigma = \frac{M*h}{2*I} \leq \sigma_{max} \tag{3.55}$$

donde I es el valor obtenido de la siguiente ecuación:

$$I = \frac{b*h^3}{12} \tag{3.56}$$

Además, el área de la sección transversal debe ser superior al área mínima establecida. De modo que sea representado por la siguiente ecuación:

$$A = b*h \geq A_{min} \tag{3.57}$$

Por último, las dimensiones prácticas de las variables deben de estar dentro del siguiente rango:

$$5cm \leq b \leq 15cm$$
$$5cm \leq h \leq 50cm \tag{3.58}$$

En la siguiente figura se presenta una representación gráfica de un ejemplo de problema de optimización, junto con la definición de las variables de diseño correspondientes al caso del diseño óptimo de la viga de acero rectangular. Esta Figura permite visualizar tanto el planteamiento del problema como los elementos clave que intervienen en el proceso de optimización.

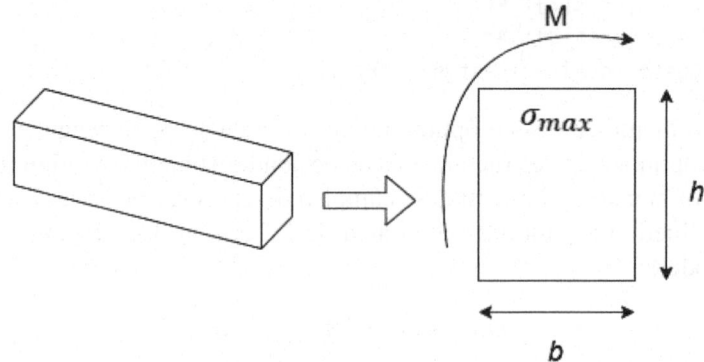

Figura 3.15 Variables de diseño óptimo del problema de la viga de acero rectangular

La simulación de la resolución de este problema de ingeniería utilizando el algoritmo PSO se muestra en el código 3.8.

Código 3.8 Viga de Acero rectangular con el algoritmo PSO en Python

```python
import numpy as np

#Parámetros PSO
N = 50              #Número de partículas
Niter = 1000        #Número de iteraciones
c1 = 2              #Constante cognitiva
c2 = 2              #Constante social
k = 0               #Iterador

#Parámetros del problema
M = 25000               # Momento flector en N*cm
sigma_max = 1400        # kg/cm^2
A_min = 50              # cm^2

#Límite de variables: base (b) y altura (h)
lb = np.array([5, 5])
ub = np.array([15, 50])

#Inicialización
X = np.random.uniform(lb, ub, (N, 2))
V = np.zeros_like(X)
pbest = np.copy(X)
pbest_fitness = np.full(N, np.inf)

#Función objetivo + penalizaciones
def evaluate(X):
    b = X[:, 0]
    h = X[:, 1]
    A = b * h
    I = (b * h**3) / 12
    sigma = M * h / (2 * I)
    penalty = np.zeros_like(A)
    penalty[sigma>sigma_max]+=1000*(sigma[sigma>sigma_max]-
                                               sigma_max)
    penalty[A < A_min] += 1000 * (A_min - A[A < A_min])

    return A + penalty

#Evaluar población inicial
```

```python
    fitness = evaluate(X)
    g_best = X[np.argmin(fitness)]
    g_best_fit = np.min(fitness)


#Proceso Iterativo
while k < Niter:
    r1 = np.random.rand(N, 2)
    r2 = np.random.rand(N, 2)

    V = V + c1 * r1 * (pbest - X) + c2 * r2 * (g_best - X)
    X = X + V
    X = np.clip(X, lb, ub)

    fitness = evaluate(X)
    improved = fitness < pbest_fitness
    pbest[improved] = X[improved]
    pbest_fitness[improved] = fitness[improved]

    if np.min(fitness) < g_best_fit:
        g_best = X[np.argmin(fitness)]
        g_best_fit = np.min(fitness)

    k = k + 1

#Resultado final
b, h = g_best
A = b * h
I = (b * h**3) / 12
sigma = M * h / (2 * I)

print(f"\nMejor solución encontrada:")
print(f"Base (b): {b:.4f} cm")
print(f"Altura (h): {h:.4f} cm")
print(f"Área: {A:.4f} cm²")
print(f"Esfuerzo σ: {sigma:.2f} kg/cm²")
```

El problema de optimización de flujo de fluidos en redes hidráulicas [40] se trata de un problema de optimización de sistemas de tuberías que transportan agua desde un punto a otro. Estos tipos sistemas necesitan de bombas para impulsar el agua a través de las tuberías. Para este problema en específico se trabaja con un tanque elevado que distribuye agua a dos nodos, siendo esta impulsada por una bomba en el tanque a través de dos tuberías que conectan con estos dos puntos. El objetivo es minimizar el costo total de la operación, siendo este el minimizar el consumo de energía de las bombas. La función objetivo a optimizar es la potencia de la bomba establecido por la siguiente ecuación:

$$Potencia = \gamma * Q_{total} * h_b \tag{3.59}$$

donde γ representa el peso específico del agua, siendo este $9.81 kN/m^3$ y Q_{total} representa el flujo total suministrado. Además, el problema de optimización está definido por las siguientes variables de decisión: d_1 es el diámetro de la tubería 1, d_2 es el diámetro de la tubería 2 y h_b es la altura adicional que genera la bomba. Por otro lado, este problema de optimización cuenta con las siguientes restricciones: el caudal mínimo en el nodo 1 debe ser:

$$Q_1 \geq 0.05 m^3 / s \tag{3.60}$$

Además, el caudal mínimo en el nodo 2 debe ser:

$$Q_2 \geq 0.03 m^3 / s \tag{3.61}$$

Los diámetros de ambas tuberías deben de estar dentro del siguiente rango:

$$0.1 \leq d_1, d_2 \leq 0.5 \tag{3.62}$$

La velocidad de flujo en cada tubería debe de estar dentro del siguiente rango:

$$0.1 \leq v_1, v_2 \leq 0.5 \tag{3,63}$$

Por último, la altura adicional debe de estar sujeta a la siguiente restricción:

$$5 \leq h_b \leq 50 \tag{3.64}$$

Además, para este problema podemos simplificar la fórmula de caudal de tal modo que podemos definir las velocidades inversamente a partir de los diámetros para cumplir con el rango de velocidades y asegurar el caudal, de tal modo que:

$$Q = A * v \rightarrow v = \frac{Q}{A} \tag{3.65}$$

donde el área está definida por la siguiente ecuación:

$$A = \frac{\pi * d^2}{4} \tag{3,66}$$

En la siguiente figura se presenta una representación gráfica de este problema de optimización, junto las variables de decisión correspondientes a la red hidráulica utilizada para este problema. Esta figura facilita la comprensión del problema al mostrar de forma clara tanto su planteamiento como las variables de diseño involucradas. Además, permite identificar los elementos clave que influyen en el proceso de optimización, brindando una visión más intuitiva de cómo se estructura y resuelve este tipo de problemas.

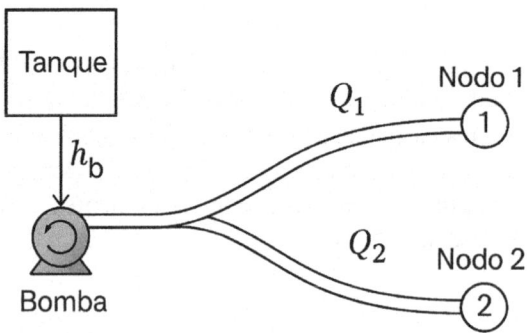

Figura 3.16 Componentes clave de la red hidráulica utilizada para este problema de optimización

La resolución de este problema de optimización utilizando el algoritmo SSO se muestra en el código 3.9.

Código 3.9 Flujo de Fluidos en redes hidráulicas con el algoritmo SSO en Python

```python
import numpy as np

# Definición de parámetros
N = 50      #Número de arañas
Niter = 1000     #Número de iteraciones
dim = 3    #Dimensiones
pf = 0.7   #Poblacion hembras
k = 0       #Control de iteraciones
lb = np.array([0.1, 0.1, 5]) #Límites inferiores d1, d2, hb
ub = np.array([0.5, 0.5, 50]) #Límites superiores d1, d2, hb
Q1 = 0.05   #Caudal 1
Q2 = 0.03   #Caudal 2
gamma = 9.81 * 1000 #peso específico del agua [N/m^3]

# Función objetivo
def objetivo(x):
    d1, d2, hb = x
    A1 = np.pi * d1**2 / 4
```

```python
    A2 = np.pi * d2**2 / 4
    v1 = Q1 / A1
    v2 = Q2 / A2

    penalty = 0
    if not (1 <= v1 <= 3):
        penalty += 10000
    if not (1 <= v2 <= 3):
        penalty += 10000

    potencia = gamma * (Q1 + Q2) * hb
    return potencia + penalty
#Inicialización
X = lb + (ub - lb) * np.random.rand(N, dim)
fitness = np.array([objetivo(ind) for ind in X])

# Asignación inicial de hembras y machos
n_females = int(np.ceil(pf * N))
idx = np.argsort(fitness)
females = X[idx[:n_females]]
males = X[idx[n_females:]]

def calcular_pesos(fitness):
    worst = np.max(fitness)
    best = np.min(fitness)
    if worst == best:
        return np.ones(len(fitness))
    else:
        return (worst - fitness) / (worst - best)

#Ciclo iterativo
while k < Niter:
    pesos = calcular_pesos(fitness)
    #Movimiento de hembras
    for i in range(females.shape[0]):
        rand_idx = np.random.randint(N)
        if np.random.rand() < 0.7:
            direction = X[rand_idx] - females[i]
        else:
            direction = females[i] - X[rand_idx]
        females[i] += np.random.rand(dim) * direction
        females[i] = np.clip(females[i], lb, ub)
```

```python
    #Movimiento de machos
    for i in range(males.shape[0]):
        rand_idx = np.random.randint(N)
        males[i] += np.random.rand(dim)*(X[rand_idx]-males[i])
        males[i] = np.clip(males[i], lb, ub)

    # Reproducción
    nueva_poblacion = []
    num_offspring = N - females.shape[0] - males.shape[0]
    if num_offspring > 0:
        for _ in range(num_offspring):
            parent1=females[np.random.randint(females.shape[0])]
            parent2 = males[np.random.randint(males.shape[0])]
            alpha = np.random.rand(dim)
            offspring = alpha * parent1 + (1 - alpha) * parent2
            offspring = np.clip(offspring, lb, ub)
            nueva_poblacion.append(offspring)
        nueva_poblacion = np.array(nueva_poblacion)
        X = np.vstack((females, males, nueva_poblacion))
    else:
        X = np.vstack((females, males))

   #Evaluación y Selección elitista
    fitness = np.array([objetivo(ind) for ind in X])
    idx = np.argsort(fitness)
    females = X[idx[:n_females]]
    males = X[idx[n_females:]]

    k = k+1

# Resultado final
best_idx = np.argmin(fitness)
best_position = X[best_idx]
best_fitness = fitness[best_idx]

print("Mejor solución encontrada:")
print(f"d1 = {best_position[0]:.4f} m")
print(f"d2 = {best_position[1]:.4f} m")
print(f"hb = {best_position[2]:.4f} m")
print(f"Potencia mínima requerida: {best_fitness:.4f} Watts")
```

En conclusión, los algoritmos metaheurísticos han demostrado ser herramientas poderosas y versátiles para resolver problemas de optimización complejos, especialmente en contextos donde los métodos clásicos como el gradiente descendente o las técnicas analíticas resultan ineficaces debido a la presencia de múltiples óptimos locales, restricciones no lineales o funciones objetivo no derivables. A lo largo de este trabajo se exploró la estructura general de estos algoritmos, caracterizados por su inspiración en procesos naturales o sociales y su capacidad para explorar e intensificar la búsqueda en el espacio de soluciones.

Se abordaron específicamente cuatro algoritmos representativos: el Algoritmo Genético (GA), la Evolución Diferencial (DE), el Enjambre de Partículas (PSO) y la Optimización por Arañas Sociales (SSO). Cada uno de ellos fue aplicado a problemas concretos, lo cual permitió evidenciar sus fortalezas, limitaciones y comportamientos característicos. Las implementaciones prácticas realizadas en este estudio, incluyendo problemas de ingeniería hidráulica y funciones matemáticas de prueba, muestran cómo estos métodos pueden adaptarse con relativa facilidad a distintas formulaciones, manteniendo una estructura coherente y comprensible.

En resumen, los algoritmos metaheurísticos ofrecen una alternativa eficiente y flexible frente a los métodos de optimización tradicionales. Con ayuda de estos problemas de optimización podemos observar que los algoritmos metaheurísticos poseen una gran variedad en sus aplicaciones dentro de las ramas de la ciencia, ingeniería, física, etc. Dado a que si existe una variable que se desea optimizar, es posible aplicar un método de optimización como los algoritmos metaheurísticos, aun cuando se tengan diversas variables incógnitas, restricciones e inclusive dimensiones diferentes.

3.6 REFERENCIAS

[1] D. Simon, *Evolutionary optimization algorithms*. John Wiley & Sons, 2013.

[2] A. D. Belegundu and T. R. Chandrupatla, *Optimization concepts and applications in engineering*. Cambridge University Press, 2019.

[3] R. Wehrens and L. M. C. Buydens, "Classical and nonclassical optimization methods," *Encyclopedia of analytical chemistry*, pp. 9678–9689, 2000.

[4] P. Adby, *Introduction to optimization methods*. Springer Science & Business Media, 2013.

[5] . Zelinka, V. Snasael, and A. Abraham, *Handbook of optimization: from classical to modern approach*, vol. 38. Springer Science & Business Media, 2012.

[6] M. Andriychuk and A. Sadollah, "Optimization Algorithms: Classics and Recent Advances," 2024.

[7] S. Ruder, "An overview of gradient descent optimization algorithms," *arXiv preprint arXiv:1609.04747*, 2016.

[8] B. T. Polyak, "Newton's method and its use in optimization," *Eur J Oper Res*, vol. 181, no. 3, pp. 1086–1096, 2007.

[9] J. Rajpurohit, T. K. Sharma, and A. Abraham, "Glossary of metaheuristic algorithms," *International Journal of Computer Information Systems and Industrial Management Applications*, vol. 9, p. 25, 2017.

[10] C. Blum and A. Roli, "Metaheuristics in combinatorial optimization: Overview and conceptual comparison," *ACM computing surveys (CSUR)*, vol. 35, no. 3, pp. 268–308, 2003.

[11] A. Ruszczynski, *Nonlinear optimization*. Princeton university press, 2011.

[12] E. Cuevas, O. Barba-Toscano, H. Escobar, D. Zaldívar, and A. Rodríguez-Vázquez, "An initialization approach for metaheuristic algorithms by using Gibbs sampling," *Math Comput Simul*, vol. 225, pp. 586–606, 2024.

[13] A. E. Gelfand, "Gibbs sampling," *J Am Stat Assoc*, vol. 95, no. 452, pp. 1300–1304, 2000.

[14] G. Casella and E. I. George, "Explaining the Gibbs sampler," *Am Stat*, vol. 46, no. 3, pp. 167–174, 1992.

[15] S. Rahnamayan, H. R. Tizhoosh, and M. M. A. Salama, "Opposition-based differential evolution algorithms," in *2006 IEEE international conference on evolutionary computation*, IEEE, 2006, pp. 2010–2017.

[16] W. Pan, K. Li, M. Wang, J. Wang, and B. Jiang, "Adaptive randomness: a new population initialization method," *Math Probl Eng*, vol. 2014, no. 1, p. 975916, 2014.

[17] M. F. Ahmad, N. A. M. Isa, W. H. Lim, and K. M. Ang, "Differential evolution with modified initialization scheme using chaotic oppositional based learning strategy," *Alexandria Engineering Journal*, vol. 61, no. 12, pp. 11835–11858, 2022.

[18] Z. Beheshti, S. Mariyam, and H. Shamsuddin, "A Review of Population-based Meta-Heuristic Algorithm," 2013. [Online]. Available: www.i-csrs.org

[19] A. C. Johnvictor, V. Durgamahanthi, R. M. Pariti Venkata, and N. Jethi, "Critical review of bio-inspired optimization techniques," *Wiley Interdiscip Rev Comput Stat*, vol. 14, no. 1, p. e1528, 2022.

[20] S. Halim, R. H. C. Yap, and H. C. Lau, *Visualization for analyzing trajectory-based metaheuristic search algorithms*. Swedish Institute of Computer Science, 2006.

[21] M. N. Ab Wahab, S. Nefti-Meziani, and A. Atyabi, "A comprehensive review of swarm optimization algorithms," *PLoS One*, vol. 10, no. 5, p. e0122827, 2015.

[22] J. Holland, "Genetic Algorithms," *Scientific American* , vol. 267, no. 1, pp. 66–73, 1992.

[23] R. Storn and K. Price, "Differential Evolution-A Simple and Efficient Heuristic for Global Optimization over Continuous Spaces," Kluwer Academic Publishers, 1997.

[24] J. Kennedy and R. Eberhart, "Particle swarm optimization," in *Proceedings of ICNN'95-international conference on neural networks*, ieee, 1995, pp. 1942–1948.

[25] M. Dorigo, M. Birattari, and T. Stutzle, "Ant colony optimization," *IEEE Comput Intell Mag*, vol. 1, no. 4, pp. 28–39, 2007.

[26] A. Askarzadeh, "A novel metaheuristic method for solving constrained engineering optimization problems: Crow search algorithm," *Comput Struct*, vol. 169, pp. 1–12, Jun. 2016, doi: 10.1016/j.compstruc.2016.03.001.

[27] S. Mirjalili, S. M. Mirjalili, and A. Lewis, "Grey wolf optimizer," *Advances in engineering software*, vol. 69, pp. 46–61, 2014.

[28] E. Cuevas, M. Cienfuegos, D. Zaldívar, and M. Pérez-Cisneros, "A swarm optimization algorithm inspired in the behavior of the social-spider," *Expert Syst Appl*, vol. 40, no. 16, pp. 6374–6384, 2013, doi: https://doi.org/10.1016/j.eswa.2013.05.041.

[29] S. P. Adam, S.-A. N. Alexandropoulos, P. M. Pardalos, and M. N. Vrahatis, "No free lunch theorem: A review," *Approximation and optimization: Algorithms, complexity and applications*, pp. 57–82, 2019.

[30] A. Lambora, K. Gupta, and K. Chopra, "Genetic algorithm-A literature review," in *2019 international conference on machine learning, big data, cloud and parallel computing (COMITCon)*, IEEE, 2019, pp. 380–384.

[31] K. PRICE, "Genetic annealing," *Dr. Dobb's Journal*, vol. 19, pp. 127–132, 1994.

[32] G. Wu, R. Mallipeddi, and P. N. Suganthan, "Problem definitions and evaluation criteria for the CEC 2017 competition on constrained real-parameter optimization," *National University of Defense Technology, Changsha, Hunan, PR*

China and Kyungpook National University, Daegu, South Korea and Nanyang Technological University, Singapore, Technical Report, 2017.

[33] M. Breakdowns, "2014 IEEE Congress on Evolutionary Computation".

[34] P. M. Kappeler et al., "Sex roles and sex ratios in animals," Biological Reviews, vol. 98, no. 2, pp. 462–480, 2023.

[35] L. Aviles, "Sex-ratio bias and possible group selection in the social spider Anelosimus eximius," Am Nat, vol. 128, no. 1, pp. 1–12, 1986.

[36] E. C. Yip, K. S. Powers, and L. Avilés, "Cooperative capture of large prey solves scaling challenge faced by spider societies," Proceedings of the National Academy of Sciences, vol. 105, no. 33, pp. 11818–11822, 2008.

[37] L. Avilés, "Social spiders," Encyclopedia of social insects, pp. 858–868, 2021.

[38] X.-S. Yang, C. Huyck, M. Karamanoglu, and N. Khan, "True global optimality of the pressure vessel design problem: a benchmark for bio-inspired optimisation algorithms," International Journal of Bio-Inspired Computation, vol. 5, no. 6, pp. 329–335, 2013.

[39] A. Luevanos-Rojas, "Numerical experimentation for the optimal design of reinforced rectangular concrete beams for singly reinforced sections," Dyna (Medellin), vol. 83, no. 196, pp. 134–142, 2016.

[40] R. Farmani, D. A. Savic, and G. A. Walters, "Evolutionary multi-objective optimization in water distribution network design," Engineering Optimization, vol. 37, no. 2, pp. 167–183, 2005.

4

ALGORITMOS DE AGRUPAMIENTO (CLUSTERING)

El agrupamiento de objetos es tan antiguo como la necesidad humana de describir las características destacadas de los objetos e identificarlos en alguna clase. Además, abarca diversas disciplinas: desde las matemáticas y la estadística hasta la genética y la biología, cada una de ellas hace uso de distintos términos para describir las topologías usando este análisis. Desde los síndromes médicos y genotipos genéticos, hasta las taxonomías biológicas o los grupos de tecnología; el problema es el mismo: encontrar categorías de entidades y asignar a los individuos a los grupos apropiados en ellas.

Los algoritmos de agrupamiento o de *clustering* por su nombre en inglés, son una herramienta extensivamente utilizada en el aprendizaje no supervisado para organizar, caracterizar, clasificar y modelar información y datos. Estos algoritmos dividen un conjunto de datos en distintos grupos de manera en que las diferencias entre estos grupos son menores que la diferencia que hay con el resto de ellos. En este capítulo se abordarán distintos algoritmos de agrupamiento, como los algoritmos secuenciales, basados en centroide, basados en densidad y los algoritmos de agrupamiento jerárquico. Al avanzar en el capítulo cada una de estas técnicas será analizada de manera individual partiendo desde un enfoque teórico para posteriormente mostrar su implementación en lenguaje Python para facilitar la comprensión de cada uno de ellos.

4.1 INTRODUCCIÓN

Los algoritmos de agrupamiento y clasificación son una tarea fundamental en la inteligencia computacional. Mientras que los algoritmos de clasificación son mayoritariamente utilizados como métodos de aprendizaje supervisado en los que se entrena partiendo de un conjunto de datos etiquetado en el cual se conocen las salidas correspondientes al vector de información de entrada. En el aprendizaje no supervisado no se cuenta con esta información, es en estos casos cuando se cuenta con los algoritmos de agrupamiento, cuyo objetivo es descubrir un nuevo conjunto de grupos que sean similares entre si dependiendo de sus características.

Los algoritmos de agrupamiento dividen el conjunto de datos en subconjuntos de tal manera que datos con instancias similares son agrupados juntos, mientras que aquellos cuyas instancias sean diferentes pertenecerán a grupos distintos. Tales instancias, deberán por lo tanto ser organizadas de una manera que el conjunto de datos muestreado sea caracterizado eficientemente.

4.2 DEFINICIÓN DE CLÚSTER

Formalmente, la estructura de los algoritmos de agrupamiento está representada partiendo de un conjunto de datos $X=\{x_1,x_2,...,x_n\}$ y dividiéndolo en un conjunto de subconjuntos (clústeres) $C=\{C_1,C_2,...,C_k\}$ de S tal que:

$$\bigcup_{i=1}^{k} C_i = X, \quad i = 1,2,...,k \tag{4.1}$$

$$C_i \neq \emptyset, \quad i = 1,2,...,k \tag{4.2}$$

$$C_i \cap C_j = \emptyset, i \neq j, i, j = 1,2,...,k \tag{4.3}$$

en consecuencia, cualquier instancia en S puede pertenecer exactamente a solo un subconjunto C_i.

Debido a que los algoritmos de agrupamiento dividen el conjunto de datos de acuerdo con la similitud de sus características, es necesario tener una métrica que determine qué tan similares o diferentes son dos objetos.

4.3 MÉTRICAS DE PROXIMIDAD

Debido a que los algoritmos de agrupamiento dividen el conjunto de datos de acuerdo con la similitud de sus características, es necesario tener una métrica que determine qué tan similares o diferentes son dos objetos. Existen distintas métricas de proximidad para estimar esta relación, medidas de similitud y medidas de disimilitud.

Para comenzar, es posible definir una métrica de disimilitud d en X como una función:

$$d: X \times X \to \mathbb{R} \tag{4.4}$$

Siendo $\mathbb{R}$ el conjunto de los números reales de tal manera que:

$$\exists d_0 \in \mathbb{R}: -\infty < d_0 \leq d(x,y) < +\infty, \ \forall x, y \in X$$

$$d(x,x) = d_0, \forall x \in X \tag{4.5}$$

Y:

$$d(x,y) = d(y,x) \forall x, y \in X \tag{4.6}$$

Adicionalmente:

$$d(x,y) = d_0 \ sii \ x = y \tag{4.7}$$

Además

$$d(x,z) \leq d(x,y) + d(y,z), \forall x, y, z \in X \tag{4.8}$$

De esta manera d puede ser llamada una métrica DM de desigualdad. Finalmente, la igualdad presentada en la ecuación 4.7 indica que el menor valor de desigualdad d_0 posible entre dos vectores del conjunto X se alcanza solo si estos vectores son idénticos. Es frecuente mencionar las métricas de disimilitud como una distancia aunque este término no sea utilizado en el sentido matemático más estricto.

Por otro lado, una métrica de similitud (SM) s en X esta definida como una función:

$$s: X \times X \to \mathbb{R} \tag{4.9}$$

De tal manera que:

$$\exists s_0 \in \mathbb{R}: -\infty < s_0 \leq s(x,y) < +\infty, \ \forall x, y \in X$$

$$s(x,x) = s_0, \forall x \in X \tag{4.10}$$

Y:

$$s(x,y) = s(y,x) \forall x, y \in X \tag{4.11}$$

Adicionalmente:

$$s(x,y) = s_0 \ sii \ x = y \tag{4.12}$$

Además

$$s(x,z) \leq s(x,y) + s(y,z), \forall x,y,z \in X \tag{4.13}$$

4.3.1 Métricas de disimilitud

Entre las métricas de disimilitud una de las más ampliamente usadas es la conocida como la distancia euclidiana que está definida como:

$$d_2(x,y) = \sqrt{\sum_{i=1}^{l}(x_i - y_i)^2} \tag{4.14}$$

Donde $x,y \in X$ y x_i, y_i son las i-esimas coordenadas de x e y respectivamente. En esta métrica de disimilitud d_0 tiene un valor igual a cero, siendo esta la mínima distancia disponible entre dos vectores de X. Cumpliendo también que la distancia entre un vector y si mismo es igual a d_0. Además, es fácil observar que $d(x,y)=d(y,x)$ cumpliendo así todos los requisitos para ser considerada una métrica de disimilitud.

Si bien, la distancia euclidiana es una de las métricas de disimilitud más conocidas, en el resto de la sección se abordarán otras métricas que también pueden ser del interés del lector.

Entre las métricas de disimilitud más comunes usadas en la práctica podemos tomar en cuenta las siguientes:

La métrica pesada l_p dada por la siguiente ecuación:

$$d_p(x,y) = \left(\sum_{i=1}^{l} w_i |x_i - y_i|^p \right)^{1/p} \tag{4.15}$$

Siendo de x_i, y_i las i-ésimas coordenadas de los vectores x,y y w_i un valor mayor a cero el i-ésimo coeficiente de ponderación de dichos vectores y coordenadas. De esta norma deriva la distancia euclidiana cuando se ajusta el valor $p=2$.

De este caso también deriva la distancia *Manhattan dada por:*

$$d_p(x,y) = \sum_{i=1}^{l} w_i |x_i - y_i| \tag{4.16}$$

4.3.2 Métricas de similitud

Del otro lado, las métricas de similitud más conocidas son:

Métrica del producto interno: esta métrica está dada por:

$$s_{int}(x, y) = x^T y = \sum_{i=1}^{l} x_i y_i \tag{4.17}$$

esta métrica suele ser utilizada cuando los vectores x, y están normalizados de manera que tengan el mismo tamaño.

Otra métrica importante relacionada con la métrica del producto interno es la *métrica del coseno* dada por:

$$s_{cos}(x, y) = \frac{x^T y}{\|x\| \|y\|} \tag{4.18}$$

Siendo:

$$\|x\| = \sqrt{\sum_{i=1}^{l} x_i^2} \tag{4.19}$$

Y

$$\|y\| = \sqrt{\sum_{i=1}^{l} y_i^2} \tag{4.20}$$

4.4 PASOS BÁSICOS PARA HACER AGRUPAMIENTO

Una vez repasados los conceptos básicos y definiciones de los algoritmos de agrupamiento y medidas de proximidad es sencillo desempeñar una tarea de agrupamiento dividiéndola en los siguientes pasos:

1. *Selección de características:* estas deben ser seleccionadas de manera en que contengan la mayor cantidad de información posible respecto a la tarea de interés, al mismo tiempo, es necesario evitar tener redundancias en los vectores de características.

2. *Selección de métrica de proximidad:* esta métrica, como ya fue mencionado en la sección anterior, cuantifica qué tan similares o diferentes son los vectores de características. Es importante tomar en

cuenta que las características seleccionadas afecten de igual manera a la métrica de proximidad.

3. *Selección del criterio de agrupamiento:* este criterio depende de la interpretación que el experto de en términos de sensibilidad, basándose en los tipos de grupos que se espere encontrar en el conjunto de datos.

4. *Selección del algoritmo de agrupamiento:* una vez definidos el criterio de agrupamiento y la métrica de proximidad, el siguiente paso es escoger el algoritmo de agrupamiento adecuado con respecto al conjunto de datos con el que se va a trabajar.

5. *Validación de los resultados:* una vez que el algoritmo de agrupamiento ha terminado su tarea, es necesario verificar la fiabilidad de los resultados arrojados por este último. Esto último se lleva a cabo aplicando las pruebas adecuadas.

6. *Interpretación de los resultados:* finalmente los resultados arrojados por el algoritmo deben ser interpretados por un experto en el campo de aplicación en conjunto con otra evidencia experimental para llegar a una conclusión adecuada.

4.5 ALGORITMOS DE AGRUPAMIENTO CLÁSICOS

En secciones anteriores, se discutieron las definiciones básicas de grupos (clusters), métricas de proximidad, y los pasos básicos a desempeñar para llevar a cabo una tarea de agrupamiento. En esta sección se discutirán de manera detallada algunos de los algoritmos clásicos de agrupamiento y la manera adecuada de obtener el número de clústeres que suelen pedir varios de los algoritmos en cuestión.

4.5.1 Cálculo del posible número de grupos a obtener

En la actualidad existen varios algoritmos que piden al usuario la cantidad máxima de grupos para dividir el conjunto de datos. En general, si se tienen el tiempo y los recursos necesarios, la mejor manera de asignar los vectores de características de x_i , $i = 1, ..., N$ de un conjunto de datos X a grupos distintos, sería encontrar todas las posibles particiones de grupos posibles y seleccionar la más adecuada de acuerdo con el criterio de agrupamiento seleccionado. Sin embargo, es virtualmente imposible llevar acabo esta tarea incluso para un valor moderado de vectores de características N debido a lo extenuante de esta tarea. Por lo que en realidad podemos marcar $S(N,m)$ como el número de agrupamientos posibles de N vectores de características divididos en m grupos. Recordando que por definición no pueden existir grupos vacíos, se pueden fijar las siguientes condiciones:

$$S(N,1)=1 \tag{4.21}$$

$$S(N,N)=1 \tag{4.22}$$

$$S(N,m)=0 \ ,sii\, m>N \tag{4.23}$$

Definiendo L^K_{N-1} como la lista que contiene todas las posibles agrupaciones de N-1 vectores en k grupos para $k = m, m$-1. El N-esimo vector puede ya ser añadido a cualquiera de los grupos de L^m_{N-1}, o formar un nuevo grupo con cualquier miembro de L^{m-1}_{N-1}, por lo tanto, es posible escribir que:

$$S(N,m)=mS(N-1,m)+S(N-1,m-1) \tag{4.24}$$

Guiando a que la solución de la ecuación 4.24 son los también llamados números de Stirling de segundo tipo dados por:

$$S(N,m)=\frac{1}{m!}\sum_{i=o}^{m}(-1)^{m-i}\binom{m}{i}i^N \tag{4.25}$$

4.5.2 Algoritmo Básico de Agrupamiento Secuencial

En esta sección se explicará el algoritmo básico de agrupamiento secuencial (BSAS), el cual generaliza lo discutido previamente. Para este algoritmo es necesario considerar que todos los vectores de características son pasados por el algoritmo una única vez. Otra cuestión que considerar es, que para realizar el algoritmo el número de grupos no es conocido a priori ya que el algoritmo los va creando con el paso de las iteraciones.

Tomando la función $d(x,C)$ como una métrica de disimilitud o distancia entre el vector de características y el grupo C siendo este último definido a través de una medida de representación rep. En este caso se utilizará la media de todos los puntos que conforman el grupo. Es importante recalcar que durante previo al funcionamiento del algoritmo el usuario debe definir ciertos parámetros necesarios para el correcto funcionamiento de éste, estos parámetros son: el número máximo de grupos permitidos q y el umbral máximo de disimilitud permitido th.

La idea básica del algoritmo plantea lo siguiente:

 ▸ Cada vector de características es presentado una única ocasión al algoritmo.

▶ Cuando un vector es analizado por el algoritmo, dependiendo del valor de la medida de disimilitud, este puede ser asignado a un grupo previamente existente o bien, formar un grupo nuevo.

▶ Este proceso se repite hasta analizar todos los vectores de características.

El flujo del algoritmo se puede seguir en la Figura 4.1

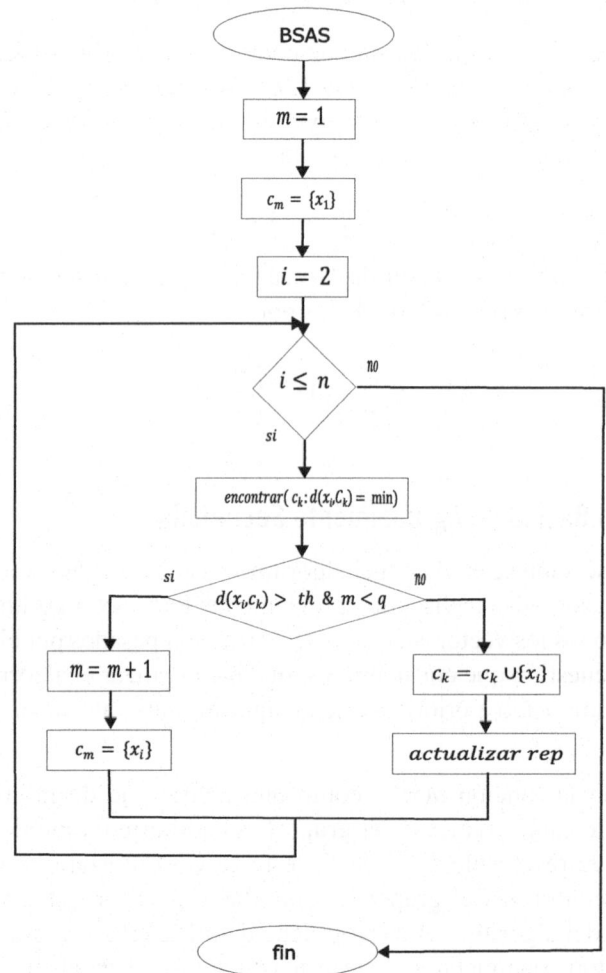

Figura 4.1 Diagrama de flujo algoritmo de agrupamiento BSAS

A continuación, se muestra un ejemplo de implementación del algoritmo BSAS en Python:

Código 4.1 Algoritmo BSAS en Python

```python
import numpy as np
import matplotlib.pyplot as plt

def BSAS(X, th, q, orden):
    # Reordenar datos si se proporciona un orden específico
    l, N = X.shape
    if len(order) == N:
        X = X[:,orden]
# Inicialización
    n_clust = 1
    bel = np.zeros(N,dtype=int)
    bel[0] = n_clust

# matriz de centroides (cada columna es un clúster)
    m = X[:,[0]]
    for i in range(1, N):
        m2 = m.shape[1]
# Calcular distancias a los centroides existentes
        distances = np.sqrt(np.sum((m - X[:,i].reshape(-1,1))**2,
axis=0))
        s1 = np.min(distances)
        s2 = np.argmin(distances)
        if s1 > th and n_clust < q:
            n_clust += 1
            bel[i] = n_clust
            m = np.hstack((m, X[:,[i]]))
        else:
            bel[i] = s2 + 1
            count = np.sum(bel[:i+1] == bel[i])
            m[:, s2] = ((count - 1) * m[:,s2] + X[:,i]) / count
    return bel, m
```

Ejemplo 4.1:

Utilizar el algoritmo BSAS para hacer un agrupamiento sobre un conjunto de datos aleatorio, el umbral de distancia máxima para entrar al grupo *th* será de 4 y el número máximo de grupos permitido q será de 5.

Solución:

Código 4.2 Ejemplo de Uso de algoritmo BSAS en Python

```python
# ----------- Generación de datos aleatorios -----------
np.random.seed(0)
cluster1 = np.random.randn(2,20) + np.array([[5],[5]])
cluster2 = np.random.randn(2, 20) + np.array([[0],[0]])
cluster3 = np.random.randn(2, 20) + np.array([[5],[-5]])
X = np.hstack((cluster1,cluster2,cluster3))
# Mezclar el orden
order = np.random.permutation(X.shape[1])
# ----------- Ejecutar BSAS -----------
theta = 4.0  # Umbral de distancia
q = 5        # Número máximo de clusters
labels,centroids = BSAS(X,theta,q,order)
# ----------- Visualización -----------
plt.figure(figsize=(8, 6))
for k in np.unique(labels):
    idx = np.where(labels == k)
    plt.scatter(X[0,idx],X[1,idx],label=f'Cluster{k}')
plt.scatter(centroids[0,:],centroids[1,:],c='black',marker='x',\
s=100,label='Centroides')
plt.title('Agrupamiento con BSAS')
plt.xlabel('X1')
plt.ylabel('X2')
plt.legend()
plt.grid(True)
plt.show()
```

Es necesario aclarar que para el funcionamiento de este código debe incluirse la definición del algoritmo BSAS mostrada en el código 4.1, además de incluir los módulos de numpy y matplot lib en el intérprete que desee utilizarse. Como resultado el algoritmo 4.2 arrojará lo siguiente:

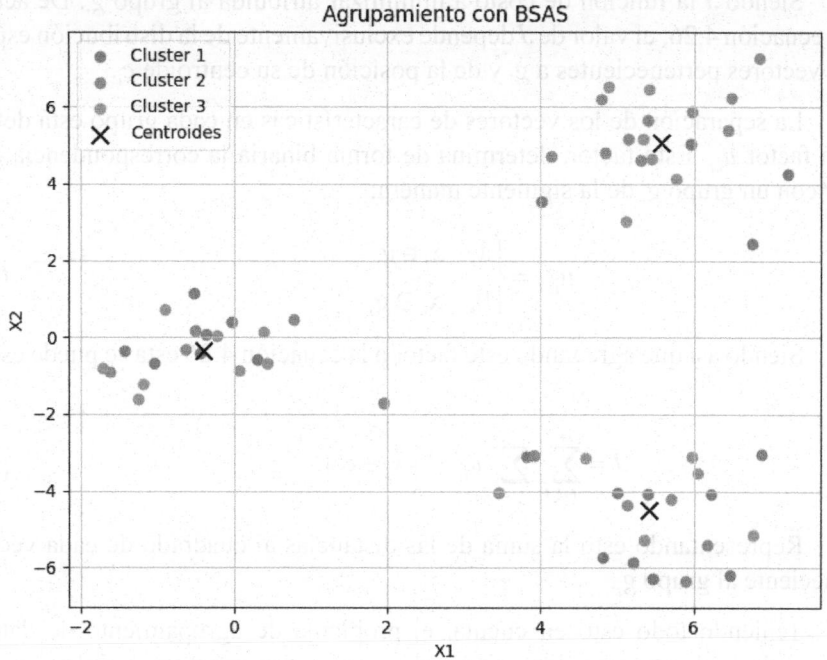

Figura 4.2 Resultado de Agrupación de algoritmo BSAS

Como se puede observar, el algoritmo detecta 3 grupos posibles marcando el centroide de cada uno de ellos con una "×".

4.5.3 Algoritmo K-medias (K-means)

En esta sección será presentado uno de los algoritmos de agrupamiento más ampliamente utilizados en una gran variedad de aplicaciones de inteligencia computacional, el algoritmo K-medias mejor conocido por su nombre en inglés como K-means.

Este algoritmo divide un conjunto de vectores $x=(x_1,x_2,...,x_n)$ en m grupos $G=(g_1,g_2,...,g_m)$. La medida de representación de los grupos en el algoritmo K-medias está definida por el centroide c_i, $i=1,2,...,m$ el cual se calcula minimizando una función de costo en la cual se asume como métrica de disimilitud la distancia euclidiana. Esta función de costo está definida de la siguiente manera:

$$J = \sum_{i=1}^{m} \sum_{k\,,\,x_k \in G_i} \|x_k - c_i\|^2 \tag{4.26}$$

214 INTELIGENCIA ARTIFICIAL Y COMPUTACIONAL. TEORÍA Y PRÁCTICAS CON PYTHON

Siendo J la función de costo a minimizar atribuida al grupo g_i. De acuerdo con la ecuación 4.26, el valor de J depende exclusivamente de la distribución espacial de los vectores pertenecientes a g_i y de la posición de su centroide c_i.

La separación de los vectores de características en cada grupo está definida por un factor $u_{i,j}$. Este factor, determina de forma binaria la correspondencia de un vector con un grupo g_i de la siguiente manera:

$$u_{i,j} = \begin{cases} 1, & x_i \in g_i \\ 0, & x_i \ni g_i \end{cases} \qquad (4.27)$$

Siendo así que agregando este factor a la ecuación 4.26 esta se puede escribir como:

$$J = \sum_{i=1}^{m} \sum_{k,\, x_k \in G_i} u_{i,j} * \|x_k - c_i\|^2 \qquad (4.28)$$

Representando esto la suma de las distancias al cuadrado de cada vector x_i perteneciente al grupo g_i.

Teniendo todo esto en cuenta, el problema de agrupamiento de datos se puede resolver al encontrar los valores de $u_{i,j}$ y c_i que minimicen J. Este método minimiza J a través de un proceso iterativo que se divide en dos fases:

Primera Fase

En esta fase se optimiza J respecto a $u_{i,j}$ manteniendo fijas las posiciones de los centroides c_i los cuales en la primera iteración son colocados de manera aleatoria, para esto se aprovecha que el valor de J varia linealmente respecto a los valores de $u_{i,j}$. Dado que cada término $u_{i,j}$ involucra un grupo independiente y diferente g_i, es posible encontrar de manera separada cada termino $u_{i,j}$. Con esto en cuenta se elijen los valores de $u_{i,j}=1$ al centroide que tenga la mínima distancia con el vector de características que está siendo analizado, es decir, se asigna el vector de características x_i al grupo más cercano. Esto se puede formular matemáticamente de la siguiente manera:

$$u_{i,j} = \begin{cases} 1, & i = argmin\|x_j - c_i\|^2 \\ 0, & cualquier\ otro\ caso \end{cases} \qquad (4.29)$$

Segunda Fase

En esta fase, se determina el valor de los centroides manteniendo fijos los valores de $u_{i,j}$ previamente obtenidos. Dado que los valores de la función objetivo varían de forma cuadrática respecto al valor de los centroides c_i, el valor de J se puede minimizar igualando a 0 el valor de la derivada de J con respecto a c_i. Obteniendo de esto la siguiente expresión:

$$2 * \sum_{j=1}^{n} u_{i,j} * (x_j - c_i) = 0 \tag{4.30}$$

A partir de la cual se puede obtener el valor de los centroides de la siguiente manera:

$$c_i = \frac{\sum_{j=1}^{n} u_{i,j} * x_j}{\sum_{j=1}^{n} u_{i,j}} \tag{4.31}$$

Una vez completada la segunda etapa, el proceso se repite iterativamente hasta que no haya cambios en los valores de los centroides. En la figura 4.3 se puede seguir el paso a paso del algoritmo K-medias a manera de diagrama de flujo.

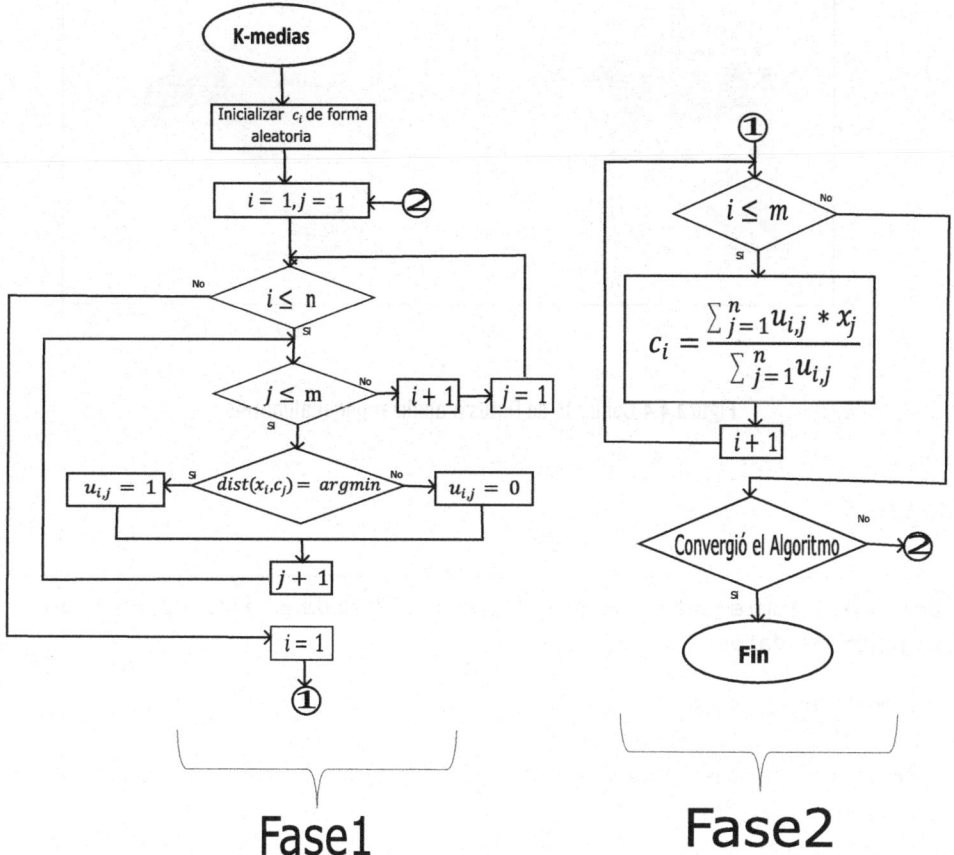

Figura 4.3 Diagrama de flujo del algoritmo K-medias, en él, la variable n es el número de vectores de características a ser analizados y m es el número de grupos definido por el usuario

Ejemplo 4.2

A continuación, se muestra un ejemplo de implementación del algoritmo K-medias en Python utilizado para separar el siguiente conjunto de datos en 4 grupos:

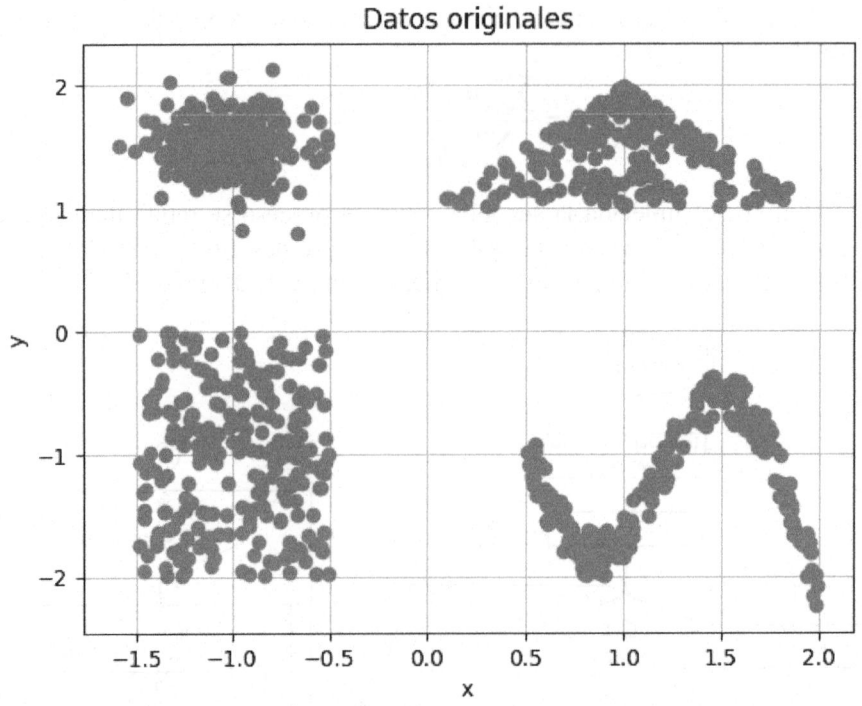

Figura 4.4 Conjunto de Datos a analizar por el algoritmo

Solución:

Código 4.3 Implementación del Algoritmo K-medias para agrupar un conjunto de datos

```python
import numpy as np
import matplotlib.pyplot as plt
from sklearn.cluster import KMeans
from scipy.io import arff
import pandas as pd

# Leer el archivo ARFF
```

```python
data, meta = arff.loadarff('shapes.arff')

# Convertir a DataFrame para manejo más cómodo
df = pd.DataFrame(data)

# Asegurarse de que los datos estén en formato numérico (por si hay
bytes)
df['x'] = pd.to_numeric(df['x'], errors='coerce')
df['y'] = pd.to_numeric(df['y'], errors='coerce')

# Extraer variables
x = df['x'].values
y = df['y'].values

# Visualizar datos originales
plt.figure()
plt.plot(x, y, 'o')
plt.title('Datos originales')
plt.xlabel('x')
plt.ylabel('y')
plt.grid(True)
plt.show()

# Preparar datos para clustering
D = np.column_stack((x, y))

# Aplicar K-means con 4 clusters
kmeans = KMeans(n_clusters=4, random_state=0)
idx = kmeans.fit_predict(D)

# Visualización de resultados
plt.figure()
colors = ['g', 'r', 'k', 'y']
for i in range(4):
    cluster_points = D[idx == i]
    plt.plot(cluster_points[:, 0], cluster_points[:, 1], 'o' +
colors[i],\
 label=f'Cluster {i+1}')

# Graficar los centroides
```

```
centroids = kmeans.cluster_centers_
plt.scatter(centroids[:,0],centroids[:,1],s=150,c='blue',marker='X',\
label='Centroides')

plt.title('Resultados de K-means')
plt.xlabel('x')
plt.ylabel('y')
plt.legend()
plt.grid(True)
plt.show()
```

Resultado:

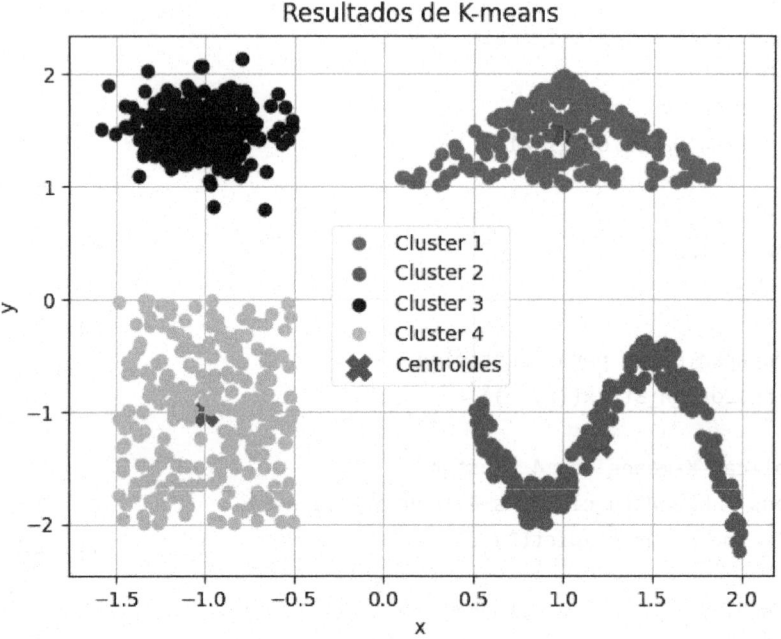

Figura 4.5 Resultado de Agrupamiento con algoritmo K-medias

Como se puede apreciar, el algoritmo separa el conjunto de datos de acuerdo con la distribución espacial de las nubes de datos asignándolos a su centroide más cercano. Es necesario aclarar que para que el código 4.3 funcione se necesita tener el archivo "shapes.arff" en la misma carpeta que se ejecute el código. Este archivo será añadido en el material complementario de la página web del libro.

4.5.4 Algoritmos de Agrupamiento Jerárquico

En esta sección serán analizados los algoritmos de agrupamiento jerárquico. Estos algoritmos realizan una serie de particiones sobre el conjunto de datos de tal manera que permite que sean visualizadas en un diagrama de árbol comúnmente conocido como dendrograma. Como se puede apreciar en la Figura 4.6, esta es una estructura configurada de tal manera en que cada elemento D del nivel más bajo del árbol representan un grupo individual, mientras que el elemento raíz D_r del árbol representa el grupo formado por la unión de todos los vectores de características a analizar. Tomando en cuenta estas consideraciones, en los niveles intermedios del árbol es posible encontrar diversas agrupaciones de los vectores de características dependiendo de las distancias relativas entre ellos.

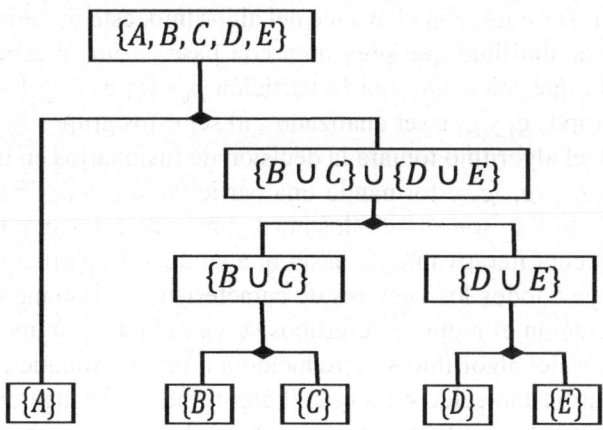

Figura 4.6 Ejemplo de Dendrograma

Este tipo de algoritmos se pueden dividir en dos enfoques principales: los métodos de aglomeración, los cuales empiezan por definir para cada uno de los n elementos a agrupar un grupo individual. Teniendo de esta manera n grupos y, con ellos, el algoritmo realiza un proceso iterativo de unión de los grupos que de acuerdo con un criterio de similitud tienden a estar más relacionados. Por la otra parte, los procesos de agrupamiento jerárquico divisivos realizan la tarea opuesta, es decir, el algoritmo inicia con un grupo principal que contiene todos los vectores de características a analizar y lo va separando en grupos que de acuerdo con un criterio de disimilitud son diferentes del grupo. Debido al carácter introductorio de este libro, en esta sección se abordará únicamente los algoritmos aglomerativos que son ampliamente más populares.

Formalmente se puede definir el agrupamiento jerárquico de la siguiente manera: dado un conjunto de datos $D=\{x_1,x_2,...,x_n\}$ para $xi\in\mathbb{R}^d$, el objetivo de un algoritmo de agrupación jerárquica es particionar el conjunto D en m grupos $G=\{g_1,g_2,...,g_m\}$. Se dice que un conjunto de grupos $A=\{a_1,a_2,...,a_s\}$ está anidado en otro conjunto $B=\{b_1,b_2,...,b_t\}$ únicamente si $s>t$ de manera que cada grupo $a_i \in A$ existe un grupo $b_j \in B$ para el que $a_i \subseteq b_j$. Durante el agrupamiento aglomerativo, se produce una serie de particiones anidadas $p_1,p_2,...,p_n$ iniciando con $p_1=\{(x_1),(x_2),...,(x_n)\}$ en la que cada dato pertenece a un grupo individual. Después de esto, el algoritmo realizara un proceso iterativo hasta terminar con un grupo que incluya todo el conjunto de datos a analizar $p_n=\{(x_1,x_2,...,x_n)\}$. Tomando en cuenta estas definiciones es posible decir que la partición p_n se encuentra anidada en la partición p_{n+1}.

Al comienzo de la ejecución de los métodos de agrupamiento aglomerativos, la primera partición considera a cada uno de los vectores de características como un grupo individual. Después, con el avance del algoritmo, este irá uniendo los grupos de acuerdo con la similitud que presenten con base en una métrica dada. Dicho esto, suponiendo que iniciando con la partición $p_n=\{g_1,g_2,...,g_n\}$ se presentan al algoritmo dos grupos g_1 y g_2 a ser analizados, al ser estos grupos los que presentan mayor similitud, el algoritmo tomará la decisión de fusionarlos en uno solo, dando como resultado $g_{1,2}=g_1 \cup g_2$ y formando una partición nueva $p_{n+1}=\{g_1,g_2,...,g_n\}$ en la que los grupos g_1 y g_2 son sustituidos por la unión de estos $g_{1,2}$. De esta manera el proceso se ejecuta iterativamente hasta que se tiene la partición con un único grupo que incluye a todos los vectores de características. Tomando en cuenta que durante cada iteración el número de grupos se ve reducido en uno, el número de iteraciones totales del algoritmo será reducido a n pasos. Aunque es posible dejar un criterio de paro establecido para que el algoritmo se detenga en el número de grupos que de acuerdo con la separación natural de los pasos quede establecido. El proceso de un algoritmo se puede resumir de la siguiente manera:

1.	$P \leftarrow \{g_i=\{x_i\}|x_i \in D\}$
2.	$\delta\left(x_i,x_j\right)$
3.	Repetir
4.	$Encontrar(argmax\left(\delta\left(g_i,g_j\right)\right)$
5.	$g_{i,j}=g_i \cup g_j$
6.	Hasta $|P|=m$

Algoritmo 4.1 Pseudocódigo Procedimiento Algoritmo de Agrupación Jerarquico

Ejemplo 4.3

A continuación, se muestra un ejemplo de implementación del algoritmo de agrupamiento aglomerativo en Python utilizado para separar el siguiente conjunto de datos:

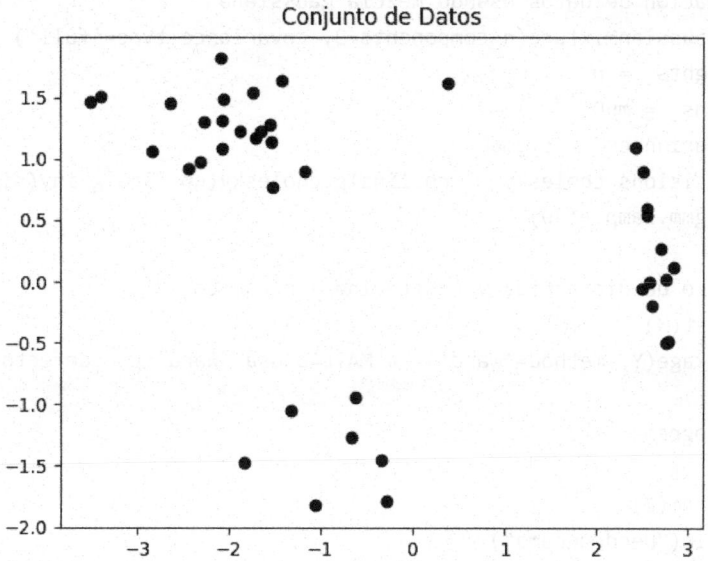

Figura 4.7 Conjunto de datos a analizar por algoritmo aglomerativo

Código 4.4 Implementación Algoritmo de Agrupamiento Aglomerativo en Python

```python
Import numpy as np
from scipy.cluster.hierarchy import linkage, dendrogram, fcluster
from scipy.spatial.distance import pdist
import matplotlib.pyplot as plt
from sklearn.mixture import GaussianMixture



# Parámetros de las distribuciones
muD = np.array([[-2.1, 1.28], [-1.2, -1.40], [2.64, 0.19]])
sigmaD = np.array([
    [[0.59, 0], [0, 0.11]],
```

```python
    [[0.49, 0], [0, 0.11]],
    [[0.05, 0], [0, 0.21]]
])
p = np.ones(3) / 3

# Generación de datos usando mezcla gaussiana
gmm = GaussianMixture(n_components=3, covariance_type='full')
gmm.weights_ = p
gmm.means_ = muD
gmm.covariances_ = sigmaD
gmm.precisions_cholesky_ = np.linalg.cholesky(np.linalg.inv(sigmaD))
X, _ = gmm.sample(40)

# Cálculo de distancias y clustering jerárquico
Y = pdist(X)
Z = linkage(Y, method='ward')  # MATLAB usa 'ward' por defecto

# Dendrograma
plt.figure()
dendrogram(Z)
plt.title("Dendrograma")
plt.show()

# Clasificación en 3 grupos
T = fcluster(Z, 3, criterion='maxclust')

# Índices de cada grupo
Indice1 = np.where(T == 1)[0]
Indice2 = np.where(T == 2)[0]
Indice3 = np.where(T == 3)[0]

# Gráfico por grupo
plt.figure()
plt.plot(X[Indice1, 0], X[Indice1, 1], 'o', label='Cluster 1')
plt.plot(X[Indice2, 0], X[Indice2, 1], 'x', label='Cluster 2')
plt.plot(X[Indice3, 0], X[Indice3, 1], 'D', label='Cluster 3')
plt.title("Grupos separados")
plt.legend()
plt.show()
```

Resultado:

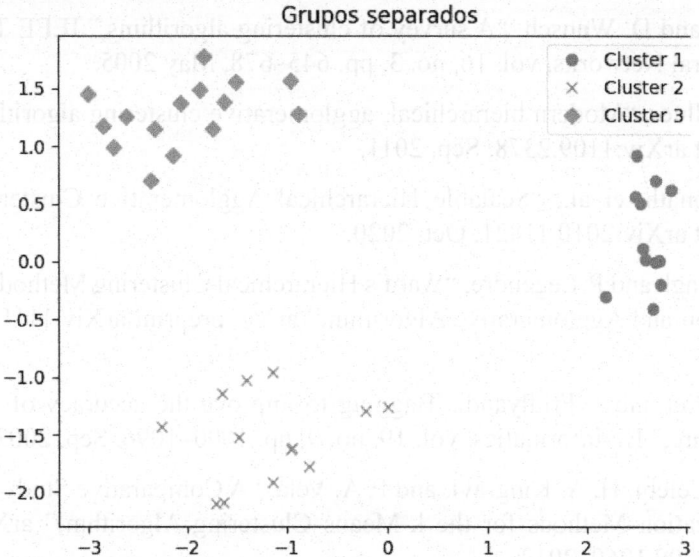

Figura 4.8 Conjunto de datos separado después de ser analizado
por el algoritmo de agrupamiento aglomerativo

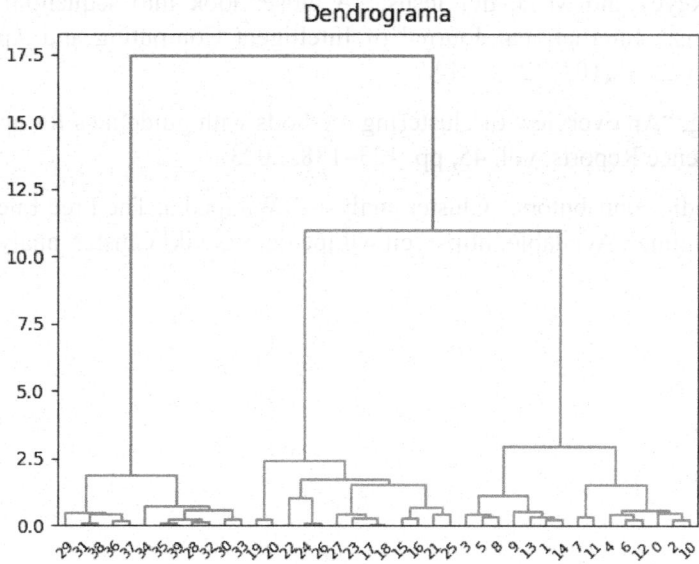

Figura 4.9 Dendrograma Resultante después de analizar el
conjunto de datos con algoritmo aglomerativo

4.6 REFERENCIAS

[1] R. Xu and D. Wunsch, "A survey of clustering algorithms," IEEE Transactions on Neural Networks, vol. 16, no. 3, pp. 645–678, May 2005.

[2] D. Müllner, "Modern hierarchical, agglomerative clustering algorithms," arXiv preprint arXiv:1109.2378, Sep. 2011.

[3] N. Monath, et al., "Scalable Hierarchical Agglomerative Clustering," arXiv preprint arXiv:2010.11821, Oct. 2020.

[4] F. Murtagh and P. Legendre, "Ward's Hierarchical Clustering Method: Clustering Criterion and Agglomerative Algorithm," arXiv preprint arXiv:1111.6285, Nov. 2011.

[5] S. Dudoit and J. Fridlyand, "Bagging to improve the accuracy of a clustering procedure," Bioinformatics, vol. 19, no. 9, pp. 1090–1096, Sep. 2003.

[6] M. E. Celebi, H. A. Kingravi, and P. A. Vela, "A Comparative Study of Efficient Initialization Methods for the k-Means Clustering Algorithm," arXiv preprint arXiv:1209.1960, 2012.

[7] R. A. Fisher, "Clustering Algorithms I: Sequential Algorithms," in Pattern Recognition, Academic Press, 2007, pp. 331-344.

[8] E. A. Reyes and M. J. del Jesus, "A closer look into sequential clustering algorithms," International Journal of Intelligent Computing and Applications, vol. 6, no. 2, pp. 103–121, 2014.

[9] T. Zhang, "An overview of clustering methods with guidelines for application," Data Science Reports, vol. 45, pp. 123–138, 2023.

[10] Wikipedia contributors, "Cluster analysis," Wikipedia, The Free Encyclopedia, 2024. [Online]. Available: https://en.wikipedia.org/wiki/Cluster_analysis

Apéndice A

ENTORNO DE PYTHON

INTRODUCCIÓN

El lenguaje de Programación Python data su origen en la época de 1989 por Guido Van Rossum, un programador de computación de Países Bajos, surgiendo como un proyecto que, en palabras del propio Van Rossum, lo mantendría ocupado durante las vacaciones de Navidad. Surgiendo a partir de un conjunto de objetivos, definiendo este lenguaje de programación como una alternativa a los lenguajes de programación de aquella época que fuera sencilla, de fácil comprensión, en el que cualquier persona pudiera contribuir al desarrollo de este lenguaje de programación y que permitiera realizar desde tareas cotidianas hasta tareas más complejas en un tiempo de desarrollo corto. A partir de esto, nace el lenguaje de programación Python, cuyo nombre se inspiró en el programa de televisión de la BBC "Monty Python's Flying Circus", programa del cual Van Rossum era un gran admirador.

En 1991, Van Rossum publica la primera versión del código de Python (iniciando en la versión 0.9.0) con un intérprete programado en lenguaje C, lo que se conocería con el tiempo como CPython. Desde sus inicios, se mostró como un lenguaje el cual era de una fácil interpretación, con un mayor órden y claridad de comprensión. A pesar de no contar con muchas de las palabras clave que se utilizan en la actualidad, Python se mostró como un código fácil e intuitivo.

Con el paso de los años y gracias al apoyo de diferentes programadores, este lenguaje fue evolucionando y añadiendo nuevas características y funciones, pasando por las versiones Python 1.0 y Python 2.0 (versiones que a la actualidad ya no cuentan con soporte activo) hasta la versión 3.0 lanzada el 3 de Diciembre de

2008, implementando diferentes mejoras para una interpretación de ciertas funciones de manera sencilla, implementando el uso de lo que en la actualidad se conocerían como las "librerías".

Al día de hoy, Python es un lenguaje de programación ampliamente utilizado, fácil de enseñar para nuevos estudiantes y con diversas aplicaciones en el campo profesional, siendo utilizado para desarrollar nuevas aplicaciones de inteligencia artificial, en desarrollo de videojuegos, en el ámbito científico para el desarrollo de pruebas de manera sencilla y de fácil acceso a comparación de varias herramientas que existen en la actualidad realizadas con herramientas de difícil acceso, y en muchas diversas aplicaciones.

A lo largo de este apéndice, se explicarán diferentes generalidades de Python, desde la instalación y configuración del entorno de Python, la instalación de librerías y conceptos clave para comprender mejor el funcionamiento del lenguaje Python, el cual servirá a estudiantes o personas interesadas en aprender de este lenguaje de programación de manera sencilla. También nos enfocaremos a los requerimientos para poder ejecutar los códigos que se muestran de ejemplo a lo largo del libro para que el usuario pueda interactuar con los ejemplos y pueda reforzar los conocimientos adquiridos ajustando parámetros, cambiando valores o modificando ciertas partes del código para ver los efectos en los ejemplos.

A.1 INSTALACIÓN Y CONFIGURACIÓN DE PYTHON

A.1.1 Introducción

A lo largo de este libro se muestran diferentes códigos de muestra aplicados al lenguaje de programación Python con el objetivo de mostrar al alumno un enfoque práctico de los temas que se expondrán en este libro y que pueda interactuar modificando diferentes parámetros o cambiando algunos valores para apreciar el efecto o poder modelar diferentes códigos conociendo el efecto de modificar determinados parámetros.

Esta sección está destinada a ilustrar de manera detallada el proceso de descarga, instalación y configuración del lenguaje Python, así como también la configuración de las librerías que se utilizarán en este libro, las cuales son numpy y Tensorflow. La librería Tensorflow fue desarrollada por Google Brain en 2015 y es actualmente una librería ampliamente utilizada para diferentes aplicaciones de Inteligencia Artificial, tales como el aprendizaje de máquina (Machine Learning), el aprendizaje profundo (Deep Learning) o el entrenamiento y modelado de redes neuronales. Por otra parte, la librería numpy es una librería utilizada para optimizar el cálculo numérico multidimensional. El uso de estas librerías es importante para las aplicaciones que se verán a lo largo de los capítulos en este libro.

A.1.2 Instalación de Python

En esta sección se detallará el proceso de instalación de Python, el cual podrá descargarse desde el sitio web oficial https://www.python.org/, desde la cual también se podrá encontrar información como documentación oficial para el uso o configuración de Python, comunidades de apoyo y soporte para usuarios nuevos o que se requiera de ayuda y noticias sobre actualizaciones o relacionadas con Python. En la Figura 1.1 se muestra un vistazo general al sitio oficial de Python.

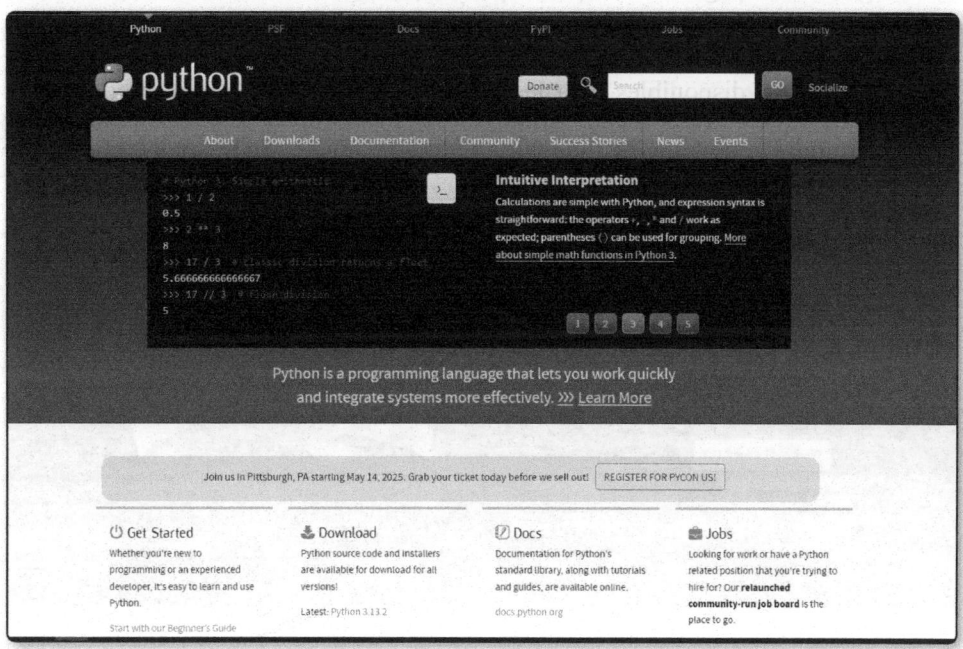

Figura A.1 Vista general de la página oficial Python.org

A través de este portal se puede consultar diferente información sobre las librerías existentes para Python, documentación oficial para familiarizarse con Python y las librerías o comunidades donde se puede obtener información variada. En la pestaña "Downloads" localizada en la parte superior izquierda se puede ver información sobre las versiones activas de Python o directamente se puede descargar el instalador de la versión de Python más reciente hasta la fecha.

Figura A.2 Vista de la pestaña "Downloads" de la página oficial de Python

Dando clic al botón "Downloads" encontrado en la parte superior izquierda nos dirigirá a una página en la que se podrá descargar la versión más reciente de Python o alguna versión anterior de Python. Dado que ciertas librerías no están completamente optimizadas para las versiones más recientes de Python, las versiones anteriores quedan disponibles para instalarse y utilizarse del mismo modo. En la página mostrada en la Figura 1.3 se muestra la página de descargas en las que se encuentran las versiones activas de Python y los archivos para poder instalar la versión deseada.

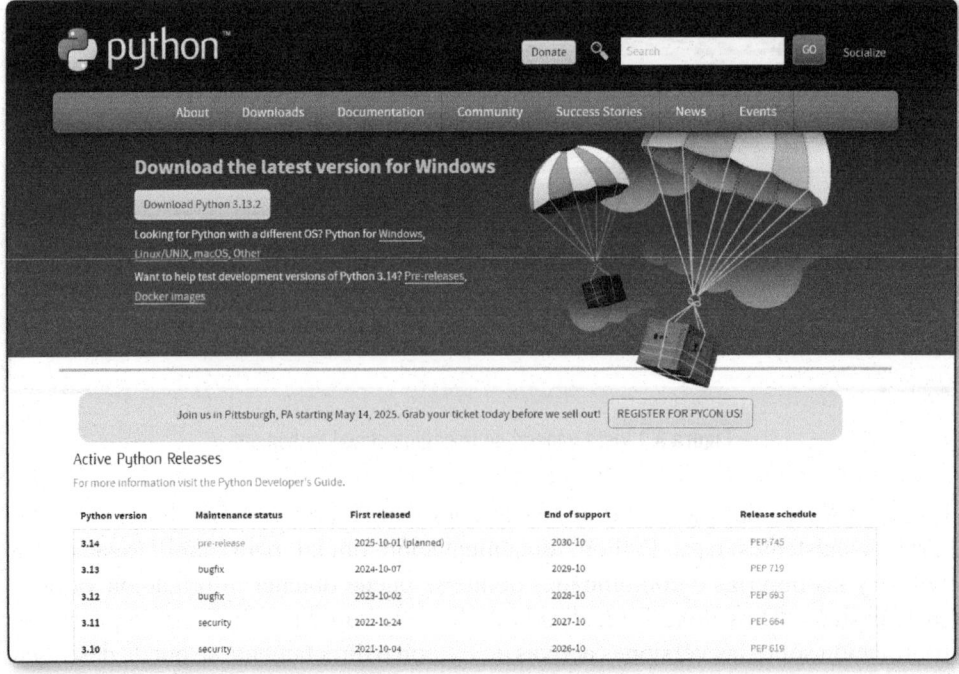

Figura A.3 Página de descargas del sitio de Python

 **Nota**

Debido a la compatibilidad de las librerías que utilizaremos en los ejemplos encontrados a lo largo de este libro, se instalará una versión anterior de Python, en este caso, se hará la instalación con la versión 3.12.8 de Python, la cual puede encontrarse en la página Downloads mostrada en la Figura 1.3.

Una vez que se ha seleccionado la versión para descargar, se tendrá que descargar el instalador de la versión seleccionada. En la parte inferior de cada versión aparecerá un listado con diferentes archivos incluidos los instaladores para cada sistema operativo, ya sea Windows o macOs. Para el caso del sistema operativo Windows, se pueden encontrar instaladores para equipos de 32 y 64 bits. Para verificar el sistema operativo que tenemos, se puede realizar de manera sencilla a través del símbolo del sistema CMD, ingresando el comando "wmic OS get OSArchitecture".

Files

Version	Operating System	Description	MD5 Sum	File Size	GPG	Sigstore	SBOM
Gzipped source tarball	Source release		304473cf367fa65e450edf4b06b55fcc	25.8 MB	SIG	.sigstore	SPDX
XZ compressed source tarball	Source release		d46e5bf9f2e596a3ba45fc0b3c053dd2	19.5 MB	SIG	.sigstore	SPDX
macOS 64-bit universal2 installer	macOS	for macOS 10.9 and later	dc762fdc78e9cfecf516db31054de9fd	44.0 MB	SIG	.sigstore	
Windows installer (64-bit)	Windows	Recommended	2f2ab2472a6aa29f8755c72c58f58f4b	25.8 MB	SIG	sigstore	SPDX
Windows installer (32-bit)	Windows		745f11c8474893da55e5966173375cc8	24.6 MB	SIG	.sigstore	SPDX
Windows installer (ARM64)	Windows	Experimental	ff0d440c2cc4aaddf81c9e247682bfa9	25.1 MB	SIG	.sigstore	SPDX
Windows embeddable package (64-bit)	Windows		1e86b04bc7d27c5c06edf8f617e1184a	10.6 MB	SIG	sigstore	SPDX
Windows embeddable package (32-bit)	Windows		cd4a16b1d27540b84e7a44327f69ee5a	9.5 MB	SIG	sigstore	SPDX
Windows embeddable package (ARM64)	Windows		a1631f5cb0b3d5d1a27b5c3edc0f80e3	9.9 MB	SIG	.sigstore	SPDX

Figura A.4 Sumario de archivos descargables por versión de Python

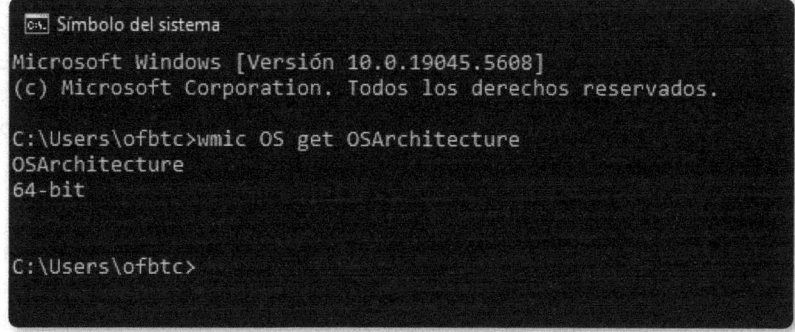

Figura A.5 Comprobación del sistema operativo en el Símbolo del Sistema

Una vez que se haya descargado el instalador, queda ejecutar el instalador de Python y proceder a la instalación. Una vez que se ejecute el instalador, se abrirá la siguiente ventana en la que se iniciará la instalación. Para instalarlo, solamente es necesario dar clic en "Install Now" y seleccionar la carpeta en la que se instalará Python para comenzar la instalación de Python.

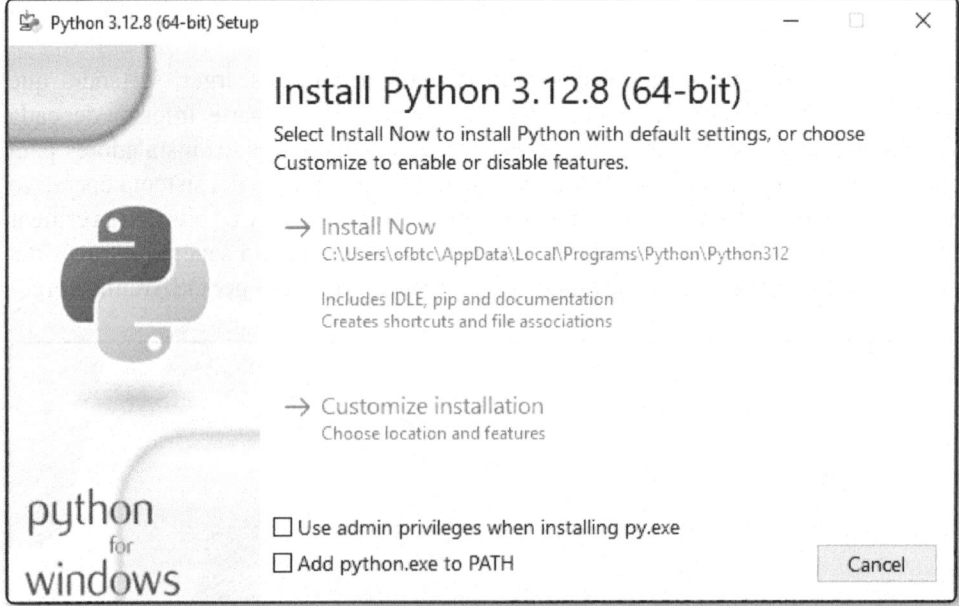

Figura A.6 Instalador de Python

Nota

Se recomienda que se seleccione la casilla "Add python.exe to PATH" para añadir Python al PATH de Windows para ejecutar Python y cualquier script en formato .py a partir de cualquier línea de comandos sin necesidad de acceder a la ubicación específica en la que se ha instalado Python, además de que permite la instalación fácil de librerías aplicables a Python por medio de pip (Python Installer Package) sin la necesidad de recurrir a la carpeta en la que se ha instalado. Una vez que se haya terminado de instalar Python, ya se podrá trabajar con Python.

Una vez que se haya instalado, tendremos una carpeta en el menú de Windows, en la que aparecerá el IDLE (Integrated Development and Learning Environment) correspondiente a la versión de Python que se ha instalado, una consola de Python y documentación de inicio para su correcto uso, como se muestra en la Figura 1.7. Con esto, ya es posible comenzar a trabajar en el lenguaje de programación Python.

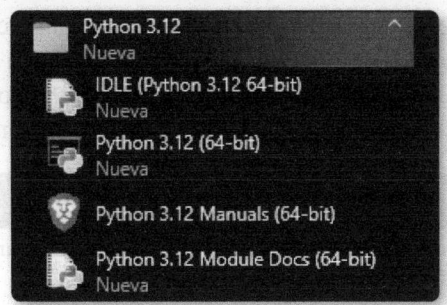

Figura A.7 Carpeta de Python en el menú de Windows

A.1.3 Entorno IDLE de Python

Al instalarse Python, se incluye un IDLE base en el cual ya se puede comenzar a realizar código o insertar comandos. En la carpeta de Python generada en el menú de Windows, para comenzar a trabajar directamente con el lenguaje de Python, basta con abrir la aplicación IDLE. Al abrirla, abrirá la ventana de shell que se muestra en la Figura 1.8. En esta ventana se puede ejecutar código de Python línea por línea, mostrando el resultado para cada línea de código insertada. Esta ventana resulta bastante útil para probar diferentes líneas de código para ver el comportamiento, depurar errores en el código o explorar alguna función sin la necesidad de crear un script completo.

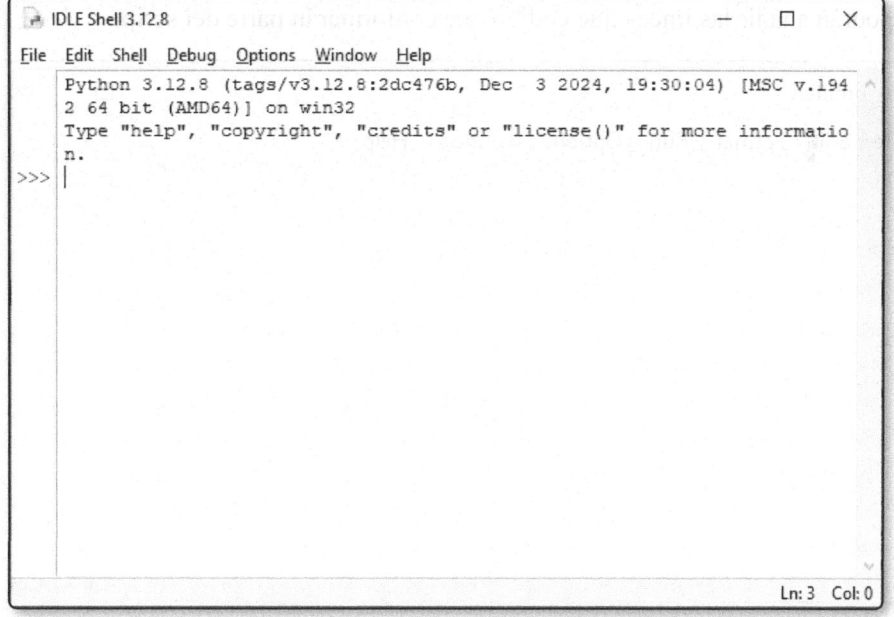

Figura A.8 Vista general del Shell del IDLE de Python

En la parte superior se pueden apreciar varias pestañas con diferentes opciones tanto para crear o editar scripts de Python, correr pruebas a los scripts generados, personalizar el entorno del IDLE a preferencia del usuario. A continuación, se muestra una breve descripción sobre las pestañas que aparecen en la ventana de Shell:

Opción	Descripción de la pestaña
File	Opciones para crear o editar archivos existentes, guardar un archivo, imprimir lo que se muestra en la ventana o cerrar la ventana
Edit	Opciones para editar como deshacer y rehacer modificaciones, cortar, copiar y pegar
Shell	Reiniciar el Shell, mostrar historial de reinicios en el Shell o determer la ejecución de un código
Debug	Opciones de depuración de código
Options	Opciones para personalizar la apariencia del IDLE, el formato y la fuente, la apariencia de la ventana, el color
Window	Se despliegan todas las ventanas de scripts y del Shell activas
Help	Información acerca de la versión del IDLE o documentación de Python y del IDLE

Tabla A.1 Lista de opciones del IDLE de Python

Para comenzar a desarrollar un script, solamente hay que seleccionar en la pestaña "File" la opción "New File". Esta opción abrirá una nueva ventana en la que se podrán añadir las líneas que código que conformarán parte del script.

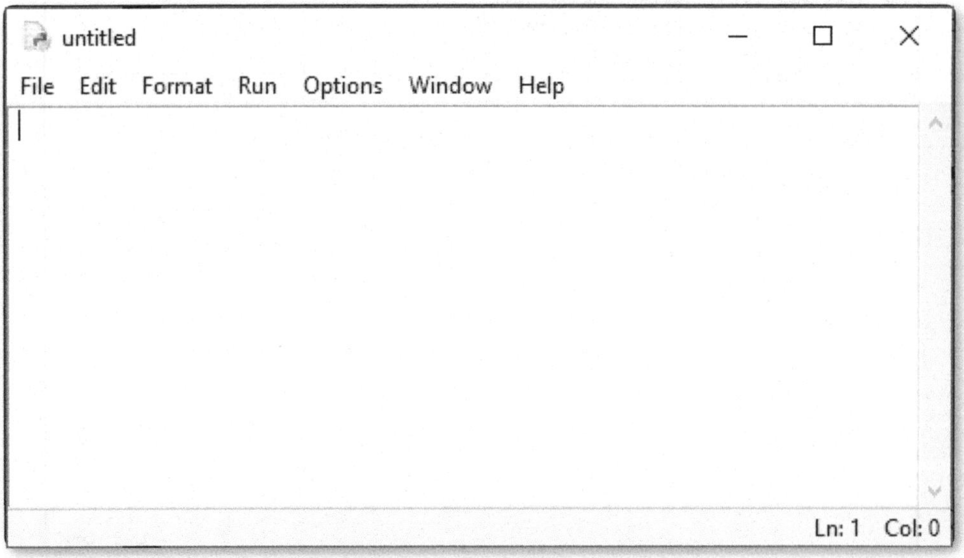

Figura A.9 Vista general del editor de código del IDLE de Python

En esta ventana se puede comenzar a escribir un script. En la parte superior aparecen otras pestañas similares a las que se muestran en el Shell, a través de las cuales también hay opciones para ejecutar el script en el Shell, cada una para modificar tanto el código que se está escribiendo, la apariencia del editor de código o ver documentos y guías:

Opción	Descripción de la pestaña
File	Opciones para crear o editar archivos existentes, guardar un archivo, imprimir lo que se muestra en la ventana o cerrar la ventana
Edit	Opciones para editar como deshacer y rehacer modificaciones, cortar, copiar y pegar
Format	Dar formato al código entero o a determinadas regiones, cuidar la indentación, añadir comentarios o generar tabulaciones
Run	COpciones para ejecutar el código entero o determinadas secciones en el Shell
Options	Opciones para personalizar la apariencia del IDLE, el formato y la fuente, la apariencia de la ventana, el color
Window	Se despliegan todas las ventanas de scripts y del Shell activas
Help	Información acerca de la versión del IDLE o documentación de Python y del IDLE

Tabla A.2 Descripción de opciones del editor de código de Python

A.2 LIBRERÍAS EN PYTHON

A.2.1 Instalación de librerías de Python

Una de las grandes ventajas del lenguaje Python es el uso de librerías las cuales facilitan la eficiencia de manera considerable el desarrollo de labores complejas sin la necesidad de emplear un número elevado de líneas de código a través de palabras claves de las librerías con las que se llama una determinada función optimizada para realizar una tarea en específico en un tiempo de ejecución reducido. Dependiendo de la tarea que se desee realizar, Python cuenta con un conjunto de diferentes librerías con un uso en específico, por ejemplo, numpy es una librería ampliamente utilizada para facilitar la computación numérica, operaciones matemáticas avanzadas y cálculos de arreglos de elementos multidimensionales, matplotlib permite generar visualizaciones de datos de manera gráfica de alta calidad, generando gráficas estáticas, animadas e interactivas, Tensorflow la cual es una librería utilizada para tareas de inteligencia artificial como las redes neuronales, scipy la cual es utilizada para labores más avanzadas en el área de las matemáticas o la ingeniería, o OpenCV la cual es empleada para tareas de visión por computadora.

Para instalar una librería de Python, en el símbolo del sistema se inserta el comando "pip install ##nombre de la librería##" y pip realizará de manera automática la descarga e instalación de la librería deseada. En la Figura se muestra el proceso de instalación de la librería scikit-fuzzy, la cual está orientada a aplicaciones de lógica difusa, discutidas en el Capítulo 1. En este caso, solo se requiere insertar el comando "pip install scikit-fuzzy".

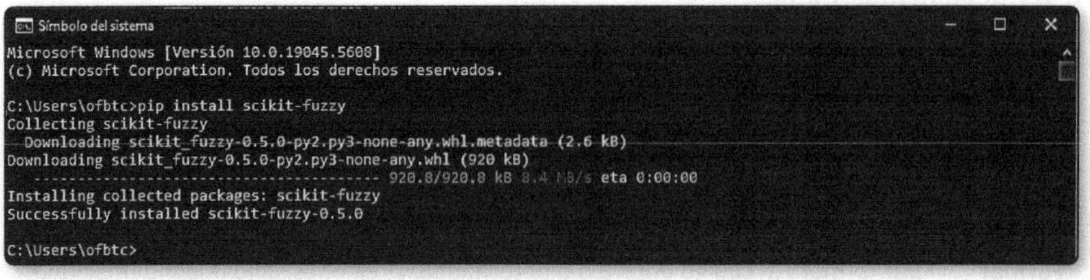

Figura A.10 Instalación de la librería scikit-fuzzy en el Símbolo del sistema

Una vez se termine de instalar la librería, ya podrá llamarse a un archivo de código directamente a través del editor de código del IDLE de Python. A lo largo de este libro se utilizarán diferentes librerías las cuales son de gran utilidad para diferentes proyectos en Python, cada una con un propósito determinado.

Librerías	Descripción	Comando de instalación
numpy	Librería altamente especializada en el cómputo científico, empleando diferentes operaciones aritméticas, lógicas, algebráicas entre otras	pip install numpy
matplotlib	Librería empleada para la creación de gráficos y visualización de datos en 2 y 3 dimensiones	pip install matplotlib
scikit-fuzzy	Paquetería con un conjunto de herramientas para scipy especializados en operaciones de lógica difusa	pip install scikit-fuzzy
scipy	Librería especializada en diferentes operadores empleadas en el ámbito científico, de la ingeniería y las matemáticas. Provee algoritmos de optimización, integración, ecuaciones diferenciales, problemas de interpolación, ecuaciones diferenciales, estadística, entre otros	pip install scipy
sklearn	Una librería especializada al aprendizaje automático, empleando herramientas para diferentes tareas como clasificación, reducción de dimensionalidad, clustering y regresión	pip install sklearn
tensorflow	Paquetería desarrollada por Google para labores de aprendizaje automático y aprendizaje profundo, utilizada para modelos de aprendizaje automático, y utilizada para el desarrollo de redes neuronales	pip install tensorflow

A.2.2 Documentación de paqueterías

Cada paquetería de Python cuenta con una documentación que permite comprender de mejor manera la paquetería que se está implementando, las operaciones que se permiten realizar con estas y diferentes ejemplos desarrollados por la misma comunidad para comprender el funcionamiento de esta. Toda esta información se encuentra en el sitio de PyPI (Python Package Index) https://pypi.org/ la cual se muestra en la Figura A.11.

Figura A.11 Página de inicio del sitio PyPi

Como se ha mencionado, Python ha sido un lenguaje que ha crecido gracias a la comunidad de desarrolladores dedicados a emplear nuevas herramientas con aplicaciones especiales. Si se desea consultar la información de alguna de las paqueterías empleadas o buscar alguna aplicación en específico, en la barra de búsqueda se puede ingresar el nombre de la paquetería, la aplicación que se desea o un proyecto en específico que sirva de referencia. En la Figura A.12 se puede mostrar un ejemplo de la información recopilada de la paquetería numpy. Se puede encontrar el comando para copiarse y pegarse en el símbolo de sistema para instalarse por medio de pip, o los archivos requeridos para su instalación manual, así como repositorios de GitHub donde se puede encontrar más información de la paquetería.

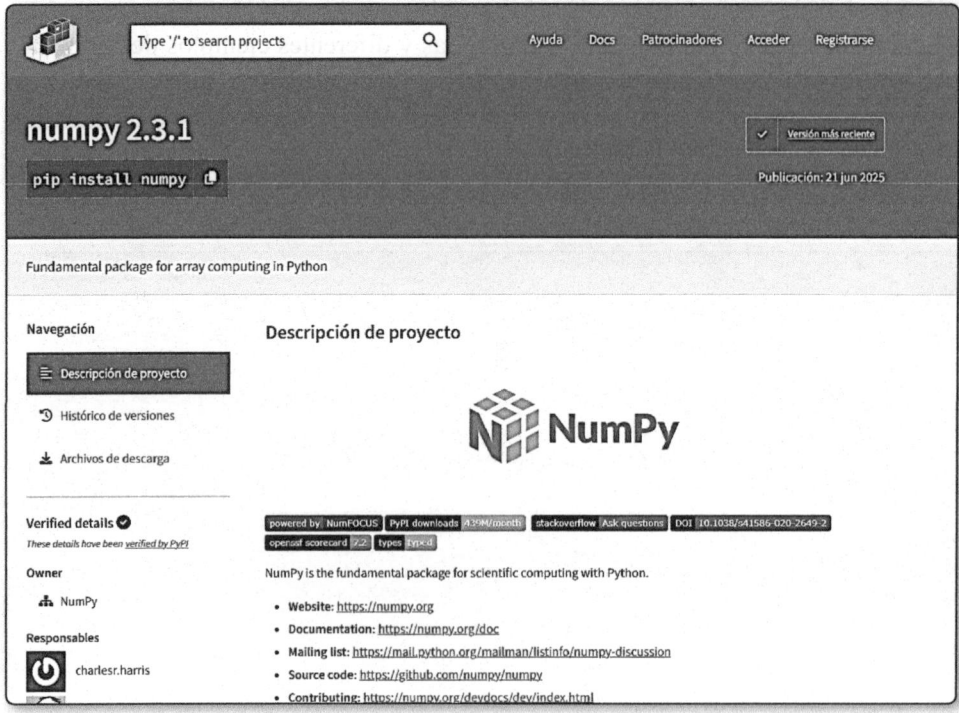

Figura A.12 Referencia de búsqueda de la librería numpy en PyPI

A.3　GENERALIDADES DE PYTHON

A.3.1　Tipos de datos de Python:

Los diferentes datos que se pueden procesar en un lenguaje de programación pueden ir desde ser simples (o primitivos) o ser estructurados. Los datos simples son aquellos que solo requieren una casilla de memoria, por lo que solamente pueden almacenar un valor a la vez, por ejemplo, aquellos que representan los números, ya sean enteros o reales o valores booleanos o las cadenas de caracteres. Por otra parte, los datos estructurados son aquellos que requieren más de una casilla de almacenamiento en la memoria, ya que almacenan un conjunto de valores diferentes con un único identificador, como son los números complejos, las listas y los conjuntos.

Datos simples

Tipo de dato	Ejemplo	Rango
Int (entero)	1	Precisión ilimitada. Tamaño depende de la memoria de la computadora
Float (flotante)	3.58	$\pm2.2250738585072020\times10^{-308}$ a $\pm1.7976931348623157\times10^{308}$
Bool (booleano)	True	True, False
String (cadena)	"manzana"	Determinado por la memoria del sistema

Tabla A.3 Descripción de datos simples de Python

Por otra parte, los datos estructurados se caracterizan porque, con un solo nombre pueden hacer referencia a un grupo completo de celdas o casillas de memoria en las que se almacena un valor diferente.

Datos estructurados

Tipo de dato	Ejemplo	Descripción
list (lista)	['manzana', 'naranja', 'pera']	
dict (diccionario)	{'pi':3.1416, 'e':2.7182}	
tuple (tupla)	([1, 2, 3], [3, 2, 1])	
set (conjunto)	{'hola', 'saludo', 'bienvenido'}	

Tabla A.4 Descripción de datos estructurados de Python

A.3.2 Tipos de operadores

Otro de los aspectos importantes de Python son los operadores que se pueden utilizar para relacionar o modificar diferentes variables entre operandos los cuales pueden ser números constantes o variables. Los operadores de Python se clasifican entre operadores aritméticos, operadores relacionales, operadores lógicos, de asignación y de membresía. A continuación se analizarán los diferentes tipos de operadores y se darán ejemplos de aplicaciones.

4.3.2.1 OPERADORES ARITMÉTICOS

Estos son los operadores más comunes, son aquellos utilizados para realizar operaciones matemáticas, los cuales dan como resultado un número que puede ser entero, real o complejo. Existen los operadores unarios que afectan solamente a un operando, y binarios que afectan a dos operandos.

Operador	Operación	Descripción
+	Suma/adición	Suma los dos operandos
_	Resta	Resta los dos operandos
*	Multiplicación	Multiplica los dos operandos
/	División	Divide los dos operandos. El resultado de esta división siempre será un número real
//	División entera	Divide los operandos y devuelve como resultado un número entero cuando los operandos son enteros, o un número real en el caso contrario
%	Módulo o residuo	Regresa el cociente de la división entera entre dos operandos. Si los operandos no son divisibles entre sí, arrojará un resultado diferente de cero
**	Potencia	Eleva el primer operando a la potencia determinada por el segundo operando

Tabla A.5 Lista de operadores aritméticos en Python

Similar a las operaciones matemáticas tradicionales, Python tiene una jerarquía para las operaciones aritméticas de acuerdo con el tipo de operador que se utilice. Otro aspecto importante en la jerarquía es que para alterar la jerarquía de las operaciones a realizar, se utilizan paréntesis para poder englobar solamente determinadas operaciones.

Operador	Nombre	Orden jerárquico
()	Paréntesis	↓
**	Potencia	
*,/,//,%	Multiplicación, división, división entera, módulo	
+,−	Suma, resta	

Tabla A.6 Orden jerárquico de los operadores aritméticos

4.3.2.2 OPERADORES RELACIONALES

Estos operadores son empleados para realizar comparaciones entre constantes o variables que pueden ser números, cadenas de caracteres o caracteres únicos. Estos operadores devuelven como resultado un valor booleano (verdadero o falso). En la Tabla A.7 se muestran los operadores relacionales en Python.

Operador	Operación	Descripción
==	Igual a	Determina si los operandos son iguales entre sí
!=	Distinto de	Determina si los operandos son diferentes
<	Menor que	Determina si el primer operando es menor que el segundo
>	Mayor que	Determina si el primer operando es mayor que el segundo
<=	Menor o igual que	Determina si el primer operando es menor o igual que el segundo
>=	Mayor o igual que	Determina si el primer operando es mayor o igual que el segundo

Tabla A.7 Lista de operadores relacionales en Python

4.3.2.3 OPERADORES LÓGICOS

Estos operadores se utilizan para combinar condiciones y generar una nueva condición más compleja, operando sobre datos booleanos y dando como resultado otro valor booleado. En los operadores lógicos existen los operadores unarios y binarios, siendo los unarios aquellos en los que solamente se modifica el valor de verdad de una variable única, como lo es el caso del operador de negación (*not*) Por otra parte, los operadores binarios como la conjunción (*and*) y disyunción (*or*) realizan la comparativa devolviendo un valor entre dos operadores diferentes. En la Tabla A.8 se muestran los operadores lógicos, dando una descripción de estos, y complementario, en la Tabla A.9 se muestra la tabla de verdad de los operadores lógicos considerando dos variables diferentes y mostrando el valor de verdad que pueden dar al ser operados.

Operador	Operación	Descripción
not	Negación	Cambia el valor de verdad de la variable o expresión
and	Conjunción	Devuelve un resultado cuando los dos operandos tienen valor verdadero
or	Disyunción	Devuelve un valor verdadero si cualquiera de los dos operandos tiene un valor verdadero

Tabla A.8 Operadores lógicos en Python

p	q	not p	not q	p and q	p or q
True	True	False	False	True	True
True	False	False	True	False	True
False	True	True	False	False	True
False	False	True	True	False	False

Tabla A.9 Tabla de verdad de los operadores lógicos

4.3.2.4 OPERADORES DE MEMBRESÍA O IDENTIDAD

Los operadores de identidad son un caso especial de comprobación, ya que estos permiten determinar que dos tipos de datos diferentes sean del mismo tipo, no solamente que tengan el mismo valor, por ejemplo determinar si dos datos son de tipo entero o de tipo real, teniendo como estos operadores *is* e *is not*.

Por otra parte, los operadores de membresía son utilizados para comprobar si un dato pertenece o no a un determinado grupo de datos. En este caso, los operadores que se utilizan son *in* y *not in*. A continuación en la tabla A.10 se muestran los operadores de membresía e identidad y un ejemplo de cómo son empleados.

Operador	Datos	Ejemplo	Resultado
is	n_1=10 n_2=10	n_1 is n_2	True
	n_1=10 n_2=10.0	n_1 is n_2	False
	Nom_alu = "Karen" Nom_mae = "Karen"	Nom_alu is nom_mae	True
is not	n_1=10 n_2=10.0	n_1 is not n_2	True
in	nums=[2,5,9,1,3]	1 in nums 4 in nums	True False
not in	dias = ["martes", "lunes"]	"domingo" in dias	True

Tabla A.10 Operadores de identidad y de membresía en Python

A.4 PRIMEROS PASOS EN PYTHON

El lenguaje de programación Python presenta la característica de ser un lenguaje intuitivo con una curva de aprendizaje más suave simulando al lenguaje natural. Una vez que se comience a trabajar en Python, si es la primera vez que se utiliza, en el Shell se puede ingresar el comando *help()* que desplegará una lista de opciones para nuevos usuarios o donde se podrá ingresar una instrucción específica para pedir ayuda.

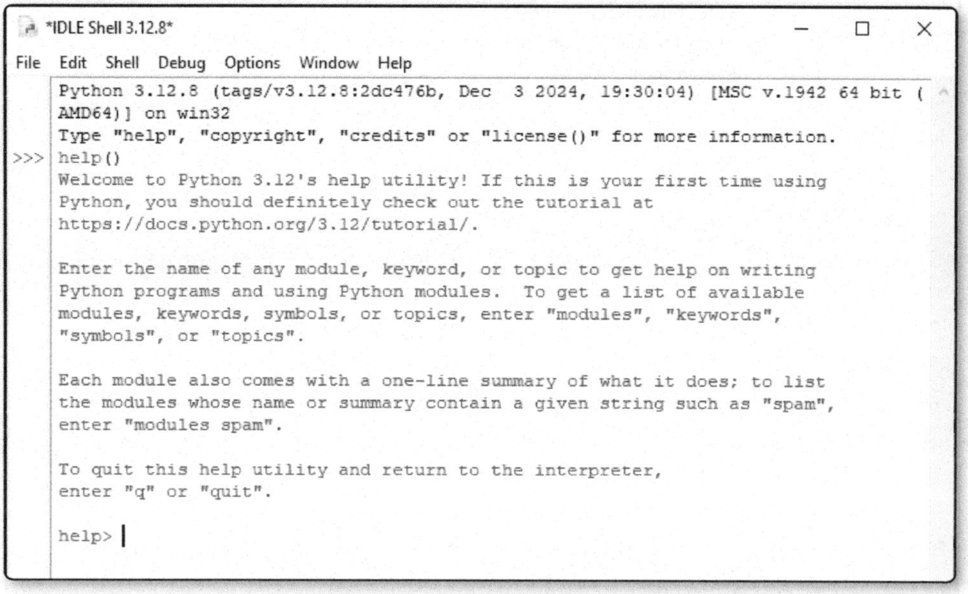

```
*IDLE Shell 3.12.8*                                        —   □   ×
File  Edit  Shell  Debug  Options  Window  Help
    Python 3.12.8 (tags/v3.12.8:2dc476b, Dec  3 2024, 19:30:04) [MSC v.1942 64 bit (
    AMD64)] on win32
    Type "help", "copyright", "credits" or "license()" for more information.
>>> help()
    Welcome to Python 3.12's help utility! If this is your first time using
    Python, you should definitely check out the tutorial at
    https://docs.python.org/3.12/tutorial/.

    Enter the name of any module, keyword, or topic to get help on writing
    Python programs and using Python modules.  To get a list of available
    modules, keywords, symbols, or topics, enter "modules", "keywords",
    "symbols", or "topics".

    Each module also comes with a one-line summary of what it does; to list
    the modules whose name or summary contain a given string such as "spam",
    enter "modules spam".

    To quit this help utility and return to the interpreter,
    enter "q" or "quit".

    help> |
```

Figura A.13 Instrucciones de ayuda en el Shell

Como se ve en la Figura, al ingresar el comando help() nos muestra una guía con la que podremos interactuar para solicitar ayuda acerca de los módulos (o librerías) instalados que podemos utilizar, los símbolos y operadores utilizados en Python, las palabras clave con las que cuenta Python o con un conjunto de conceptos importantes para comenzar a programar en Python, como asignación, atributos, booleanos, conversiones, diccionarios o tuplas, los tipos de datos.

A.4.1 Ejecutar códigos desde el editor de código

En la ventana del editor de código de Python se tienen las opciones que permiten ejecutar directamente el código que se ha generado para comprobar su funcionamiento viendo los resultados desde la ventana de Shell.

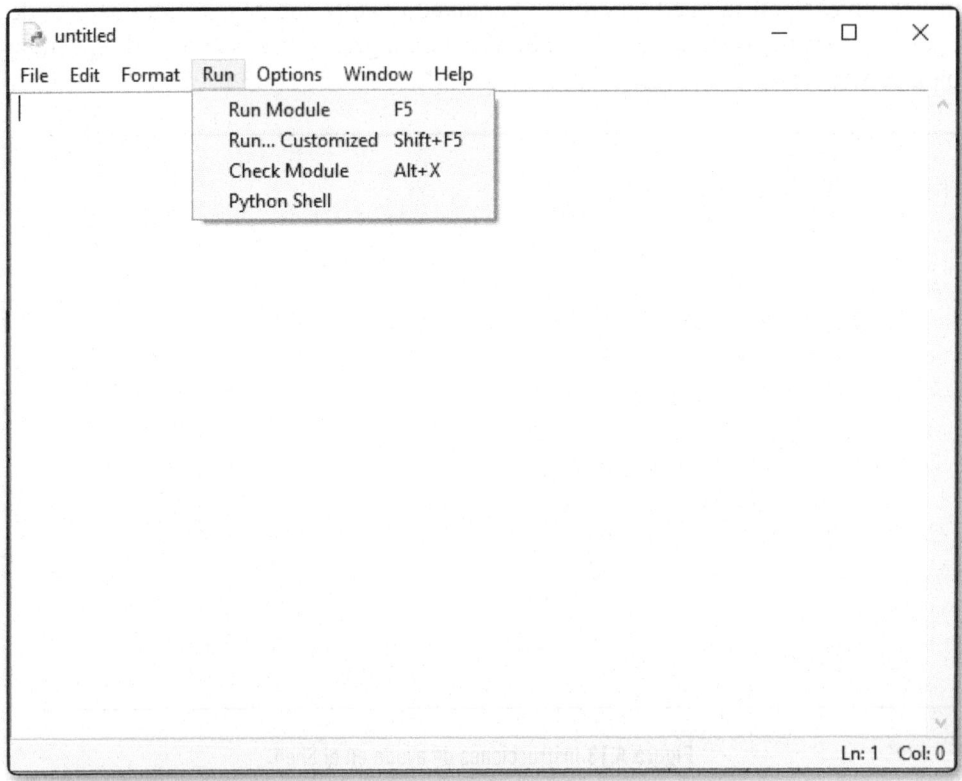

Figura A.14 Correr módulos del intérprete de código de Python

A.5 SOLUCIÓN DE ERRORES AL INSTALAR PYTHON

A.5.1 Error al instalar librerías en Python

Para realizar la instalación de librerías de manera sencilla a través del símbolo del sistema es necesario que Python esté añadido al PATH de Windows para que se llame al pip de manera automática. En caso de que el pip no esté añadido al PATH, arrojará el siguiente error:

```
Símbolo del sistema                                                    —   □   ×
Microsoft Windows [Versión 10.0.19045.5608]
(c) Microsoft Corporation. Todos los derechos reservados.

C:\Users\ofbtc>pip install numpy
"pip" no se reconoce como un comando interno o externo,
programa o archivo por lotes ejecutable.

C:\Users\ofbtc>
```

Cuando se presenta que pip no se reconoce como un comando interno o externo, esto se relaciona con que el pip de Python no está directamente integrado al PATH de Windows, por lo que al intentar llamarlo por el CMD no es posible ya que no se reconoce como una instrucción que pueda llamarse. Es necesario incluir la dirección donde se encuentra el pip de manera manual. Para realizar esto, primero es importante localizar la ubicación en la que se encuentra el pip. Esto puede hacerse de manera sencilla al dar clic derecho sobre cualquiera de las aplicaciones de Python instaladas, seguido de dar clic en Propiedades. Esto nos desplegará la información del programa, así como la ruta en la cual está originalmente instalado.

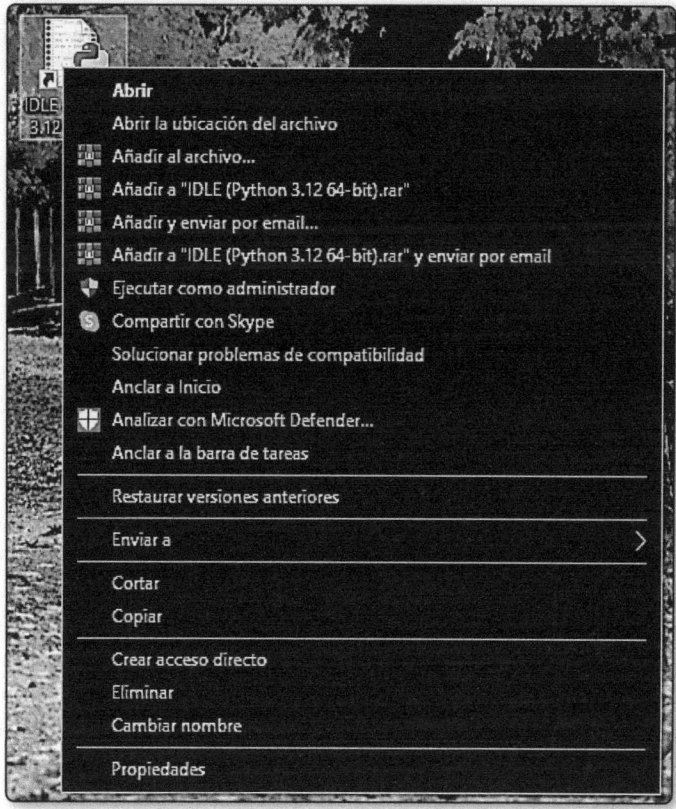

Figura A.15 Menú de opciones del IDLE de Python dando clic derecho en el ícono

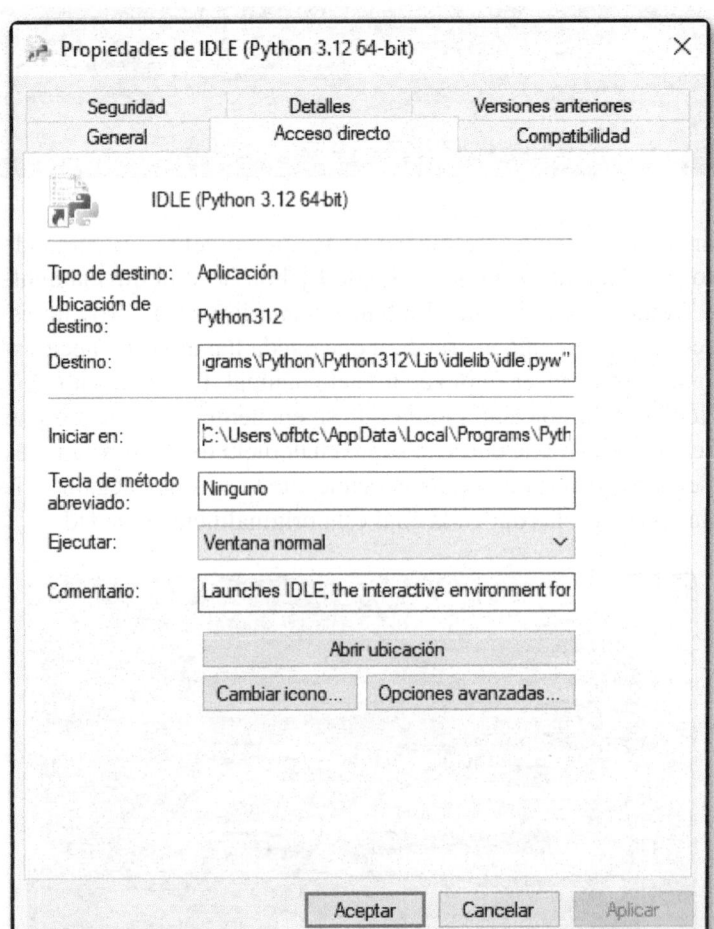

Figura A.16 Ventana de propiedades de Python

La dirección en la cual está instalada Python se mostrará en la sección "Iniciar en". Esta dirección será importante para poder añadir los scripts principales de Python al PATH y puedan ejecutarse llamándolos desde el símbolo del sistema. Una vez que se tenga la dirección en la cual está instalado Python, lo siguiente será entrar a las variables de entorno de Windows. Para realizar esto, podremos acceder desde *Ejecutar*. Para esto, hay que oprimir las teclas Windows + R en el teclado, y en la ventana de ejecutar, ingresar el comando *sysdm.cpl*. Esto abrirá la ventana de propiedades del sistema que se mostrarán en la siguiente Figura.

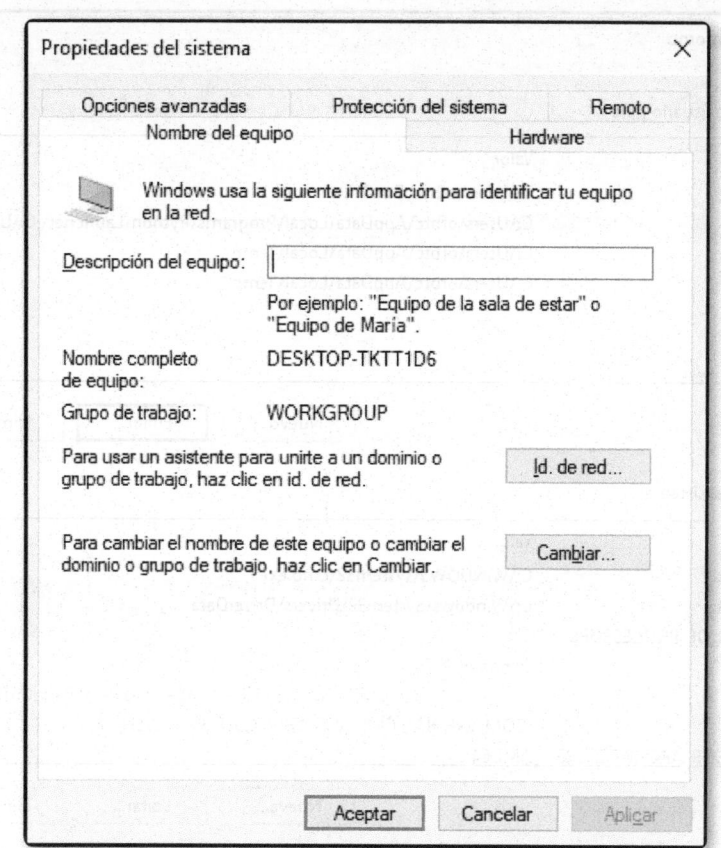

Figura A.17 Vista general de la ventana de Propiedades del Sistema

Para ingresar a las variables de entorno, tendremos que dirigirnos a la pestaña de Opciones Avanzadas, y en esta pestaña dar clic en el botón de Variables de entorno que se mostrará en la parte inferior. Esto nos abrirá todas las variables tanto del usuario como del sistema operativo. En esta pestaña nos aparecerán todas las variables de entorno tanto del usuario activo en ese momento como de todo el sistema operativo. En caso de querer realizar el ajuste para todos los usuarios, se tendrá que añadir en las variables del sistema, pero esto requerirá permisos del administrador. En caso de que solo se desee realizar la operación para el usuario actual, bastará con editar las variables del usuario.

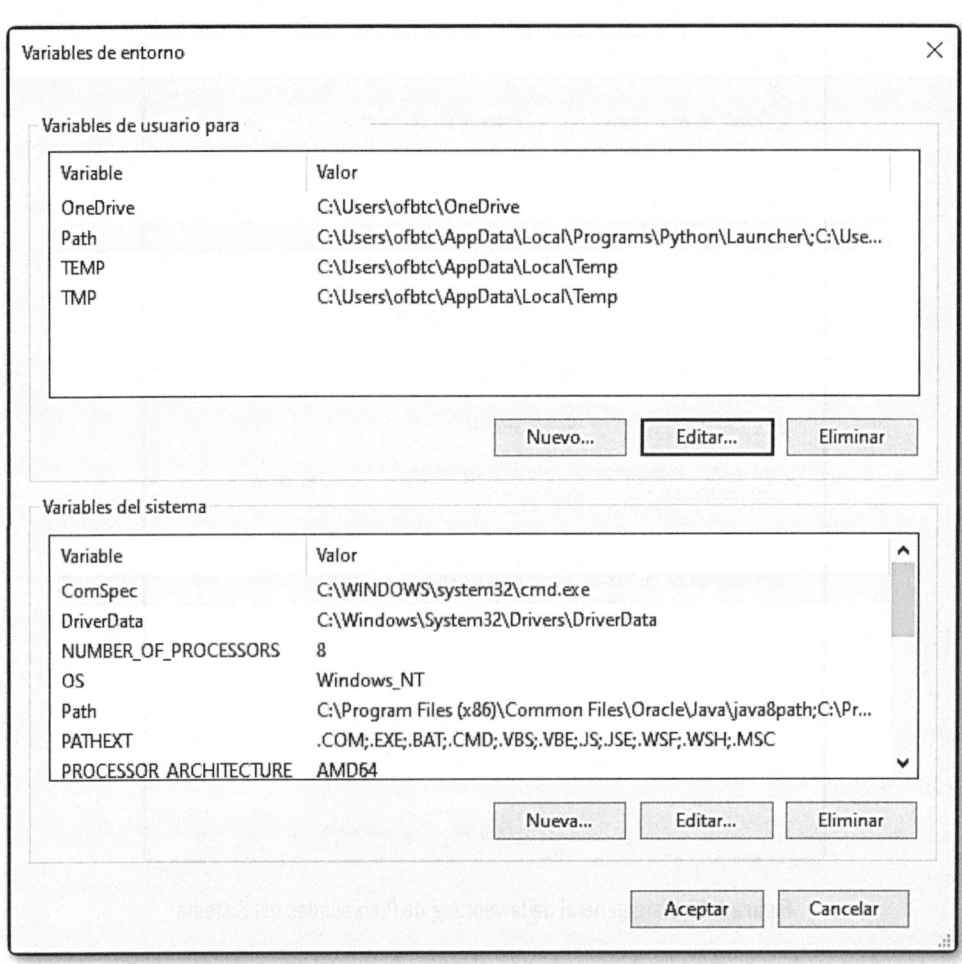

Figura A.18 Vista general de la ventana de Variables de entorno

Una vez que estamos en las variables de entorno, solo tendremos que seleccionar el Path y dar clic en Editar. Ahí nos aparecerá una lista de direcciones las cuales están añadidas al Path de Windows. En la siguiente Figura se muestra un ejemplo de las direcciones que se encuentran en el Path. Para añadir Python solamente hay que dar clic en Nuevo y pegar la dirección donde está instalado Python.

Una vez realizado esto, ya tendremos Python añadido al Path de Windows. Para corroborar que el procedimiento haya funcionado, hay que ejecutar nuevamente el CMD y verificar que ahora se pueda llamar a Python ingresando el comando *Python.* Al ingresar este comando deberá demostrar la información de Python, lo cual indica que ahora Python está añadido al PATH y se podrán instalar librerías por medio del pip en el símbolo del sistema.

ÍNDICE ALFABÉTICO

MATERIAL ADICIONAL

El material adicional de este libro puede descargarlo en nuestro portal web: *https://www.ra-ma.es*.

Debe dirigirse a la ficha correspondiente a esta obra, dentro de la ficha encontrará el enlace para poder realizar la descarga.

Cuando descomprima el fichero obtendrá los archivos que complementan al libro para que pueda continuar con su aprendizaje.

INFORMACIÓN ADICIONAL Y GARANTÍA

- ▶ RA-MA EDITORIAL garantiza que estos contenidos han sido sometidos a un riguroso control de calidad.

- ▶ Los archivos están libres de virus, para comprobarlo se han utilizado las últimas versiones de los antivirus líderes en el mercado.

- ▶ RA-MA EDITORIAL no se hace responsable de cualquier pérdida, daño o costes provocados por el uso incorrecto del contenido descargable.

- ▶ Este material es gratuito y se distribuye como contenido complementario al libro que ha adquirido, por lo que queda terminantemente prohibida su venta o distribución.

SÍGUENOS EN INSTAGRAM Y ACCEDE GRATIS A NUESTRA BIBLIOTECA DIGITAL DURANTE 30 DÍAS.

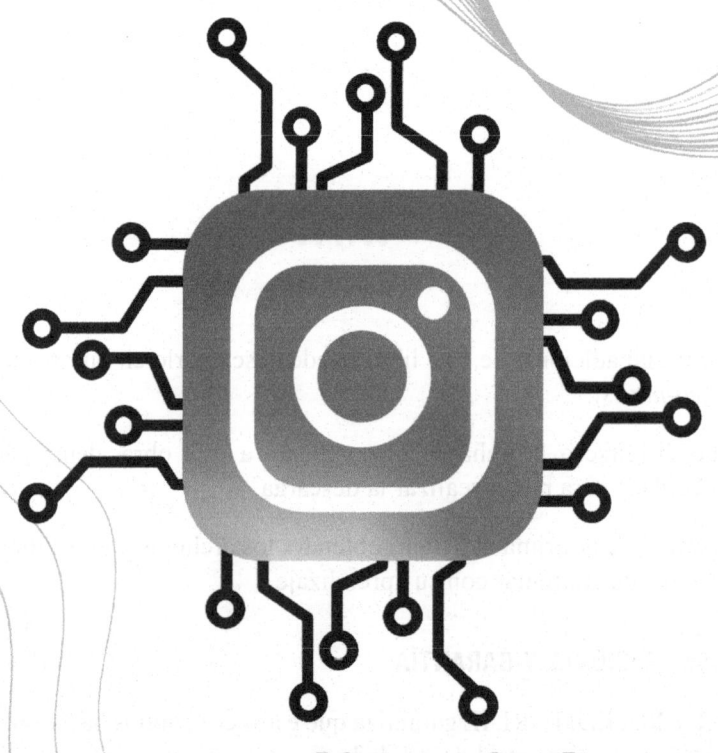

@grupoeditorialrama

¡ENVIANOS TU MAIL POR PRIVADO!

Grupo Editorial
ra-ma

40 ANIVERSARIO